电力行业"十四五"规划教材

职业教育电力技术类专业系列

大学生就业与创新创业指导教程

主　编　李新华　杨冬儿

副主编　刘　彦　许　峰　李雨淳

参　编　卢　飞　刘晓静　宋　伟

　　　　袁海霞　周慧娟

主　审　吴景川　张珑玲

中国电力出版社

CHINA ELECTRIC POWER PRESS

内容提要

就业与创新创业教育是高等职业教育的公共必修课之一。本教材结合高职学生的特点，系统地阐述了学业规划、职业生涯规划、就业指导、创新创业方面的知识、技能，辅以案例和微课，让在校学生能够较快地掌握和应用这些方法，拓展资源对涉及学生管理、招生、就业、创业、应征入伍等方面的政策进行了补充介绍，同时也提供了延伸阅读材料，一并供读者参考。

本书可作为高等职业教育就业与创新创业教育相关课程教材，同时可供中职学生和大学本科学生参考。

图书在版编目（CIP）数据

大学生就业与创新创业指导教程 / 李新华，杨冬儿主编. -- 北京：中国电力出版社，2025.7. -- ISBN 978-7-5198-8990-6

Ⅰ . G647.38

中国国家版本馆 CIP 数据核字第 2024GM1106 号

出版发行：中国电力出版社
地　　址：北京市东城区北京站西街 19 号（邮政编码 100005）
网　　址：http://www.cepp.sgcc.com.cn
责任编辑：李　莉（010-63412538）
责任校对：黄　蓓　张晨荻
装帧设计：赵姗姗
责任印制：吴　迪

印　　刷：北京雁林吉兆印刷有限公司
版　　次：2025 年 7 月第一版
印　　次：2025 年 7 月北京第一次印刷
开　　本：787 毫米 ×1092 毫米　16 开本
印　　张：16
字　　数：358 千字
定　　价：48.00 元

版权专有 侵权必究

本书如有印装质量问题，我社营销中心负责退换

前言

2015 年以来国家先后颁布了（国办发〔2015〕36 号）《国务院办公厅关于深化高等学校创新创业教育改革的实施意见》、（国办发〔2021〕35 号）《国务院办公厅关于进一步支持大学生创新创业的指导意见》、（国办发〔2022〕13 号）《国务院办公厅关于进一步做好高校毕业生等青年就业创业工作的通知》、（教就业〔2024〕5 号）《教育部关于做好 2025 届全国普通高校毕业生就业创业工作的通知》等文件，要求完善高校毕业生就业创业服务体系，全力促进高校毕业生高质量充分就业。为适应新要求，促进就业质量提升和深化创新创业教育，长沙电力职业技术学院先后组织教师编写和出版了《高职生职业发展与就业指导》《高职生就业创业实务》等教材。在上述教材开发的基础上，2024 年学院再次组织教师进行大学生职业规划、就业、创新创业相关教材开发，并将新政策、新要求、新教学理念融入教材编写中。

本教材一改过去将职业规划、就业、创新创业分开的做法，而是将学业规划、职业生涯规划、就业指导、创新创业进行整体设计，避免以往教材内容彼此割裂和相互重复的弊端，更好地适应了新时代高职高专学生的特点和需要。教材的编写人员是多年从事就业指导、创新创业教育、职业生涯规划的教师和管理人员，有着丰富的经验和知识积累。教材采用项目式编排，辅以与内容相关的案例进行阐释，穿插了相当多的练习和训练，让学生通过学、练结合，提高就业、创业的实际动手能力，进而提升其在学业和职业生涯规划、就业、创业方面的能力。

本教材可以作为高职院校开展职业生涯规划、就业指导、创新创业教育的"一本通"教材，也可以作为大学本科院校就业相关教学的参考教材，还可以作为社会人士拓宽视野、增长知识的自学参考用书。教师可根据教学对象和授课学期、学时不同，选择相关内容进行重点讲授。本书配套微课延伸阅读、拓展资源等数字资源，可扫描二维码关注微信公众号"中国电力教材服务"获取，拓展资源可提供下载。

本教材由长沙电力职业技术学院组织编写，李新华、杨冬儿担任主编，刘彦、许峰、李雨淳担任副主编，卢飞、刘晓静、宋伟、袁海霞、周慧娟参编，具体编写分工如下：宋伟编写第 1、2 章的内容；刘彦编写第 3、4 章的内容；许峰编写第 5 章的内容；袁海霞编写第 6 章的内容；卢飞编写第 7 章的内容；李雨淳编写第 8 章的内容；刘晓静编写第 9、10 章的内容；李新华编写第 11~13 章的内容；周慧娟编写拓展资源内容。全书由李新华、杨冬儿统稿，宋云希、欧阳建友对书稿编写提出了指导性意见，郑州电力高等专科学校招生就业处吴景川副处长、长沙电力职业技术学院张珑玲副院长担任主审。本书在编写过程中，参考了有关的教材、论著和期刊、网络资源等，在此一并表示感谢！

由于编者水平所限，书中难免存在不足之处，恳请同行专家及读者批评和指正。

编　者
2025 年 5 月

目 录

前言

第一篇

职 业 生 涯 规 划

第1章 学 业 规 划

导　言

学业是大学生立身之本，是大学生应当集中精力努力掌握的知识、能力、素质体系。大学生拥有好的学业，才会有好的就业，好的职业。因此，对于刚进入大学校园的大学生而言，对自己的学业进行系统全面地规划，意义重大。假如没有进行学业规划，学习目标就不会清晰，大学生生活难免得过且过，毕业时就没有就业竞争力，走出校园将更加迷茫。

学习目标

知识目标：掌握学业规划的定义、学业规划和职业生涯规划的差异、大学生学业规划的必要性。

能力目标：能正确合理地制定学业规划，为尽快适应大学的学习与生活，找准自己的定位，为大学期间全面发展打下良好的基础；能采用科学方法分析、提高学业、专业的学习效率；有计划、有目标地实施学业规划。

素质目标：具备自我认知、专业认知方面的素养。

专题故事

朱同学的逆袭

朱同学高中曾就读于长沙四大名校之一的某高中，因高考失利，只被一所职业院校计算机通信专业录取。刚进校的他，产生了严重的失落感。系主任知道了，同他详细分析了面临的问题并指导他做了学业规划。鉴于朱同学高中基础较好，学习能力强，系主任指导他先把专业学好，争取以优异的成绩毕业，同时根据学院规定，大三时他可以参加对口专业的专升本的考试。朱同学重新制订学业规划，并实施计划。在校期间朱同学非常珍惜大学生学习机会和时光，各科成绩优异。毕业时参加专升本考试，后被长沙理工大学录取。进入本科阶段后，朱同学同样发奋学习，考上了研究生，现已成功就业某国有企业，顺利实现人生的逆袭。由此可见学业规划和指导的重要性。

1.1　理解学籍管理规定

任务分析

任务描述

雷同学是今年被某高职学院录取的新生，为了尽快了解学院的学习环境和学习制度，更好地适应和规划好大学生活，他需要做哪些攻略？他可以查找《普通高等学校学生管理规定》，了解学籍管理制度的内容组成。通过本校的《学生手册》了解学校的学生管理制度（含教学管理、行为规范、奖励资助、就业工作管理、社团管理、党员发展工作细则、学生医保医疗管理制度等）。

任务要领

1. 了解学籍管理制度中关于学生考核与成绩记载形式，学习最长年限，休、退、复学的具体条件，转专业和转学的具体条件，学业警示、学习期限与退学，毕业、结业与肄业，以及其他可能遇到的情况及应对措施。

2. 了解学校管理制度中对学生专业知识、能力和素质的相关要求。

知识储备

1.1.1　学籍管理

学籍管理是指根据有关规定对学生的入学资格、在校学习情况及毕业资格进行考核、记载、管控和处理的活动。它是教务行政管理的重要组成部分。学籍管理的内容涵盖学生入学注册，成绩考核，对升级、留级、转学、休学、复学、退学的处理和鉴定、考勤、纪律教育、奖惩等方面，有利于学院管理学生，保证学校的正常教学秩序，提高教学质量；确保学生学习和成长的规则和规定。

1.1.2　大学生管理制度

学生管理制度是为适应教育高质量发展新阶段，努力培养担任民族复兴大任的时代新人，培养德智体美劳全面发展的社会主义建设者和接班人，依据《中华人民共和国职业教育法》《普通高等学校学生管理规定》以及有关法律、法规而制定的。

从高中进入大学是人生中的一个重大转折点，刚进入大学同学们要独自面对环境的巨变，接受"风暴"的洗礼，不难想象此阶段中问题的多样性和复杂性。明确的学籍管理、管理制度等相关文件能够帮助同学们顺利度过有意义的大学生活。让同学们分清雷区，少走弯路，减少成长的代价；充当大学阶段的"参谋"，勾勒出一个大学轮廓；让同学们做到未雨绸缪，最大限度地缩短"预热期"，快速适应和融入大学生活。

任务实施

1.1.3 了解国家学籍管理制度

雷同学通过查阅《中华人民共和国教育法》《中华人民共和国高等教育法》《普通高等学校学生管理规定》［教育部令第41号］等法律法规，了解国家学籍管理制度。特别对学籍管理制度中学生考核与成绩记载形式，学习最长年限，休、退、复学的具体条件，转专业和转学的具体条件，学业警示、学习期限与退学，毕业、结业与肄业等相关事项了解清楚。

1.1.4 了解学校的基本情况

学院官方网站是学校整体风貌在网上的展示，能让观看的人对学校产生比较客观的第一印象。雷同学通过查阅本校官方网站，了解学校的总体概况、机构设置、学生管理、教育教学、校园文化活动、校园布局、校友资助、招生就业等相关情况，进一步加深对学校的认识。

1.1.5 了解所学的专业

雷同学通过听取专业介绍，从课程设计和安排、专业方向、就业方向和专业对口岗位工作环境、工作强度等情况来提高对自己专业选择的认可度。为学业适应、职业适应奠定基础。

以某技术学院输配电工程技术专业为例，其培养目标为培养具备输配电线路施工、运行与检修所需的知识、能力和素质，能从事输配电线路基础施工、杆塔组立、线路架设、线路运行巡视、检测、维护及检修等工作的德、智、体、美、劳全面发展的高素质技术技能型专门人才。主干课程有电工技术及应用、输配电线路基础、线路工程力学、配电设备运行与检修、电力安全技术、架空输配电线路施工、架空输配电线路运行与检修、电力电缆施工运行与维护、输配电线路设计、带电作业、输配电工程概预算等。面向电力建设企业、供电企业及其他工矿企业，从事输配电线路架设、输配电线路运行、输配电线路检修、输配电带电作业、输配电线路设计等岗位工作就业。

1.1.6 了解学生手册基本内容

学生手册是贯穿整个人学生生活的一本读物，它引领大学生走过大学时光的一本读物，它告诉大学生应该做什么，可以做什么，不能做什么。雷同学认真阅读本校的学生管理制度，重点对教学管理、行为规范、奖励资助、就业管理、社团管理、党员发展工作细则、学生医保医疗管理制度等进行学习，为熟悉校纪校规，更好地适应大学生活做准备。

1.1.7 分析总结情况（以长沙电力职业技术学院为例）

通过制度学习、网站信息浏览、资料查阅，雷同学了解到长沙电力职业技术学院是湖南省唯一的电力类公办全日制普通高校，隶属于国网湖南省电力有限公司，教育业务由湖南省教育厅管理。设有电力类、动力类、计算机类等多个专业，毕业生就业率稳居全省高校第一方阵（保持95%以上），对口就业率和就业质量高。毕业生大多推荐到国家电网有限公司、中国南方电网有限责任公司、国家能源投资集团有限责任公司、国家电力投资集团有限公司、中国华能集团有限公司、中国华电集团有限公司、中国大唐集团有限公司、中国核工业集团有限公司、中国广核集团有限公司、中国电力建设集团有限公司、中国能源建设集团有限公司等电力类企业及其下属企业，以及各类新能源技术和新兴电力行业企业。近年来学院帮助贫困家庭学子实现"职教一人、就业一个、脱贫一家"，供电服务学生毕业后直接到属地乡镇供电所工作。

拓展资源1

大学毕业将面临着人生的重要选择，学院学生毕业后的首选是到企业就业。此外，专升本、自主创业、参加公务考试和应征入伍也是毕业生的就业选择之路。拓展资源1为《普通高校学生应征入伍政策公告》，想立志参军报国的大学生，可以学习和了解。

该学院在校生除了享受国家的资助政策外还能享受学院教育基金会的资助和企业资助（注：供电服务生可享受学费、住宿费、企业奖学金、假期勤工俭学津贴等方面更多的优惠政策）。

学院学生有保留入学资格、休学、退学、复学、转学、转专业的权利，同时学院也对这些权利设定了条件。如学生因身体、经济等方面原因，经本人申请、学院批准后可分阶段完成学业。但学生在校最长年限（含休学）不得超过规定学制两年。学生休学次数不得超过两次，每次休学期限一般为一年。学生应征参加中国人民解放军（含中国人民武装警察部队），可办理休学手续，学院保留学籍至退役后两年。

学院实行学业警示制度，对一学期所获课内学分少于12学分者（不含任选课学分），由学院向学生下达学业警示通知书。在校期间，两次收到学业警示通知书的学生予以退学。

学院有团学组织、社团组织等，积极加入这些学生组织能发挥学生特长，也能挖掘学生的潜能，丰富校园生活，提升大学生各方面综合素质。

1.2 规划大学生活

大学是人生中最美好的时光，也是最关键的时期。为了明晰方向，找准路径，成就更好的自己，需要善用各类资源，探索自修之道路；拓展技能，掌握一技之长；开拓视野，培养兴趣爱好；探索一张一弛，合理规划时间；知行合一，培养良好职业品格，这些都是大学生需要努力的方面。

任务分析

任务描述

雷同学对学校的基本情况、规章制度有了一定的了解后，对学习目标也有了初步的确定，但大学与中学在管理和学习要求上有本质的不同。这需要他通过对比中学与大学生活的不同，为合理规划大学生活和学业奠定基础。

■ 任务要领

1. 大学生活要求。

2. 大学生活的目标。

3. 大学生活规划和学业规划的区别。

知 识 储 备

1.2.1　大学及大学生活

所谓大学，是高等教育的学府之一，即提供教学和研究条件的高等教育机构。不过这种定义过于简单，大学其实还是人生梦想起飞的地方。大学是第一个要求学生完全独立的地方。大学是人生的关键阶段。大学是探求知识、追求真理的地方。大学是精神家园，是不断丰富头脑、提高素质的地方。大学是人生成才、成就事业的新起点。

大学是自主成长的地方。将来想要成为什么样的人，过怎样的生活，就取决于大学里的选择与追求。

大学生活是指读大学期间的生活。大学是知识的海洋，里面有浩瀚的图书资料和先进的仪器设备，能使大学生接触广博的知识，培养必要的专业技能，学习为人处事的方法。大学是学生从象牙塔走向社会的最后一站，是社会与校园的结实纽带，合理利用大学期间的课余时间，让大学生活变得充实、有梦想，对将来走向社会能起到很大的正面效应。

大学与中学在生活方式、生活范围、学习任务、学习方法、人际关系、管理模式都有不同之处，主要有以下几方面：

生活方式不同。中学生一般拥有独立的空间，起居由父母安排，除学习外凡事不用操心。大学生过集体生活，住宿舍，吃食堂，凡事都需要自己处理。

生活范围不同。中学生活的领域较窄，基本上从家门到校门，学习几乎成了唯一的内容，课余时间少，校园生活形式单一。大学生活领域拓宽，学习不再是唯一的任务，校园文化活动丰富多彩，让人目不暇接。大学生有更多的自由时间来安排自己的学习和生活，可以参加各种社团、俱乐部、志愿者活动等。

学习任务不同。中学的任务比较单一，主要任务就是学习，考上大学。而大学不仅仅要学习，还要参加各种社团活动锻炼自己的能力和胆量，与人交往，掌握更多的社交技能。

学习方法不同。中学学习是老师带着你学，每个知识点都很细致；而大学注重学生的自主性，老师的授课进度也比较快，更不会像高中这样每天督促。大学实行学分制，必须修完课程学分和辅助学分才能毕业。

人际关系不同。中学的人际关系比较单一，交往对象主是同窗好友、家人。班主任天天与学生见面，饥饱冷暖、学习成长样样关心，家人体贴入微、关怀备至。中学生依赖性较强，不善交际，有父母的照顾和学习的压力，对友谊的渴望不那么强烈。大学生的交往环境复杂，人际关系不以个人的好恶而定，必须学会与不同的人建立和保持和谐的关系。班级同学来自天南地北，习惯和个性可能各不相同。师生关系也不像中学时那么亲密，有时甚至几天见不到老师。大学生远离父母，难诉衷肠，交往场所扩大到学习、生活、娱乐等方面。进入大学后新的伙伴、新的环境，要求大学生独立地、主动地与各种同学交往，社会化要求变高，对友谊的渴望强烈，但由于交往技巧的缺乏，有时会发生人际冲突。

管理模式不同。中学更多是被安排的状态，课程都是满满当当的，而大学更注重的学生自律，自我管理。大学更多地强调学生的自我管理、自我教育、自我服务，各项事务由学生干部布置，活动由学生自己组织。

1.2.2　学业规划

微课 1-1
学业规划

学业规划是采用科学严谨的办法提高学生的学业、专业、职业、事业成长效率，有计划有目标地实施学生各个成长阶段的一套学业生涯管理体系。具体是指在学生完成文化启蒙阶段学习之后，决定特长培养发展方向之前，通过自身特点、外在条件、人才需求、人生目标四个维度确立其成长过程中学业、专业、职业、事业各阶段目标，策划以最小求学成本（时间成本、精力成本、经济成本）完成最终求学目的的完整过程。

学业生涯有以下几个特点：

方向性：学业生涯是生活里各种事态的连续演进方向。

时间性：学习生涯的发展是一生当中连续不断的过程。

空间性：学习生涯是以事业的角色为主轴，也包括了其他与工作有关的角色。

独特性：每个人的学习生涯发展是独一无二的。

现象性：只有在个人寻求它的时候，它才存在。

主动性：人是学习生涯的主动塑造者。

1.2.3　大学时期学业规划的必要性

大学生活就是我们走进社会后生活的一个缩影。从小学到中学十几年的教育，更多的是应试教育，我们学到的大多数是知识的积累，而忽略掉了其他方面的培养，例如与人交往的能力、实践能力等。放眼看未来，我们需要的更多的是自己多方面的发展，而非只是知识的堆积。为了能够具备多方面的发展空间，大学生们进入大学后就应该着手策划大学生活。

再者，近年来，我国大学生就业形势越来越严峻，就业季中的面试环节考察的内容多且需要灵活应对。例如大学毕业后，进入招聘会的人很多，而真正获得工作的人却少之又少，几百份的简历也许只有少数几个人才能进行现场面试。可见进入职场的不易。作为在校大学生能学好自己的专业课程，打好基础，不断地拓展自己的知识面；多去参加学校的大型活动，锻炼自己的应变能力、实践能力、与人沟通能力都变得尤为重要。

大学生活完全是为了以后进入职场打基础。进入职场后只会比大学更加残酷。毕竟大学中有老师传授知识，解惑答疑，遇到麻烦时，老师会指引方向，家长也会给予鼓励，而进入职场后靠的只有自己，只有自己足够强大，才能应付得了各种难题。

为了进入职场后能够更好地发展，大学时期更要做好规划。第一大学生学业规划有助于我们正确定位自己，明确自己的优缺点，并且发扬自己的优点，改正自己的缺点，努力学习，争取做一个在学校中为校争光的人，进入社会后对社会有用的人才。第二学业规划有助于增强自我管理，自主学习的能力，只有增加自我管理的能力，才能有效率且高质量地完成任务和学业。学习主动性不仅在大学期间很重要，进入职场后更加重要，要多学习生产现场的东西，才能使自己进步。第三大学生学业规划还能够解决"就业难，难就业"的问题。尽早发现自己的优势和不足，探寻行业发展趋势，确定发展方向，使自己好就业、易就业。

1.2.4　大学阶段学业规划的重点

以三年制高职生为例，大学阶段的学业规划在各阶段有不同的侧重点。以下是各阶段的重点任务。

大学一年级学业引导主要包括基础课程辅导、尖子生培养、新生适应教育以及指定主题研讨大课等。在这期间老师们亦师亦友地为我们排忧解难、指引方向，了解所学专业的发展方向，从而确立大学每一个阶段的学习目标，初步完成对未来学习生涯的计划。

大学二年级着重学业规划。此阶段主要包括专业课程辅导、学困生帮扶计划以及科技竞赛辅导。经过大一一年的学习和适应，大多数学生已明确个人的发展目标，自身优势、长处也开始显现。这一阶段老师们通过对学生的学业指导，帮助其扎实专业知识；通过开展社会实践或科创研究，从而培养学生动手操作能力以及人际交往能力等综合素质。这一时期的课程学习进入了综合能力的比拼，大学生要学会将前期所学基础知识进行总结，从而达到一个新的专业高度，完成量到质的蜕变。同时多参加一些大型竞赛，在比赛的过程中学习别人的思路以及长处，来发现与改善自身不足，一来学业有了新的进展，二来也能体会团队合作打比赛的乐趣。

大学三年级学业发展辅导主要包括实习指导、学业危机干预、学习困难学生帮扶计划、就业指导和职业规划，通过对学生三年来学业表现的总结，有针对地开展职业生涯规划，完成学业到就业的转变。同时，对于学业困难学生，找准原因，解决学业危机，保证能够正常完成学业。

任务实施

1.2.5　认识自我

大学生在认识自我的过程中，首先要学会进行自我分析，对自身有一个清晰的认识，才能更好地对自己的学业做出更好规划。对待学业规划，大学生必须认真思考，才能正确规划。

（1）认识自己的职业性格。不同的生活环境造就出不同性格的人，或活泼开朗，或安静内敛。认清自己的性格对学业规划甚至于职业选择有很大的帮助。

（2）了解自己的兴趣爱好。可以说，兴趣爱好对于学业的选择有着极大的影响。每个人都是特别的，都有着自己的爱好兴趣。当一个人寻找到自己的爱好时，他将朝着这个方面发展。

（3）自身优点与自身缺点。了解自身的优缺点，选择发扬和改正。比如缺少舞台经验以及演讲经历，不够自律，在学习方面积极性不足，等等，这些缺点都是学习路上的绊脚石，学会如何改善缺点能够更好地适应学习生活。

1.2.6 了解专业

进入大学，我们就拥有了喜欢的专业，并且系统地接受了专业教育。全面认识专业是制订学业规划的重中之重。

一般从培养目标、主干课程与实践内容、需要掌握的知识技能三个方面去了解专业。了解专业读者可以参考 1.1.5 的例子。

1.2.7 分析环境

1. 家庭环境分析

任何人的性格和品质的形成及个人的成长都离不开家庭环境的影响，大学生在进行学业生涯规划时，考虑更多的是家庭的经济状况、家人期望、家族文化等因素对本人的影响。个人在成长过程中，不同时期会根据自己的成长经历和所受教育的情况，不断修正、调整，并最终确立毕业后的职业理想和计划。

2. 学校环境分析

学校环境是指所在学校的教学特色与优势、专业的选择、社会实践经验等。读者可以参考 1.1.7 的例子来了解一个学校。

3. 社会环境分析

对社会环境因素的了解主要包括以下几个方面：

（1）社会政策，主要是人事政策、劳动政策、宏观经济政策等对今后职业选择的影响；

（2）社会变迁，比如知识经济和产业结构调整等，会对人的职业生涯发展产生较大的影响；

（3）社会价值观，价值观会随着社会的不断发展和进步而发生不同程度的变化，从而会影响人们对职业的认知和要求；

（4）科学技术的发展，尤其是人工智能的广泛应用，带来理论的更新、观念的转变、思维的变革、技能的补充等，这些都是职业生涯规划中需要考虑的要素。

1.2.8 确定目标

短期目标：认真学习专业的相关学科将专业所需的知识都收获囊中。同时，阅读课外书籍，扩展知识面，开阔视野。在掌握英语、计算机、所学专业的基本技能的基础上参加一些活动认识朋友，提高交际能力、积累些许社会经验。

长期目标：在社会工作中积累经验，增长自己在课本上无法学到的实践知识，结合理论知识进行属于自己的创新。在工作之余时刻保持学习的状态、提高自身能力，增长在校园无法接触到的社会知识。努力提高自身素养，能够在所处的工作领域有一定的影响力和知名度。

微课 1-2
分析环境

1.2.9　制定计划

参照拓展资源 2《××职业技术学院大学生学业生涯规划登记样表》,填写学业生涯规划登记表并提交给教师。

拓展资源 2

通过上述几个步骤,雷同学制订好了自己高职 3 年的学业规划。教师也对他的学业规划书进行了点评,确保符合雷同学的实际。同时强调,在校学习期间,雷同学可以对学业规划做适当的调整,比如增加参加本科段自学考试的学习或准备专升本考试以及参加国家开放大学(https://www.ouchn.edu.cn)第二专业的学习等。

📖 练习与思考

1. 查找本校的学籍管理等相关制度信息,从成绩考核方式、学业完成年限、学籍异动条件、学业警示等方面了解和分析它的基本情况,并作好记录。

2. 根据自身情况制订一份学业生涯规划书。分析其是否符合本人的特点。

3. 分析自己与国家奖学金获得者的大学生差距在哪里?彼此的学业生涯规划有什么不同?

本章总结

本章通过对学业生涯规划的意义,学涯规划书的制作方法的学习,让学生从学业生涯规划中订立目标,借助目标不断地修正完善自己。从自己走进学校的那一刻开始,就应该想想自己的未来的道路。告诉自己,决不可以将自己的大好时光消磨掉,应该抓住一切时间好好地学习自己的专业知识,提升专业技能,培养职业素养。

📖 延伸阅读 1:人民日报列出的大学生应完成的 80 件事

延伸阅读 1

第2章 个人职业性向

导　言

"我性格是内向还是外向，适合什么工作？"

"我性格中的优势和劣势是什么？"

"哪些职业最能发挥我的性格优势？"

"我是不是该继续现在从事的职业？"

无论是刚准备进入职场的毕业生，还是有一定工作经验的职场人士，都会经常为此而感到困惑——性格因素和职业选择之间到底存在什么样的关联呢？

学习目标

知识目标：了解职业的定义、职业前景的意义、职业性向的定义、测评个人职业性向的工具种类。

能力目标：能分析职业前景、能掌握职业性向测评工具的使用。

素质目标：树立正确的人生观，有大局意识，根据职业前景、个人性向类型作出选择利于适应社会发展的职业选择。

专题故事

"跳水皇后"郭晶晶

2008 年 8 月 17 日，2008 北京奥运会女子 3 米跳板跳水决赛在国家游泳中心"水立方"进行。"跳水皇后"郭晶晶以总分 415.35 分的高分成功卫冕。她是跳水"梦之队"的领军人物，曾多次获得世界冠军。然而，辉煌的背后是她一步步走过的荆棘之路。5 岁练跳水，15 岁首次参加奥运会一无所获，1998 年参加世锦赛，仅获女子 3 米跳板亚军，在之后的几年赛事中，她始终与奥运会冠军宝座失之交臂，其中包括悉尼奥运会 3 米跳板单人、双人亚军。巨大的压力和残酷的现实，并没有让她意志消沉、打退堂鼓。相反，基于对跳水运动的喜爱，她以坚韧的毅力和不服输的信心，加之更为艰苦的训练坚持着。2004 年，她终于从雅典奥运会拿回 2 枚金牌。早可以光荣引退的她，仍在向 2008 奥运冠军冲刺，在北京奥运会上她获得了 2 枚沉甸甸的金牌，作为一名老运动员演绎了一出完美的落幕。郭晶晶承受着长年伤痛的困扰，在一次次大型比赛中取得了如此辉煌的骄人战绩，是什么让她征战赛场多年却依然保持着良好的业绩？她成功的背后又有什么经历和特质？是什么动力在一路支撑着自己？

郭晶晶说，"因为喜欢才会投入，才会愿意付出。"

成功的背后是一路走过的荆棘之路，我们寻找她动力的源泉，可以看到，对跳水的热爱是支持着她战胜种种艰辛、勇往直前的中流砥柱。郭晶晶在跳板上的成功，是职业与兴趣结合的最佳体现。她喜欢跳水这项运动，为了实现那完美一跳而不停地去修正肢体、动作，不断地在重复练习中改进不足，缔造完美。用她的话说，"正因为喜欢，才会投入、才会愿意付出。"

由此可见，对职业的兴趣能让自己全身心地投入工作中，不计较得失，更能忍受成功前的寂寞，加快职业生涯发展的步伐。

2.1　分析职业前景

任务分析

任务描述

雷同学对于自己学习的专业今后要从事的职业需要进一步了解，他应该从哪些方面着手呢？首先他应该了解职业的分类，其次他应该学会分析所学专业的职业发展前景。

任务要领

1. 职业的定义。
2. 职业的分类。
3. 预测未来职业趋势并做好应对准备。

知识储备

2.1.1　职业的定义

从词义学的角度看，"职业"一词由"职"和"业"构成。"职"是指职责、职位，即在一定的岗位上要尽一定的责任。"业"指从事的行业、事业、业务，即具体做什么事情。所谓职业，是指由于社会分工而形成的具有特定专业和专门职责，并以所得收入作为主要生活来源的工作。职业既是人们谋生的手段，又是社会交往的一种主要渠道。

2.1.2　职业的分类

职业的分类由来已久，传统的"三百六十行"早已无法涵盖现代职业门类。我国现行的职业分类标准是 2022 年颁布的《中华人民共和国职业分类大典》。它将我国职业划分为由大到小、由粗到细的四个层次：大类（8 个）、中类（66 个）、小类（413 个）、细类（1838

微课2-1
职业的
分类

个）。细类为最小类别，即职业。

8 个大类分别是：

第一大类：国家机关、党群组织、企业、事业单位负责人，其中包括 5 个中类，16 个小类，25 个细类；

第二大类：专业技术人员，其中包括 14 个中类，115 个小类，379 个细类；

第三大类：办事人员和有关人员，其中包括 4 个中类，12 个小类，45 个细类；

第四大类：商业、服务业人员，其中包括 8 个中类，43 个小类，147 个细类；

第五大类：农、林、牧、渔、水利业生产人员，其中包括 6 个中类，30 个小类，121 个细类；

第六大类：生产、运输设备操作人员及有关人员，其中包括 27 个中类，195 个小类，1119 个细类；

第七大类：军人，其中包括 1 个中类，1 个小类，1 个细类；

第八大类：不便分类的其他从业人员，其中包括 1 个中类，1 个小类，1 个细类。

专业技术人员大类也就是第二大类已经发布了多个新职业，包括人工智能、物联网、大数据、云计算、智能制造、工业互联网、虚拟现实、区块链、集成电路、机器人、增材制造、数据安全工程技术人员等。除此以外，这次修订还增设了密码工程技术人员、碳管理工程技术人员、金融科技师等 29 个新的职业。这些新增的职业坚持面向世界科技前沿、面向经济主战场、面向国家重大需求、面向人民生命健康，紧跟时代发展步伐，为新兴领域、新兴职业的从业人员提供了更大的职业发展空间。新职业的开发为规范企业用工和从业人员的从业行为、促进就业和再就业、完善劳动力市场建设、加强人力资源能力建设具有重要作用。

人力资源社会保障部对新职业的开发和发布具有以下意义：首先有利于促进就业创业。通过发布新职业信息对新职业进行规范，加快开发就业岗位，扩大就业容量，强化职业指导和就业服务，促进劳动者就业创业。其次，有利于促进职业教育和职业培训改革。推动专业设置、课程内容与社会需求和企业生产实际相适应，促进职业教育培训质量提升，实现人才培养培训与社会需求紧密衔接。再次，有利于完善我国职业分类和职业标准体系。将新职业纳入国家职业分类统一管理，并根据产业发展和人才队伍建设需要，加快职业技能标准开发工作，有利于建立动态更新的职业分类体系，完善职业标准体系。

2.1.3 职业前景

职业前景指的是某个职业或行业在未来的就业情况和发展趋势。它涉及就业机会、就业率、薪资水平以及职业发展的可能性。良好的职业前景意味着该职业或行业有较高的就业机会和稳定的工作岗位。它通常与该职业或行业的需求和发展趋势相关。

职业前景是人们在职业规划过程中需要考虑的一个重要因素，对职业生涯的规划和发展也起到至关重要的作用。随着时间的推移，各个职业的就业机会和薪资待遇都会发生变化。因此，了解职业前景可以帮助人们规划有发展前途，从而更好地进行自我发展和把握就业机会，避免走弯路。例如，随着人工智能和大数据技术的发展，相关领域的职业前景非常广阔，因此选择这些领域作为职业发展方向可以获得更好的发展机会。例如，某些职业的就业前景不佳，即使暂时获得了一份工作，也可能在未来的某个时刻失去工作。此外，职业前景对于社会和经济也有很大的影响。有前途的职业可以吸引更多的人才进入该领域，从而推动行业的发展和创新；而前景不佳的职业则可能导致人才的流失和行业的萎缩。因此，了解职业前景可以帮助人们更好地了解行业和经济的发展趋势，从而更好地为社会和经济发展做出贡献。

总之，职业前景对于个人职业规划、发展以及社会和经济都有很大的影响。因此，人们时刻关注职业前景，同时政府和企业也时刻关注并制订相应的政策和措施，以促进就业和经济发展。

2.1.4　预测未来职业趋势并做好应对准备

未来的职场发展趋势一直是人们关注的焦点，随着科技的发展和社会经济的变化，职业市场也在不断地演变。如果想在未来职场中保持竞争力，需要了解未来职业趋势并做好相应的准备。以下几个方面能帮助你预测未来职业趋势。

（1）新技术是推动社会发展的重要力量。随着人工智能、云计算、物联网、区块链、3D 打印等新技术的出现和应用，许多职业将面临着巨大的变革，必须要了解这些技术的发展趋势，并掌握相应的技能。

（2）人口结构的变化。人口结构的变化会对职业市场产生深远的影响。例如，老龄化趋势将促进医疗、养老服务等行业的发展，必须关注人口结构的优化，并根据市场需求做出相应的职业选择。

（3）环保和可持续发展是当下社会的重要议题，因此环保、绿色能源、生态农业的职业将获得更多的关注和机会，你需要了解这些领域的发展趋势，并根据自己的兴趣和能力进行选择。

（4）个人素质的要求。未来的职场将对个人素质提出更高的要求，比如创造力、团队合作能力、沟通能力等，并需要不断地提升自己的素质，并学习新的知识和技能。

（5）产业升级和转型。随着经济的发展，许多产业将面临着升级和转型，例如制造业正在向智能制造转型，服务业也在不断地创新和变革，必须要关注产业的发展趋势，并做好相应的职业规划。

（6）全球化和跨文化交流。全球化趋势将进一步加速，跨文化交流能力将成为越来越重要的职业素质。需要学习多种语言和文化，并具备开放包容的心态。

（7）自主创业。自主创业也是一个值得关注的方向。未来越来越多的人选择自主创业，创业者们也在不断探索和尝试新的商业模式和领域，成为了推动经济发展和社会变革的力量。自主创业是一种趋势，许多年轻人选择自主创业，掌握自己的命运。如果想尝试创业，则需要具备一定的创新思维和创业技能。创新思维可以通过不断学习和思考来培养，而创业技能则要在实践中逐步提升。在创业过程中，需要了解行业趋势和市场需求，以及制订合理的商业计划和营销策略。自主创业的内容将在本书第三篇中进行介绍。

（8）多元化发展。未来职业趋势不会局限于单一领域，而是向多元化方向发展。因此，需要在自己的职业生涯中不断学习和掌握各个领域的知识和技能，扩展自己的专业领域。跨界发展也是一种趋势，例如人工智能领域需要深入理解相关医疗如教育、交通等领域的知识，因此，具备跨界能力的人才将更加受到未来市场的欢迎。

（9）加强数字化技能。未来数字化技能将成为各个领域的必备技能。因此需要不断提升自身的数字化技能水平，掌握各种数字化工具和技术，比如数据分析、人工智能与应用、物联网等，这些技能将有助于大学生更好地适应未来职业的发展，为职业生涯提供更多机遇。

（10）持续学习和自我发展。未来职业发展的速度将越来越快，因此大学生需要保持持续学习的态度，不断学习新知识和新技能，提高自身的专业素质和竞争力。此外，还需要注重自我发展，提高自我管理能力、团队协作能力、创新能力等软技能，以更好地适应未来职业的要求。

（11）不断寻找机遇和挑战。最后，大学生需要保持积极的心态，不断寻找机遇和挑战，探索未来职业发展的多样性和可能性。对于一些新兴领域，可以提前了解并学习相关知识和技能，为未来的职业发展做好准备；同时，也需要不断挑战自我，不断超越自我，不断提高竞争力，实现自己的职业梦想。预测未来职业趋势并不是一件容易的事情，那可以通过不断学习和探索来提高自己的预判能力，并做好相应的准备。不管是选择传统职业还是走自主创业的路线，只有保持学习的心态，持续不断地更新自己的知识和技能，才能在未来的职场竞争中立于不败之地。

总之，未来的世界充满着变数和机遇，需要在未来职业趋势中不断寻找适合自己的职业方向，并持续学习、提高自己的技能和素质，以应对未来职业的挑战和机遇。

⚙ 任 务 实 施

雷同学所学专业"电力系统及其自动化"专业，他通过学院专业介绍和学院官网分析专业的就业去向和行业发展趋势。

2.1.5 分析专业就业去向

毕业生可从事发电厂、供电公司、电网调控中心、各类大中型企业承担电气运行、管理，以及电气设备的维护、检修、安装和调试等方面的工作，也可在有关的科研（所）、教学、建设施工单位从事工程设计、施工等工作，还可到有关的设备制造厂家从事产品开发、生产、调试等工作。

2.1.6 分析毕业后就业行业发展情况

党的二十大报告对"中国式现代化"进行了全面系统深入阐述，为新时代的中国吹响前进的号角。能源电力作为国民经济发展的先导产业和基础行业，是推动和实现中国式现代化的动力之源。

电力行业是国家发展的基础产业，关系到国家生产和经济发展。随着时间的推移，电力行业市场环境发生了巨大变化，在新的宏观背景下，人才发展已经成为电力企业发展战略的重要组成部分。面对复杂多变的市场需求与政策形势，为实现转型升级与高质量发展，电力企业必须加强队伍建设，借助人才力量提升企业竞争力，重视人才培养与管理创新。

2.1.7　分析电力系统自动化专业人才在电力行业中的重要性

电力系统及其自动化是电力系统一直以来追求的发展方向，它包括：发电控制的自动化、电力调度的自动化、配电自动化等。本专业是强电和弱电、计算机技术与电气控制技术交叉渗透的综合型学科专业。培养具有扎实的数学、物理和电气信息基础知识，在电气工程与信息领域从事电力系统运行与控制、信息处理、试验分析、研制开发等工作的复合型高级工程技术人才。目前电力系统市场发展中的自动控制技术趋向于控制策略的日益优化，呈现出适应性强、协调控制完善、智能优势明显、区域分布日益平衡的发展趋势。

从以上分析来看电力系统及其自动化专业的职业前景广阔，雷同学对学好该专业充满了信心。

2.2　测评个人职业性向

任务分析

任务描述

尽管雷同学对学好自己选择的专业充满了信心和希望，但是就他个人而言，是否符合专业对学习者的基本要求，他还是不太清楚。因此，他需要对自己的职业性向进行一番科学测评。首先他要了解职业性向的含义，其次他要运用一些工具对自己的职业性向进行测评。

任务要领

1. 职业性向的定义。
2. 职业性向测评的作用。
3. 测评职业性向的方法。

知识储备

2.2.1　职业性向的定义

职业是人们在社会中所从事的作为主要生活来源的工作。当人们面对种类繁多的职业选择时，要达成"人职匹配"不是一件容易的事。

职业性向是指一个人所具有的有利于其在某一职业方面成功的素质的总和。它是与职业方向相对应的个性特征，也指由个性决定的职业选择偏好。职业性向理论主要关注人们不同的个性心理特征与社会各类职业选择相匹配的关联性问题，近年来引起了国内外学者的注意。通过职业价值观、兴趣、人格和能力等职业性向要素的测试和评估分析，可以认识自我，了解自己适合什么样的职业，为职业定位提供科学依据，同时提高择业就业时的"人职匹配"度，从而帮助个体找到自己愿意并适合从事的职业。"择己所爱，择己所能，择世所需和择己所利"，努力实现人尽其才，事得其人，人事相宜的理想目标。

对在校大学生来讲，如果能在毕业的时候找到一份适合自己，能够充分发挥自己优势的工作，对他们的成长和未来发展能起到巨大的推动作用。但是事实上是很多在校学生都不了解自己想要的是什么，什么工作是适合自己的，自己的优势是什么。职业测评就是来帮助大学生准确地对自身的兴趣、性格、能力等特征进行分析，发现自身潜在竞争优势和能充分发挥这个优势的职业。所以说职业性向测评的根本作用是实现人适其职，职得其人，人尽其才，才尽其用。

2.2.2　职业性向测评的意义

通过职业性向测评可以对受测者的心理特征进行初步定位，比如确定受测者的兴趣倾向、性格类型、价值观取向，基于这些信息可以实现对其专业选择的指导、学习方式的明确、职业定向的清晰。即使每个人对自己都有一些了解，但是有规范的、有方向的自我了解却往往并不充分。比如一个人虽然清楚自己喜欢什么，但是却经常无法总结出这些喜欢的项目之间的关系，这些倾向反映出自身什么样的心理实质。而要从本质层次实现对这个问题的解决，就需要使用职业测评的工具。

具体来讲，职业测评的作用可以包括以下几个方面：

预测：在一定程度上预测受测者在教育训练、职业训练以及未来工作中的表现。

诊断：诊断受测者在性格、兴趣、价值观、技能和职业生涯决策等方面的特质，了解个体在目标人群总体中的位置。

区别：区别出受测者的某些特质最类似于哪一类的职业群体。

评估：了解受测者在职业生涯发展的连续过程中，其职业决策、职业适应性的行为、态度，以及能力方面的一般状况，对职业生涯咨询或辅导的进展情况和效果进行评估。

2.2.3　职业性向测评方法

1. 霍兰德职业兴趣自测

霍兰德职业兴趣自测（Self-Directed Search）是由美国职业指导专家霍兰德（John Holland）根据他本人大量的职业咨询经验及其职业类型理论编制的测评工具。

霍兰德认为，个人职业兴趣特性与职业之间应有一种内在的对应关系。根据兴趣的不同，人格可分为研究型（I）、艺术型（A）、社会型（S）、企业型（E）、传统型（C）、现实型（R）六个维度，每个人的性格都是这六个维度的不同程度组合。

（1）社会型。

共同特点：喜欢与人交往、不断结交新的朋友、善言谈、愿意教导别人。关心社会问题、渴望发挥自己的社会作用。寻求广泛的人际关系，比较看重社会义务和社会道德。

典型职业：喜欢要求与人打交道的工作，能够不断结交新的朋友，从事提供信息、启

微课 2-2
霍兰德职业兴趣自测

迪、帮助、培训、开发或治疗等事务，并具备相应能力。如教育工作者（教师、教育行政人员），社会工作者（咨询人员、公关人员）。

（2）企业型。

共同特点：追求权力、权威和物质财富，具有领导才能。喜欢竞争、敢冒风险、有野心、抱负。为人务实，习惯以利益得失、权利、地位、金钱等来衡量做事的价值，做事有较强的目的性。

典型职业：喜欢要求具备经营、管理、劝服、监督和领导才能，以实现机构、政治、社会及经济目标的工作，并具备相应的能力，如项目经理、销售人员，营销管理人员、政府官员、企业领导、法官、律师。

（3）传统型。

共同特点：尊重权威和规章制度，喜欢按计划办事，细心、有条理，习惯接受他人的指挥和领导，自己不谋求领导职务。喜欢关注实际和细节情况，通常较为谨慎和保守，缺乏创造性，不喜欢冒险和竞争，富有自我牺牲精神。

典型职业：喜欢要求注意细节、精确度、有系统有条理，具有记录、归档、据特定要求或程序组织数据和文字信息的职业，并具备相应能力，如秘书、办公室人员、记事员、会计、行政助理、图书馆管理员、出纳员、打字员、投资分析员。

（4）现实型。

共同特点：愿意使用工具从事操作性工作，动手能力强，做事手脚灵活，动作协调。偏好于具体任务，不善言辞，做事保守，较为谦虚。缺乏社交能力，通常喜欢独立做事。

典型职业：喜欢使用工具、机器，需要基本操作技能的工作。对要求具备机械方面才能、体力或从事与物件、机器、工具、运动器材、植物、动物相关的职业有兴趣，并具备相应能力。如技术性职业（计算机硬件人员、摄影师、制图员、机械装配工），技能性职业（木匠、厨师、技工、修理工、农民、一般劳动）。

（5）探索型。

共同特点：思想家而非实干家，抽象思维能力强，求知欲强，肯动脑，善思考，不愿动手；喜欢独立的和富有创造性的工作；知识渊博，有学识才能，不善于领导他人；考虑问题理性，做事喜欢精确，喜欢逻辑分析和推理，不断探讨未知的领域。

典型职业：喜欢智力的、抽象的、分析的、独立的定向任务，要求具备智力或分析才能，并将其用于观察、估测、衡量、形成理论、最终解决问题的工作，并具备相应的能力。如科学研究人员、教师、工程师、电脑编程人员、医生、系统分析员。

（6）艺术型。

共同特点：有创造力，乐于创造新颖、与众不同的成果，渴望表现自己的个性，实现自身的价值；做事理想化，追求完美，不切实际；具有一定的艺术才能和个性；善于表达、怀旧、心态较为复杂。

典型职业：喜欢的工作要求具备艺术修养、创造力、表达能力和直觉，并将其用于语言、行为、声音、颜色和形式的审美、思索和感受，具备相应的能力。不善于事务性工作。

如艺术方面（演员、导演、艺术设计师、雕刻家、建筑师、摄影家、广告制作人），音乐方面（歌唱家、作曲家、乐队指挥），文学方面（小说家、诗人、剧作家）。然而，大多数人都并非只有一种性向（比如，一个人的性向中很可能是同时包含着社会型、现实型和探索型这三种）。

霍兰德认为，这些性向越相似，相容性越强，则一个人在选择职业时所面临的内在冲突和犹豫就会越少。为了帮助描述这种情况，霍兰德建议将这六种性向分别放在一个正六边形的每一角。员工的工作满意度与流动倾向性，取决于个体的人格特点与职业环境的匹配程度。当人格和职业相匹配时，会产生最高的满意度和最低的流动率。例如，社会型的个体应该从事社会型的工作，社会型的工作对现实型的人则可能不合适。这一模型的关键在于：

1）个体之间在人格方面存在着本质差异；

2）个体具有不同的类型；

3）当工作环境与人格类型协调一致时，会产生更高的工作满意度和更低的离职可能性。

2. 梅尔斯-布瑞格斯类型指标 MBTI 性格测试

MBTI 的理论源于瑞士心理学家荣格的人格心理学，他认为人们在认知和判断世界时有四种基本的心理功能：思维（Thinking）、情感（Feeling）、感觉（Sensing）和直觉（Intuition）。美国母女凯瑟琳·库克·布里格斯和伊莎贝尔·梅尔斯·布里格斯在荣格的基础上，进一步发展了 MBTI 的理论和工具，将人们分为 16 种不同的人格类型。

MBTI 的测试方法很简单，只需要回答一些关于自己的习惯、偏好、感受等方面的问题，就可以得到一个由四个字母组成的类型代码。这四个字母分别代表了以下四个维度：

1）外倾（E）或内倾（I）：这个维度表示你是从外部环境还是从内部世界中获得能量。外倾型的人喜欢与他人交流和合作，内倾型的人喜欢独立思考和行动。

2）感觉（S）或直觉（N）：这个维度表示你是通过具体的事实还是通过抽象的概念来获取信息。感觉型的人注重现实和细节，直觉型的人注重未来和可能性。

3）思维（T）或情感（F）：这个维度表示你是通过逻辑分析还是通过个人价值来做决定。思维型的人重视客观和公正，情感型的人重视主观和谐。

4）判断（J）或知觉（P）：这个维度表示你是通过计划和组织还是通过灵活和开放来对待生活。判断型的人喜欢有条理和秩序，知觉型的人喜欢有变化和自由。

根据这四个维度的不同组合，就可以得到 16 种不同的人格类型，每种类型都有自己独特的特点、优势、挑战、职业倾向、爱情风格等。

MBTI 十六型人格的简要描述有以下八大类

第一类：外倾感觉型（ES）

1）ESTP（企业家），他们是企业家，活在当下的实践者，是最高级的乐观主义者；精力充沛，随遇而安；渴望冒险，随时随地寻找下一个行动；关注当下，以真正的热情投入社会活动，追求灵活行动，灵活解决问题。

2）ESFP（表演者），他们是天生的表演者，热爱聚光灯，世界就是他们的舞台；喜欢在人们面前展示自己，成为关注的焦点；十足的社交活跃分子，喜欢简单的事物；需要多样化的工作，在工作中享受友好和乐趣。

第二类：外倾直觉型（EN）

3）ENTP（发明家），他们足智多谋，创意十足；不怕争议，爱表达观点；好奇心重，追求新奇，不愿意做那些他们认为枯燥无味的事情；总是试图分析、理解和影响他人，追求创造性地解决一系列问题。

4）ENFP（梦想家），他们友好、温柔、敏感；有无限的能量，有永不满足的好奇心，总是在追求梦想的道路上；关注各种可能性，经常被各种新事物所驱使；喜欢帮助他人发现自己的创造潜力，探索新的价值观和生活方式。

第三类：外倾思维型（ET）

5）ESTJ（总经理），他们是传统和秩序的代表，务实、严谨、自律；喜欢根据他们的是非观和社会标准来团结家庭和社区；善于组织项目和人员完成事情，倾向于以系统、有序、高效的方式实现目标；注重日常工作的细节，并有一套清晰的逻辑标准。

6）ENTJ（指挥官），他们是天生的领导者；直率果断，诚实理性，远见卓识，认真负责，融合了很多领导者的基本素质；他们善于分析和制订长期计划，愿意为周围的世界创造秩序；高度的意志力和决心将促使他们积极实现目标。

第四类：外倾情感型（EF）

7）ESFJ（执政官），他们友好、富有同情心和责任感；通常健谈、受人欢迎、礼貌、渴望取悦他人、被他人喜爱、需要和关注；如果有人需要帮助，他们会尽职尽责地提供帮助，关注他人的感受和需要；注重传统、实事求是、井然有序，小心谨慎。

8）ENFJ（教育家），他们是理想主义的组织者和认真的教育家；热情坦诚、灌输信念，富有人格魅力和正义感；致力于实现对人类最好的愿景，寻找并建立人与人之间的联系；善于探索他人的潜力，引导他人走上更合适的道路。

第五类：内倾感觉型（IS）

9）ISTJ（检查者），他们正直、务实、恪尽职守；愿意为自己的行为负责，为努力完成目标所做的一切感到骄傲；有责任感，极其严谨、自律和专注，会毫不吝啬时间和精力，耐心准确地完成每个任务；喜欢整洁有序，按计划进行。

10）ISFJ（守护者），他们务实、忠诚、有奉献精神和同情心；注重和谐与合作，忠于团体和组织，乐于助人，理解他人的感受有相当强的组织能力，喜欢收集事实和数据，对细节的关注令人难以置信；愿意在一种有规则、有秩序的方式下生活。

第六类：内倾直觉型（IN）

11）INTJ（专家），他们冷静专心，思维缜密，思想独立，想象力丰富；完美主义者，善于逻辑推理，能够快速分析复杂的问题和数据，并提出解决方案；往往会专注于一个领域，做到非常精深；非常富有恒心和毅力。

12）INFJ（引路人），他们是精神世界的向导；具有独创性的思想、强烈的感情、坚定的原则和正直的品格；性格温和、有同情心、关心他人、富有想象力、注重人际关系；喜欢在幕后长期努力工作，具有提供前瞻性的意见和指导帮助他人的潜力。

第七类：内倾思维（IT）

13）ISTP（工匠），他们务实、有逻辑性、谦逊、天生安静；了解机械，动手能力强，对故障排除等感兴趣；善于运用灵活的逻辑处理具体问题，专注于高效而巧妙地完成工作，完美适合工程领域；他们相对孤僻，社交能力弱，喜欢按照自己的方式生活。

14）INTP（逻辑学家），他们是自由的创意者，是思绪飞扬的学者；很容易转移注意力，有着无穷的创造力；抽象概念的喜好以及深入理解，使他们可以从事具有创造性和挑战性的任何工作；淡然随和的理性者，且多数慢性子。

第八类：内倾情感（IF）

15）ISFP（艺术家），他们平和、敏感，保持着许多强烈的个人理想和自己的价值观；谦虚、安静，实际上是具有巨大的友爱和热情之人；无意当领导者，但往往是忠实的追随者；不喜争论，也不把意见和价值观强加给别人；耐心、灵活、自由，遵循自己的时间表。

16）INFP（调停者），他们表面安静、谦逊，却拥有充满活力和激情的内心世界；喜欢用关怀和创造性的方法做事；富有创造力和想象力，很乐意在白日梦中迷失自我；以敏感著称，可以对音乐、艺术、自然和周围的人产生深刻的情感反应。

⚙ 任 务 实 施

2.2.4　职业性向自我测试

1. 霍兰德职业兴趣自测

应用霍兰德职业兴趣测评可以有如下作用：

（1）自我评估：首先，需要诚实地回答测试中的问题，以便准确地反映自己的职业兴趣。这需要对自己有深入的了解和反思。

（2）结果分析：在获得霍兰德代码后，可以查看霍兰德职业兴趣分类，了解该代码所代表的职业领域和发展方向。这将有助于大家明确自己的职业目标。

（3）职业规划：根据霍兰德职业兴趣测试的结果，可以制定针对性的职业规划。例如，被测者可以选择与自己兴趣相符的专业或职业方向，提升自己的技能和素质，以实现个人职业发展目标。

具体测试可参考拓展资源 3。

2. 梅尔斯－布瑞格斯类型指标 MBTI 性格测试

霍兰德职业兴趣自测让大家探索兴趣，知道人们喜欢做什么？MBTI 测试则可以让大家探索性格，知道大家适合做什么，更重要的是可以通过测试了解自己不适合做什么。测试后产生 MBTI 倾向图，从而了解自己的性格特征。测试的结果没有好坏，只有是否匹配。根据测试结果对应查看十六型人格的性格特点，帮助自己发展自身优势，弥补自身的不足。

具体测试可参考拓展资源 4。

拓展资源
3/4

🎓 **练习与思考**

1. 查找输电工程技术专业的职业发展方向。评估本届学生的职业发展趋势。

2. 以自己所学专业为例,职业发展有哪些可能性?

3. 你会根据职业性向测试结果做出职业选择吗? 根据职业性向测试结果做出怎样的调整?

本章总结

本章通过学习职业的分类,判断行业发展趋势的因素,结合自身现有专业的学生了解职业发展的前景。通过几种职业性向测试,了解自己的职业性格、能力、兴趣,为今后自己职业方向选择做好各种准备。

📖 **延伸阅读2: 未来职业中的我:"职业可能自我"**

延伸阅读2

第3章 职业与职业生涯

🌱 **导　言**

　　凡事预则立，不预则废。生活中，面对一次旅行，我们通常要预先规划，而成功的人生旅程更需要尽早谋划。我们为什么要从事职业？怎样合理规划职业生涯？职业生涯规划对职业发展和人生发展都有十分重要的意义，能够帮助大学生树立正确的职业观。制订科学的职业生涯规划，就是在构筑自己人生宏伟大厦的蓝图。

📋 **学习目标**

　　知识目标：掌握职业生涯、职业生涯规划及其相关概念；掌握制订新职业生涯规划的要素和原则、步骤和方法。

　　能力目标：能结合自己的专业，根据自己的实际情况撰写职业生涯规划书。

　　素质目标：树立正确的职业观，拥有社会责任感和职业素养，具备理性的思维、勇于探索的精神和健康的心理，养成良好的职业习惯。

📚 **专题故事**

目标明确，精心构筑未来

　　张同学，某高职院校优秀毕业生，毕业后顺利进入企业，目前已成为部门的业务骨干。

　　张同学对大学的学习和生活有充足的心理准备，从未后悔过当初的选择。他没有像有些同学那样，抱怨"时运不济"，胡思乱想，把时间浪费在上网、玩游戏、聊天上。他坚信，成功主要靠自己去把握，历经磨炼，才能成才。进校伊始，他定了3个目标：第一，顺利完成学业，不挂科；第二，积极参加学校的各类活动，争取担任学生干部；第三，积极向党组织靠拢，通过自己的出色表现加入中国共产党。以上三个目标，在大家看来会显得过于实际，甚至有些功利，但正是如此清晰的目标，指引了他学业生涯成功的方向。他说："人不应该好高骛远，但也不能没有目标；可实现的事情就可作为我的目标，而这些目标的实现是有助于我将来跨入社会、顺利就业的。"

　　他给自己设定清晰的目标后，是如何去做的呢？

首先，他保证了专业成绩名列前茅。大学期间的六个学期，他有四个学期都是综合成绩第一，每年都获得学校的奖学金。他也是同年级学生中最早一批通过英语三级和四级考试的，他的同学们在"享受生活"的时候，他却在背英语单词。

其次，他进入大学后就通过自己的努力成为班长，并一直保持到大学毕业；他积极参加学校的各类活动，比如"迎新生晚会""职业生涯规划大赛""专业技能竞赛""职场精英挑战赛"等，毕业的时候，已获得十几个证书和奖杯。

回首往事，他说：人生最重要的就是任何时候都不要气馁，要给自己定目标，要付出努力，要耐得住寂寞，经得起诱惑，决定的事情一定要坚持，不管面对多少困难，也要将自己的命运牢牢掌握在自己手中，未来才会更美好。读完这个故事，你有哪些想法？

你制订好自己的目标了吗？你是否打算为自己的将来付诸行动？

3.1　分析职业岗位

任务分析

任务描述

刘同学大学毕业后，找到与所学专业相关的工作，进入单位后，发现自己部门有 5 个人，每个人的岗位都有不同的名称，作为新人，他对岗位的认识还很模糊，也不知道哪些事情是自己应该做的，甚至出现了本职工作个别任务遗漏的情况。如何有效杜绝这类情况出现呢？刘同学首先应该围绕匹配合适岗位，结合所学知识，了解收集与处理岗位信息；其次应该掌握目标职业信息获取方式，分析职业岗位。

任务要领

1. 了解岗位及岗位胜任力的内容；
2. 分析确定职业资格；
3. 明确职业目标的确定，并拟定调研计划；
4. 了解收集目标职业信息的途径。

知识储备

3.1.1　岗位

岗位是组织要求个体承担的一项或多项责任以及为此赋予个体权利的总和。它是社会经济发展的产物，是根据组织生产或工作需要，并按照一定标准化分工，由具体职责任务、工作规范和员工上岗能力指标要求组成的集合体，是员工从事活动或工作的载体，也是员工生存和发展的平台。

岗位的构成比较复杂，是由岗位的基本职责和任务、岗位工作规范、岗位用人标准、岗位劳动报酬等多种要素构成的集合体。

1. 岗位基本职责

岗位的基本职责是按岗位标准要求规定的，每位员工必须承担或担当的责任。岗位任务是指员工应该完成的具体生产或工作目标。不同的岗位，其职责和任务是不同的，对其岗位业绩的评价标准也是不同的。

2. 岗位工作规范

岗位工作规范是指特定岗位对任职者胜任特征的基本要求，主要包括任职者应具备的知识、能力、教育背景、工作经验、个体特征等方面的信息。一般来说，岗位工作规范主要包括以下内容：

（1）教育背景。主要包括受教育程度和所学专业，例如，高职学历，供用电技术专业。教育背景中也包括是否参加过某些专门技能培训或者是否获得过某专业职业资格证书等。

（2）工作经验。主要是指过去是否具有从事某种工作的经验以及从业时间。它重点包含在什么岗位上工作过，承担过什么职责，解决过什么重大问题，有什么样的教训和体会。

（3）知识技能。狭义的知识技能是指从事该岗位工作所需的专业知识和专业技能。广义的知识技能还应包含从事该岗位工作、完成该岗位任务的辅助知识和技能。

（4）个性特征。个性特征所包含的内容非常广泛，一般来说主要指该岗位任职者所需的最为重要的个性特征。例如，善于与人沟通，具有良好的语言表达能力，工作耐心、细致等。

（5）身体要求。有些工作要求任职者具备特定的身体和心理条件，如视力能否适应夜间工作、野外作业。

（6）其他特殊要求。主要是针对某个岗位特殊的工作特点提出的要求。如倒班工作制或经常出差等。

3. 岗位用人标准

岗位用人标准是用人单位对本单位某岗位所需人员提出的录用标准。通常，岗位用人标准包括以下几方面：

（1）能力标准。用人单位对相应岗位聘任人员的专业技术、技能水平、工作经历等方面的要求，是考核能否适应岗位要求的重要指标。

（2）素质要求。包括职业道德、职业态度、职业行为习惯等方面，是考核职场人职业能力的重要隐性内容。

（3）其他要求。包括学历、专业背景等。

3.1.2 岗位胜任力

1. 岗位胜任力的概念与特点

随着社会经济的发展，分工不断细化，为了取得优秀的工作绩效，企业不断探索预测工作绩效的途径和方法，并用于招募和选拔优秀员工，胜任力的概念随之诞生。胜任力概念的创始人麦克利兰（McClelland）在他撰写的《测量胜任素质而非智力》（Testing competence rather than intelligence）一文中指出用智力测验等来预测工作绩效或职业生涯的成功时，其预测的准确度比较差，而能真正影响和区别工作业绩的是个人潜在的、持久的行为特征，因此他把能够直接影响工作业绩的个人潜在的、持久的行为特征称为 competency（胜任力），同时提出用评价胜任力来取代传统的智力测量。

岗位胜任力指在一个特定的组织中，激励员工主动承担本岗位工作，进而在自身岗位上使工作绩效达到最优的知识、技术、特质和能力的集合，包括任职资格标准和职业素养要求两部分。

岗位胜任力具有如下特点：

（1）岗位胜任力的重要影响因素是岗位的工作职责、岗位权力、岗位环境、激励与约束机制等，这些因素决定了员工胜任本岗位工作必备的各种知识、技术、特质等素质。也就是说，工作岗位不一样，他们的岗位胜任力也不一样。

（2）岗位胜任力和工作绩效紧密相连。一般情况下，优秀绩效者和普通绩效者表现的岗位胜任力不同。因此，岗位胜任力可以运用到人力资源管理的各个方面。在人力资源管理体系中，岗位胜任力作为重要因素，在招聘、绩效、薪酬等各项环节中都应重点考虑。

（3）岗位胜任力可以量化、测评。企业可以设定各种相对科学合理的指标，对岗位胜任力涵盖知识、技能、特质、能力等要素进行量化。

2. 岗位胜任力体系

岗位胜任力体系包含标准体系、管理体系、培训体系和测评体系。

岗位胜任力标准体系是岗位胜任力提升系统的基础。通过不同岗位胜任力标准的建立，科学合理公平地界定岗位的等级划分和待遇安排，有效地牵引员工的行为，量化测评员工的行为、能力和素质，并由此建立员工的职业晋升通道，科学地规划员工的职业生涯。

岗位胜任力管理体系是岗位胜任力体系的指南和核心，包括岗位胜任力管理办法、细则、操作手册等，通过建立岗位胜任力管理制度和实施办法，明确岗位胜任能力提升管理的目的、原则、范围、内容、申报条件与资格、评审程序方式和办法，规范化地管理员工的任职资格。

岗位胜任力培训体系是岗位胜任力提升的手段和支撑，包括为提高岗位胜任力所设立的岗位胜任力培训课程、岗位胜任力培训教材、岗位胜任力培训手册等内容。通过岗位胜任力培训体系的建立，合理确定培训内容，弥补人员在岗位晋升之后的能力差异，系统化地培养人才，为人才的快速成长提供途径。

岗位胜任力测评体系是岗位胜任力评定的重要方法，包括测评题库、测评标准或评分细则。通过测评工具的建立，科学快速准确地评价个人能力、素质以及发展潜质，合理地选人和用人。

3. 岗位胜任力标准模型

岗位胜任力标准模型来源于冰山素质模型，包括任职资格标准和职业素养要求两部分。任职资格标准主要是体现能力的要求，即指运用专业知识解决实际问题的技术和水平，包括基本条件和资格标准。资格标准是核心部分，包括行为标准和达标标准。职业素养是胜任工作岗位所具备的潜质，受到遗传、家庭环境与教育、周边环境等多种因素影响，它需要经过长时间潜移默化的过程逐步形成，是较难培养的。职业素养包括职业技能、职业道德、职业态度、职业行为习惯四个维度，见图 3-1。

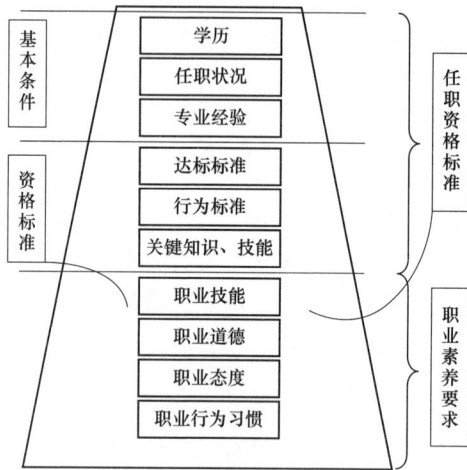

图 3-1 岗位胜任力标准模型

3.1.3 职业资格

1. 国家职业资格证书制度内涵

《中华人民共和国劳动法》规定："国家确定职业分类，对规定的职业制定职业技能标准，实行职业资格证书制度。"国家职业资格证书制度是劳动就业制度的一项重要内容，也是一种特殊形式的国家考试制度。职业资格是社会经济部门或行业根据某一职业的工作目标和任务，对从事这一职业的人员提出必备的专业知识、职业技能等工作能力的要求。职业资格反映了劳动者为适应职业岗位的需求而运用特定知识和技能的能力。与学历文凭不同，职业资格与职业岗位的具体要求结合密切，能更直接、更准确地反映特定职业工作的技术标准和操作规范。劳动者通过职业技能鉴定，从社会权威认证机构〔如国家职业技能鉴定所（站）〕获得对自己技能水平和从业资格的认可，其主要形式是职业资格证书，这是劳动者进入就业岗位的重要凭证。

职业资格可以分为从业资格和执业资格。其中从业资格为能力评价类职业资格，执业资格为行政许可类职业资格从业资格（指政府规定技术人员从事某种专业技术性工作的学识、技术和能力的起点标准），它可通过学历认定或考试取得。如进网电工作业证，学习电专业的学生和从事用电工作的员工都可以报名参加考试，是从事电气安装、试验、检修、运行等作业的人员的许可证。我国其他常见的从业资格证书有教师资格证、心理咨询师证、电工进网作业许可证、银行从业资格证、证券从业资格证、人才测评师证、国际商务师证、价格鉴证师证、监理工程师证、保险代理人证、营销师证、全国物流职业经理人资质证书等。执业资格是政府对某些责任较大、社会通用性强、关系公共利益的专业技术工作实行的准入控制，是专业技术人员依法独立开业或独立从事某种专业技术工作学识、技术和能力的必备标准。它通过考试方法取得，考试由国家定期举行，实行全国统一大纲、统一命题、统一组织、统一时间。执业资格制度规定大学毕业后工作一定年限才可以考取执业资格，凡具备相关专业规定学历、规定实践工作年限的专业技术人员都可报考，取得资格证书并经规定机构注册者，可以依法独立执业。

执业资格实行注册登记制度，取得执业资格证书后，要在规定的期限内到指定的注册管理机构办理注册登记手续。所取得的执业资格经注册后，全国范围有效。超过规定的期限不进行注册登记的话，执业资格证书及考试成绩就不再有效。超过规定的期限不进行注册登记的话，执业资格证书及考试成绩就不再有效。我国常见的执业资格证书有：注册税务师、注册药剂师、注册金融分析师、注册资产评估师、注册电气工程师、注册土地估价师、注册建筑师、注册结构师、注册造价师、注册监理师、注册（投资）咨询师、注册设备师、注册道路工程师以及注册城市规划师等。

2. 国家职业资格的等级

职业资格不仅规定了劳动者在某一职业领域从业或执业时的起点标准或必备标准，在岗位上还可以按照实际要求来区分资格等级，即根据各职业活动范围，工作内容的数量和质量、工作责任等要素，将特定职业岗位划分为不同的资格等级。技术型操作人员可划分为初级、中级、高级、技师和高级技师。根据职业资格等级的不同，可对相关就业或执业人员提相应的知识和技能要求。国家职业资格证书制度设置为五个等级。国家职业资格五级、四级、三级分别对应技术等级的初、中、高级；二级和一级分别对应技师和高级技师。根据《国家职业技能标准编制技术规程》的规定，各等级的具体标准为：国家职业资格五级（初级技能），能够运用基本技能独立完成本职业的常规工作；国家职业资格四级（中级技能），能够熟练运用基本技能独立完成本职业的常规工作，并在特定情况下，能够运用专门技能完成较为复杂的工作，能够与他人进行合作；国家职业资格三级（高级技能），能够熟练运用基本技能和专门技能完成较为复杂的工作，包括完成部分非常规性工作，能够独立处理工作中出现的问题，能指导他人进行工作或协助培训一般操作人员。

国家职业资格二级（技师），能够熟练运用基本技能和专门技能完成较为复杂的、非常规性的工作，掌握本职业的关键操作技能技术，能够独立处理和解决技术或工艺问题，在操作技能技术方面有创新，能组织指导他人进行工作，能培训一般操作人员，具有一定的管理能力；国家职业资格一级（高级技师），能够熟练运用基本技能和特殊技能在本职业的各个领域完成复杂的、非常规性的工作，熟练掌握本职业的关键操作技能技术；能够独立处理和解决高难度的技术或工艺问题，在技术攻关、工艺革新和技术改革方面有创新，能组织开展技术改造、技术革新和进行专业技术培训，具有管理能力。

3. 职业技能鉴定

职业技能鉴定是一项基于职业技能水平的考核活动，国家实施职业技能鉴定的主要内容包括职业知识、操作技能和职业道德三个方面。这些内容是依据国家职业（技能）标准、职业技能鉴定规范（即考试大纲）和相应教材来确定的，并通过编制试卷来进行鉴定考核。职业技能鉴定职业（工种）、鉴定要求和申报条件按《中华人民共和国职业分类大典》和职业标准、职业技能鉴定规范执行。国家暂未颁发职业标准的职业（工种）的申报条件按以下规定执行：

符合下列条件之一者，可申报国家职业资格五级（初级技能）的鉴定：① 连续从事本职业工作 2 年以上；② 经人力资源社会保障部门认可的初级工正规培训 6 个月以上。

符合下列条件之一者，可申报国家职业资格四级（中级技能）的鉴定：① 连续从事本职业工作 6 年以上；② 取得本职业初级职业资格证书后，连续从事本职业工作 5 年以上，或连续工作 3 年以上并经人力资源社会保障部门认可的培训机构按照中级技能目标的培训达到标准学时的，或相关专业大专毕业生在本职业岗位工作 1 年以上。

符合下列条件之一者，可申报国家职业资格三级（高级技能）的鉴定：① 取得本职业中级职业资格证书后，连续从事本职业工作 7 年以上；② 取得本职业中级职业资格证书后，连续从事本职业工作 3 年以上，并经人力资源社会保障部门认可的高级技工培训半年以上；③ 大专毕业生已取得中级职业资格证书后，连续从事本职业工作 2 年以上。

取得高级职业资格证书后，连续从事本职业工作 3 年以上，具有丰富的生产实践经验和操作技能特长，能解决本工种关键操作技术、生产工艺难题，具有传授技艺和培养中级技术工人的能力者，可申报国家职业资格二级（技师）资格鉴定与考评。

已取得技师资格证书后连续从事本职业工作 3 年以上，具有高超精湛技艺和综合操作技能，能解决本岗位（专业、工种）高难度生产工艺问题，在技术革新、排除事故隐患和解决生产实践中遇到的重点难点技术问题方面成绩显著，具有组织培养高级工和带领技师进行技术革新和技术攻关的能力，可申报高级国家职业资格一级（技师）资格鉴定。

4. 任职资格

任职资格的核心思想源于英国国家职业资格模式，是指为了保证工作目标的实现，个人必须具备的知识、技能、能力和素质等方面的要求，常常以胜任职位所需的学历、专业、工作经验、工作技能、能力等来表达。随着应用的深入，人力资源管理中形成了 KSAO 的任职资格模型，便于对任职资格进行体系化的归类，其具体解释如下：

K（knowledge）：是指执行某项工作任务需要的具体信息、专业知识、岗位知识；

S（skill）：是指在工作中运用某种工具或操作某种设备以及完成某项具体工作任务的熟练程度，包括实际的工作技巧和经验；

A（ability）：是指个人内在的基本能力，如空间感、反应速度、耐久力、逻辑思维能力、学习能力、观察能力、解决问题的能力、基本的表达能力等内容；

O（others）主要是指有效完成某一工作需要的其他个性特质（attribute），它包括对员工的工作要求、工作态度、人格特质以及其他特殊要求。

任职资格是任职者完成工作任务要求的基本条件的提炼和总结；是任职者知道什么、经历过什么、能做什么、行为方式是什么等的多重信息；是为了实现企业战略目标，根据企业组织的要求，对人才标准的系统管理。员工能否承担某一等级的岗位，取决于承担者本人的资格与能力。

⚙ 任 务 实 施

3.1.4 确定目标职业

大学生在校期间，可在职业生涯规划的基础上通过确定目标职业、拟定调研计划、收集目标职业信息、制作岗位胜任要求分析表等有效途径，明确目标职业对从业人员的职业素养要求。

1. 职业定向

高职院校以职业教育为主，以培养高素质技术技能型人才为目标。因此，对于高职院校的同学们而言，选择了专业基本上就等于选择了未来的职业方向。你对自己的专业感兴趣吗？你毕业后会选择专业对口的单位就业吗？如果你的回答是肯定的，则可以基本确定自己的职业方向，进而了解该职业的岗位或岗位群有哪些。如果你的答案是否定的，则需要探索对其他什么专业有兴趣，可以通过转专业，或通过课外自学，选择选修课程或者通过跨专业升学来调整和确定自己的职业方向。

2. 职业定位

在根据个人兴趣及所学专业等因素确定了未来的职业方向之后，接下来则是要对个人目标职业进行定位，即确定自己适合从事什么类型的工作，职业定位是每一位高职学生终将面对的一个现实问题。

3.1.5 拟订调研计划

1. 确定调研目的

通过调研目标职业的实际情况，了解这些工作岗位对从业人员的要求，以便在学习环节和就业环节中提升相关素质，提高市场竞争力。

2. 选择分析样本

以目标职业对应的相关工作岗位为对象，在其中选择部分岗位作为分析样本，了解这些岗位的任职条件、工作内容、工作方法、工作目的和工作过程。

3. 确定分析的具体内容

具体内容有三个方面：岗位责任、资格条件和工作环境。从就业的角度出发，工作分析最主要的内容是资格条件，它包括岗位对毕业生的经验、智力水平、技巧、体力、心理素质等方面的要求。

4. 选择分析方法

工作内容确定之后，应该选择适当的分析方法，主要选用观察分析、访谈分析、问卷调查分析及文献分析。

5. 预算时间、经费和人力

选定好调研地点和对象，初步安排调研时间，所需经费，确定需要参与调研的人员。具体模板见表 3-1。

表 3-1   **目标职业调研计划书**

背景		
调研目的		
调研对象		
调研内容		
需要的资料		
拟采用的方法		
实施安排	准备阶段	对现有资料进行研究； 选定待分析的对象； 设计调研用的工具
	实施阶段	制订调研计划； 实施访谈和现场观察，发放调查表
	调查整合阶段	对收集来的信息进行整理； 与相关人员确认信息，并做适当调整； 编写职业素养要求分析表
其他说明		

3.1.6 收集目标职业信息

企业人力资源管理体系中一般有岗位胜任力相关资料，在收集目标职业信息时可将此类信息列为重点。当前职业信息获取的方法较多，适合同学们采用的主要有观察、访谈、问卷调查、文献分析等。

1. 观察

观察就是在不影响被观察人员正常工作的条件下，通过观察将有关工作的内容、方法、程序、设备、工作环境等信息记录下来，最后将取得的信息归纳整理为适合使用的结果的过程。利用观察法进行职业岗位分析时，应力求观察的结构化，根据岗位分析的目的和组织现有的条件，事先确定观察的内容、观察的时间、观察的位置、观察所需的记录单等，做到省时高效。

大学生可以利用暑期社会实践的机会，接触感兴趣的职业，利用观察法进行职业岗位分析。

2. 访谈

访谈也称采访，它是通过与访谈对象（目标职业从业人员）面对面的谈话来收集职位信息资料。在访谈之前，应该准备好问题提纲，要能够控制住谈话的局面，既要防止谈话跑题，又要使谈话对象能够无所顾忌地侃侃而谈。要及时准确地做好谈话记录，并且避免使谈话对象对记录产生顾忌，访谈法适合于脑力职业者。

访谈步骤：

（1）事先需征得访谈对象直接上级的同意，尽量获取直接上级的支持；

（2）在无人打扰的环境中进行；

微课 3-1
收集目标
职业信息

（3）向访谈对象介绍访谈的大体内容；

（4）以轻松的话题开始，鼓励访谈对象真实、客观地回答问题；

（5）按照访谈提纲的顺序，由浅至深地进行提问；

（6）注意把握访谈的内容，防止跑题。

3. 问卷调查

问卷调查就是根据岗位分析的目的、内容等，事先设计一套岗位问卷，由被调查者填写，再将问卷加以汇总，从中找出有代表性的回答，形成对岗位分析的描述信息。问卷调查的关键是问卷设计。问卷设计形式分为开放型和封闭型两种。开放型是由被调查人根据问题自由回答。封闭型是调查人事先设计好答案，由被调查人选择确定。

设计问卷时要做到：

（1）提问要准确；

（2）问卷表格要精练；

（3）语言通俗易懂，问题不可模棱两可；

（4）问卷表前面要有指导语；

（5）引起被调查人兴趣的问题放在前面，问题排列要有逻辑。

4. 文献分析

文献分析法是一项经济且有效的信息搜集方法。它是通过对现存的与工作相关的文档资料进行系统性分析来获取工作信息。如《中华人民共和国职业分类大典》对职业均有一定的描述，技能型工作岗位实行了职业资格证书制度，对从事该职业应该具备的知识和技能按照不同的等级提出了具体要求，如电力行业从业人员所从事的绝大多数岗位工作均有职业资格标准。各专业人才培养方案等均可用于职业岗位分析的文献资料。

5. 分析岗位要求

（1）整理资料。将收集到的信息按照计划书的内容要求进行归类管理，看是否有遗漏的项目，如果有的话要返回上一个步骤，继续进行调查收集。对目标职业的素养要求分析主要包括以下四个方面：

1）工作名称分析：工作特征的分析与概括、名称的选择与表述；

2）工作规范分析：工作任务、工作责任、工作关系与工作强度的分析；

3）工作环境分析：物理环境、安全环境与社会环境的分析；

4）工作条件分析：必备的知识、经验、技能和心理素质的分析。

（2）审查资料。资料进行归类管理以后，要对所获得信息的准确性进行审查，此工作可以在班级同学和相关专业老师或就业指导老师的帮助下进行。

（3）分析资料。如果收集的资料没有遗漏，也没有错误，那么接下来就要对这些资料进行深入的分析，归纳总结出关键因素。在分析过程中，需要遵循以下几项基本原则：

1）对工作活动是分析而不是罗列。工作分析是反映职位上的工作情况，它只关心职位的情况，但却不是一种直接的反映，而是需要一定的加工。

2）针对的是职位而不是人。工作分析并不关心任职者的任何情况，它只关心职位的情况，目前任职者被涉及的原因，仅仅是因为只有他最了解情况。

3）分析要以当前的工作为依据。工作分析的任务是为了获取某一特定时间内的职位情况，因此应当以目前的工作现状为基础进行分析，而不能把自己或别人对这一职位的工作设想加到分析中去。

3.2　规 划 职 业 生 涯

任 务 分 析

任 务 描 述

李同学和林同学是某高校供用电技术专业的同班同学。林同学一直将自己的职业目标定位为当一名出色的电力工程师，而李同学并未树立这样的目标，只是按部就班地学习理论知识。

当林同学确定了这个目标后，她就非常注意收集与供用电技术相关的信息。走在街上都会特别留意箱式变电站、变压器等电力设备的结构和特点，并对不同设备进行比较；外出旅游时就会考虑到一定要去气候、地域有特点的地方；到了书店，就会自觉地留意电力方面的书籍；选择电视节目也会倾向于了解世界各地的电力建设情况……

不知不觉间，林同学的供电专业知识已经非常丰富了。经过林同学主动积极的学习及认真努力的工作，最终，她实现了自己当初的理想目标。

而李同学，由于当初没有当电力工程师这个目标，走在街上时她就不太注意电力设备，甚至一座很有学习价值的电器设备摆在她面前，她也会忽略其存在，或者看不到它的价值……毕业时李同学还在纠结适合什么工作。

案例中的两个人的经历，为何不同呢？作为大学生，该如何合理规划职业生涯呢？

任 务 要 领

1. 了解职业生涯规划步骤；
2. 了解职业生涯规划的评估与调整。

知 识 储 备

微课 3-2
职业生涯
规划步骤

3.2.1　职业生涯规划步骤

职业生涯规划步骤是一个周而复始的连续过程。一般认为，大学生的职业生涯规划主要包括自我评估、分析职业生涯环境、确立职业生涯目标和选择职业生涯路线几个步骤。

1. 自我评估

自我评估主要是简要罗列自身的特点并对其进行分析，即将个人的兴趣、性格、能力和价值观等因素分别列出并进行分析。

在对自己进行评估时，既要看到好的一面，又要看到不足的一面；既要对某一方面的特殊素质进行具体评估，又要对其他各方面的整体素质进行综合评估；既要考虑整体因素，又要考虑其中占主导地位的重点因素。任何一种片面、不分主次的自我评估，都不可能全面而正确地反映自己的情况。

2. 分析职业生涯环境

每个人的人生目标都必须在符合社会大环境要求的前提下才能得以实现。大学生在进行职业生涯规划时就必须全面、客观地分析社会环境，明确社会的价值取向，了解社会政治经济、科学文化、自然环境等方面的态势，这样有利于明确"我可以做什么"，进而使自己的职业生涯规划具有实际意义和可行性，做到"顺势而为"。同时，大学生通过分析行业环境、地域环境、家庭环境等外在影响因素，结合自己所总结的关于职业生涯的描述，并认清环境给自己带来的有利条件与不利条件，以便在复杂的环境中趋利避害，进而制订具有可行性的职业生涯规划。

3. 确立职业生涯目标

大学生在设定自身职业生涯目标时，由于这一目标比较遥远，可能会感到无从下手。为了更好地衡量自己对目标的完成度，清晰地认识自己的情况，及时调整职业生涯规划，大学生可以分解职业生涯目标，将其分解成具体的、可以预见的分目标，再依次实现所有的分目标，从而一步步地实现职业生涯目标。分解职业生涯目标的方式通常有分时间段依次实现、分阶段实现和分难易程度逐级实现三种。

（1）分时间段依次实现。大学生可以将目标分解为若干个呈递进关系的小目标，为每个小目标设置相应的时间段，并写出每个时间段实现目标的具体实施方案与评估标准。通常可以将目标划分为短期目标、中期目标和长期目标。

分时间段依次实现是大学生在进行职业生涯规划时常用的目标划分方式，大学生也可以根据自身的需要进行调整。值得注意的是，距离当前时间越近的目标，实施方案和评估标准就需要越详细。因为距离现在越近，大学生就越清楚自己要做的是什么，很少会对目标进行大幅度改动；而时间越远，可能产生的变数越大，不断调整和修改目标的概率也越大。

（2）分阶段实现。如果职业生涯目标较远，大学生可能需要用几十年甚至一生来追寻，许多人在实现目标的过程中容易产生懈怠和自暴自弃的消极情绪，最终半途而废。

修筑长城是很难的，而砌一块砖则相对容易。如果大学生把职业生涯目标分解成若干个阶段，那么实现职业生涯目标的难度将大大降低。例如，自己的专业是供用电技术，则可将职业生涯目标设定为成为某电力公司的技术专家人才，在此基础上再将技术专家这一目标分解为多个职业目标阶段，并规划自己的职业晋升路线，即"普通员工—班组长—五级职员—四级职员—三级职员—领军专家人才"，然后为这些目标阶段设置完成时限和评估标准。

（3）分难易程度逐级实现。大学生设立了自己的职业生涯目标后，可以将目标按照实施的难易程度进行分解，先从简单的事情做起。随着知识和经验的不断积累，再次面对目标初期认为实施难度高的事情时，就会有更好的解决思路。

目标的实现是一个循序渐进的过程。大学生在准备实现职业生涯目标时，可以先从比较容易做的事情开始，将这一复杂的大目标逐层分解，使困难的部分逐渐变得条理清晰、明朗起来。

分时间段依次实现、分阶段实现和分难易程度逐级实现这三种目标实现方式并不是互相独立的，在很多情况下都可以同时运用。例如，既总体目标划分为若干小阶段目标，又给这若干个小阶段目标设置时间段，将阶段和时间结合在一起。因此，大学生在实现职业生涯目标的过程中，可以根据自身的需要，组合不同的目标实现方式，找到最适合自己的目标实现方式。当然，目标实现方式也不局限于这三种，大学生可以根据自身实际情况寻找更适合自己的方式，最终实现职业生涯目标。

4. 选择职业生涯路线

职业生涯路线是指个体所选择的用于实现自己的职业目标的具体路线，如是走行政管理路线，还是走专业技术路线等。发展路线不同，职业发展的要求也不相同。在职业发展道路中，每个人都有适合自身发展的路线。个体可以选择不同的行业，在同一行业里也可以选择不同的企业，在同一企业里还可以选择不同的岗位。同时，在职业发展道路中通常有行政管理路线和专业技术路线两种发展方向可供选择。在职业生涯规划中，大学生必须做出选择，以使自己的学习、生活和工作沿着设定的职业生涯路线或预定的方向前进。在选择职业生涯路线时，可以从志向取向、能力取向和机会取向三个方面进行，如图3-2所示。

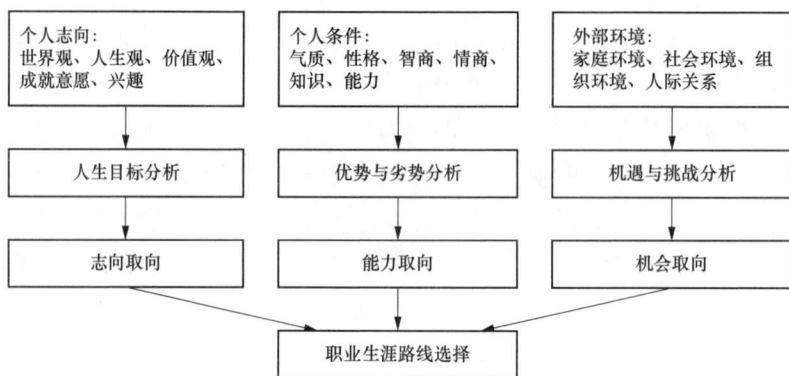

图3-2　职业生涯路线选择

5. 职业生涯规划实施

职业生涯规划实施策略如下：

（1）制订行动计划。在明确了学业和拟从事职业将会帮助自己实现人生主要目标之后，就应该考虑学业与职业规划中的细节了。个人学业和职业发展计划可以是一个两年的计划，也可以是一个五年、十年的计划。不管是属于何种时间范围的计划，它必须能够回答以下问题：

● 要在未来两年、五年或十年内实现哪些学业与职业的具体目标？

● 要在未来两年、五年或十年内获得什么职业资格证书或挣到多少钱，或达到何种程度的谋生能力？

- 要在未来两年、五年或十年内有怎样的生活方式？

这些问题的回答将给你提供一份有关自己的短期目标清单。在这些目标的形成过程中，不要纯粹地依靠逻辑思维。这一类的抉择需要发挥你的创造力，应该把你的情绪、价值和信仰等因素全部调动起来。在形成了具体的短期目标之后，应该策划一下如何去达成它们。为此应考虑：

- 为什么这个目标对我而言是最有可能的目标？
- 我将如何达成这一特定目标？
- 我将分别在何时进行上述某项行动计划？
- 有哪些人将会或应当加入此项行动计划？
- 对我而言还有什么不能解决的问题？

（2）落实行动计划。良好的动机只是目标得以确立和开始实现的一个条件，但不是全部。如果动机不转换成行动，动机终归只是动机，目标也只能停留在梦想阶段。要实现人生的终极目标，有两个方面的"陷阱"需要避免：一个是懒惰；另一个是错误。懒惰是事业成功的天敌，很多人奋斗一辈子都没能够实现积极的人生目标，更不要说懒惰者了。要想有一个无悔的人生，除了认准目标外，还要集中精力全力以赴。为此，我们应该养成制订计划并按计划办事的习惯，每天抽出 15 分钟的时间，想想最近该干什么，哪些任务没有完成。

在落实行动计划时，需要把握以下原则：

1）设定目标的原则。先有大目标，再补充小目标；亦可先有小目标，再形成大目标。

2）执行计划。应遵循人生计划—两年计划—年度计划—月计划—周计划—日计划的原则。

3）注意轻重缓急的原则。

4）实施时间管理，不断奋斗。

5）适时调整。

6）实施行动计划。

7）构建合理的知识结构。

（3）知识延伸。单纯的知识数量并不足以表明一个人真正的知识水平。大学生不仅要具有相当数量的知识，还要形成合理的知识结构。没有合理的知识结构，就不能发挥其创造的功能。在职业生涯设计时，大学生要能够根据职业和社会不断发展的具体要求，将已有知识科学地重组，构建合理的知识结构，最大限度地发挥知识的整体效能。构建合理的知识结构没有捷径可走，只能通过学习和积累，采取适合自己的科学方法，持续不断地付出艰辛的劳动，辛勤耕耘。

1）培养职业需要的实践能力。除了构建自己合理的知识结构外，还要具备从事本行业岗位的基本能力和某些专业能力。从某种意义上说，能力比知识更重要。大学生只有将合理的知识结构和适应社会需要的各种能力统一起来，才能立于不败之地。一般来说，大学生应重点培养满足社会需要的决策能力、创造能力、社交能力、实际操作能力、组织管理能力，以及自我发展的终身学习能力、心理调适能力、随机应变能力等。

2）参加有益的职业训练。职业训练包括职业技能的培训、对自我职业的适应性考核、职业意向的科学测定等。目前，高校组织大学生参与的暑期"三下乡"活动、大学生青年志愿者活动、大学生毕业实习、大学生校园创业活动等，都是职业训练很好的形式。此外，学校应鼓励有条件的大学生利用假期参加实习，鼓励大学生从事社会兼职工作，组织大学生开展模拟性的职业实战活动，开展职业意向测评，开展职业兴趣分析测评等。大学生应主动积极地参加有益的职业训练，以便更早、更多地了解职业，掌握职业技能，正确引导自己的职业规划。

生涯知识

终身学习必不可少

联合国教科文组织指出，终身学习是指每一个人在一生中要持续不断地学习。它始于生命之初，持续到生命之末，即从摇篮到坟墓，一辈子持续不断。终身学习的方式如表 3-2 所示。

表 3-2　　　　　　　　　　　　　终身学习的方式

终身学习的方式	具体内容
自学	自学必须有明确的目标，对"学什么"要认真选择
	学习内容应围绕职业生涯规划中的阶段需要进行选择，做到针对性强，学以致用
	自学需要有比较强的自我控制能力。在工作环境中，要有坚定的信念和坚强的毅力，要持之以恒
求学	求学应围绕自己的职业生涯规划来安排
	通过升学，取得高一级的学历，以提高自己职业生涯的起点
互学	互学就是向他人学习，要寻找互学的时机和对象
技能培训	参加各种知识型和技能型的短期培训
社会实践	在社会实践活动中不仅可以学知识、练技能，而且可以提高自身的素质与能力

任务实施

3.2.2 职业生涯规划评估

职业"规划"是静止的，但职业"生涯"却是活动的。所以，必须确定职业生涯规划的实施策略和评估方案，并及时对职业生涯规划的进度和效果进行评估与修正。

职业生涯规划的评估主要是指对各阶段的预定目标和实际的结果之间的差距进行分析，找出差距产生的原因。目标和结果出现差距的原因主要有以下几种：

（1）目标定得过高或过低。目标定得过高，超过个人实际能力，再努力也难以实现，这时要适当调低自己的目标，否则会产生很强的挫败感。目标定得过低，自己不需要花费很大精力就可以达成，那么这种目标没什么实际价值，无法激励自己，在这种情况下就要及时调高自己的目标，使自己的能力能够充分发挥出来。

（2）目标适合而行动方案与之不匹配。当目标合适而行动方案与之不匹配时，可能导致目标无法实现，行动与目标南辕北辙。

（3）目标和行动方案都合适，但执行不力。例如，目标是通过大学英语三级，实施方案中安排了英语学习的具体时间，但由于其他事情耽误了英语学习，导致目标没法实现。这是执行过程中存在的问题。

3.2.3　职业生涯规划调整

职业目标往往是基于特定社会环境和条件来制订和实现的，因为这样的环境条件在不断变化，所以职业目标也应该及时进行调整和更新。

1. 职业生涯规划评估与调整的目的

通过评估与调整，应该达到以下目的：

（1）对自己的强项充满自信（我知道我的强项是什么）。

（2）对自己的发展机会有清楚的了解（我知道自己什么地方还有待改进）。

（3）找出关键的有待改进之处。

（4）为这些有待改进之处制订详细的行动改变计划。

（5）实施行动计划，确保能够取得显著的进步和成就。

2. 职业生涯规划调整的内容

作为调整职业生涯规划的参考，对职业生涯规划进行调整的内容应包括以下方面：

（1）职业的重新选择。

（2）职业生涯路径的选择。

（3）阶段目标的调整。

（4）人生目标的调整。

（5）实施措施与计划的变更。

3. 在此过程中应注意的问题

（1）我的人生价值是什么？

（2）我有哪些技能和条件？

（3）我最感兴趣的事情是什么？

（4）我的人格特质是什么？

（5）我是否好高骛远？

（6）我建立了自己的就业信息网络吗？

总之，职业生涯规划拟定并开始实施后学生应对阶段性的结果进行评估，根据评估的结果找到规划与现实之间的差距，分析差距产生的原因并针对性地进行调整，再按照调整后的新方案实施行动。

3.3　撰写职业生涯规划书

任务分析

任务描述

刘同学认真分析自己兴趣、爱好及个人性格特征，结合自己的专业特长和知识结构，对将来所从事工作准备了方向性的方案。他明白大学生在走向社会前，将现实环境和长远规划相结合，给自己的职业生涯一个清晰的定位，是求职就业乃至将来职业升级的关键一环。那么，他该如何才能完成一份高质量的职业规划书呢？

任务要领

1. 职业生涯规划书内容。
2. 职业生涯规划书撰写。

知识储备

3.3.1　职业生涯规划书的内容

职业生涯规划书是对职业生涯规划的书面化呈现，不仅能呈现学生个人的宏观职业生涯规划，还能对具体的学习和工作起到指导和鞭策的作用。一般来说，职业生涯规划书的基本内容，分为自我认知、职业认知、职业定位、计划实施、评估与调整，具体内容及要点如表 3-3 所示。

表 3-3　　　　　　　　　　　　　　职 业 规 划 书 的 内 容

基本内容	要点
自我认知	个人基本情况（专业、年级、年龄、家庭背景、教育背景） 职业兴趣（兴趣爱好有哪些？哪些能与职业相结合？） 职业能力（具备哪些专业知识和能力？本行还是改行？） 职业价值观（利益和未来发展哪个优先？就业还是创业？就业去哪儿？创业和谁一起，在哪儿创业？） 职业性格（性格适合什么职业？性格中的优缺点有哪些？）
职业认知	行业前景（选择哪个行业？行业未来的发展前景怎样？） 职业前景（职业的薪资待遇、职业的可替代性怎样？未来 5 年、10 年后职业发展目标能否得到实现？）
职业定位	运用职业决策方法 5W 法、SWOT 分析法、平衡单法等方法作出职业决策（决策中应充分考虑个人自身情况、家庭环境、学校专业背景、行业发展前景、职业目标实现等多方面的因素，运用科学的方法做出决策）
计划实施	针对目前所处的学习年级阶段，如何为职业规划做好准备工作？ 毕业时的选择（如何创造条件实现自己的职业目标？） 毕业后短期规划（毕业后 1~3 年的职业发展目标及措施） 毕业后中长期规划（毕业后 1~3 年、3~5 年的职业发展目标、措施和行动计划）

基本内容	要点
评估与调整	分析职业实施过程中可能会遇到的职业实施阻碍，针对可能发生的情况，计划采取的措施有哪些？如何消除阻碍？ 如果重新选定职业目标，如何做好备选方案？列出备选方案选择的考虑因素以及可能的职业目标及其实现途径

3.3.2　职业生涯规划书的撰写

1. 职业生涯规划书的撰写步骤

（1）封面设计。职业规划书首先要有一个封面，封面上可以简单列出自己的个人信息。当然，也可以挑选美观的图片作为封面或者直接亮出你的职业梦想，使规划书的封面看起来不至于单调。

（2）目录设置。目录是职业规划书正文前所必备的内容大纲，反映规划顺序、指导阅读、检索步骤等，目录可以按自己的风格来做，也可以比较传统。最重要的是醒目、有条理、一目了然。目录设置可以参照职业生涯规划书的 5 项基本内容，也可以根据自己的特点增加想要体现的内容。

（3）自我认知。在进行职业生涯规划时，自我分析主要是在依据心理学的测评系统对自己的心理素质、人格特征等进行测评的基础上，结合自己的兴趣爱好，以及以往的经历等加以综合评价，给自己"画像"，以更加客观地了解自己的性格、爱好等特点。所谓"知己知彼，百战不殆"，自我认知就是"知己"的过程。

通常可以通过对表 3-4 中的问题予以回答，并结合人才测评以及各种分析方法，对自己进行全方位、多角度的分析。

表 3-4　　　　　　　　　　　自 我 认 知 分 析 表

职业兴趣——喜欢干什么		
职业能力——能够干什么		
个人特质——适合干什么		
职业价值观——最看重什么		
胜任能力——优劣势是什么？		
个人经历	教育经历	
	社会实践经历	
	培训经历	

（4）职业认知。在做职业生涯规划时，首先应弄清楚自己要的是什么、要提前做哪些准备工作以及会受到哪些因素的影响。在进行职业认知分析之前，先要对行业前景和职业前景进行分析，决定选择哪个行业，了解行业未来的发展前景，了解拟选择职业的前景状况、职业的薪资待遇、职业的可替代性，未来的职业发展目标能否得到实现等，这些都是进行职业认知分析时需要考虑的问题。

在做职业决策时如果能根据表 3-5 把问题清楚地想一遍，或通过查找相关资料对行业或职业有一定的了解，将会做出比较合理的选择，对未来发展也将更加有利。

（5）职业定位。在职业定位中，可以在对自身和行业有了一定的了解的基础上运用 SWOT 分析法（见图 3-3），分析自己的优、劣势，或利用平衡单法计算出每项职业选择的得分，最终选出适合自己的职业。

表 3-5 　　　　　　　　　　　　职业认知分析表

行业发展前景怎样？	
职业发展前景怎样？	
职业目前薪资待遇怎样？	
职业胜任具备的条件有哪些？	
专业知识背景的匹配度怎样？（学校特色、专业知识、实践经验等）	
家庭环境是否支持该选择？（父母的工作期待、工作地点要求、未来定居地点等）	
个人未来发展是否支持该选择？	

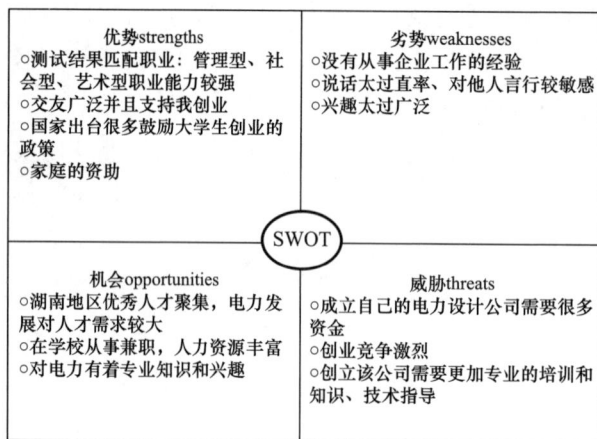

图 3-3　某学生职业定位的 SWOT 分析

（6）计划与实施。在对职业进行定位后，接下来就要确定职业目标并将目标转化为实际行动，制订切实可行的行动计划是规划书的关键。如何将职业发展目标进行分解并规划出清晰的发展路径，根据职业发展路径采取一定的策略和措施，是职业规划能否成功的关键。

（7）评估与调整。在职业规划实施的过程中，任何计划都赶不上现实的变化。大学生需要做好十足的准备，并在准备的过程中锻炼发现问题、思考和解决实际问题的能力。随着社会发展的变化，任何计划在实施的过程中都避免不了出现一些问题，需要对之前的职业生涯目标进行评估或调整，以适应不断变化的职业发展需求。

职业评估与调整在一定程度上就是原有的职业目标不符合现实或者不符合自己当初的

职业期待，需要制订备选方案，或在目前的基础上进行适当的调整。

2. 职业生涯规划书的撰写要求

（1）重点突出。语言朴实简练，用词精练准确，行文流畅，条理清楚，这是规划书最基本的写作要求。撰写时应密切注意整体的逻辑层次和重点所在，必须紧紧围绕职业目标这条主线来展开，体现文章论述的逻辑性和连贯性。规划只有建立在对自我和职业充分认知的基础上才能体现出它的科学性和可行性。

（2）目标适中。撰写职业生涯规划书应围绕职业目标来展开，职业目标的设定不能过于理想化。职业生涯规划书的撰写是否成功，很大程度上取决于职业目标是否正确适当、是否切实可行、是否符合自己的职业价值追求。

（3）论证有据。职业目标的相关支持材料要有理有据，分析要深入。要充分分析外部环境来确定自己的职业方向，做到"知彼"；要了解有关的测评理论及知识，认真审视并思考自己的测评报告，并对照自我认知与测评结果的差异分析原因，从而确定自我评估的结果，达到知己知彼的目标。

（4）措施具体。在校学习阶段对职业生涯规划的准备工作应描述具体，如何达成自己的职业目标要有可行性，这些目标的分析要有科学性和逻辑性，具体的行动方案要有针对性，最好能展示出已经或正在采取的措施有哪些、取得了哪些效果、未来将要采取的措施和达成的目标有哪些，都要清晰明了、合理可行。

（5）资料翔实。通过动态、静态的各种方式获取资料（尽可能注明资料的出处），并尽可能运用图表和数据来说明问题，做到格式清晰、图文并茂，提高资料来源的可信度和说服力。同时要注意资料的真实性，尽量采用官方或权威机构的数据或分析图表，采用为大众所知晓的理论来支持自己的观点，以增加整个方案的可接受度。

任务实施

3.3.3 表格式职业生涯规划书

职业生涯规划书的格式如表 3-6 所示。

表 3-6　　　　　　　　　表格式职业生涯规划书

姓名		性别		出生年月		规划次数	
系别		专业		政治面貌		担任职务	
自我评估结果							
环境评估结果							
选择职业志向							
选择职业生涯路线							
职业生涯目标	短期		任职条件		完成时间		
	中期		任职条件		完成时间		

续表

职业生涯目标	长期		任职条件		完成时间	
行动计划与措施（含素质拓展计划）	完成短期目标的计划与措施				完成时间	
					考核结果	
	完成中期目标的计划与措施				完成时间	
					考核结果	
	完成长期目标的计划与措施				完成时间	
					考核结果	
方案系统评估结论						
专家建议						

3.3.4　条例式职业生涯规划书

条列式规划书具有职业生涯规划的主要内容，但最多只是简单的表述，没有详细的材料分析和评估。文章精练，但逻辑性和说服性不强。条列式规划书案例如下：

大学生职业生涯规划书

［姓名］刘××

［规划期限］四年

［起止时间］2021 年 9 月至 2025 年 9 月

［年龄跨度］18～22 岁

［阶段目标］顺利毕业，成为一名有一定经验的市场营销人员

［总体目标］成为一家大公司的总裁

［个人分析］自己是属于那种很外向的人，善于沟通，曾经有过兼职做推销产品的经历，并取得相当不错的成绩。同时，自己所学的专业也是市场营销专业，也正是自己的兴趣所在。

［社会环境分析］中国现在是一个政治稳定，经济、文化高速发展的国家。为每一个人都提供了一个良好的发展机遇。随着市场经济的发展，市场在经济生活中的作用将越来越大。

［职业分析］社会对市场营销的需求将越来越大，特别是在互联网电商时代，营销具有明显的时代特点。个人选择的行业还没有最后确定，但比较感兴趣的是制药、保险和食品。这些行业都是社会所不可缺少的行业，而且随着社会的发展，这些行业的发展空间也会相当大。

［目标分解与目标组合］

（1）目标分解：目标可分解为两个大的目标，一个是顺利毕业，一个是成为有一定经验的市场营销人员。

对于第一个目标，又可分解为把专业课学好和把选修课学好，以便修完足够的学分，顺利毕业。接下来，还可以细分，在专业课学习中，如何学好每一门课程，在选修课中，

需要选修哪些课程，如何学好。

对于第二个目标，又可分解为接触市场阶段、了解市场阶段、熟悉市场阶段。接下来还可以细分，在接触市场阶段，要采用什么方法，和哪些公司保持联系等。

（2）目标组合：顺利毕业的前提是学好专业课程，而专业课程的学习则对职业目标有促进作用。

［具体实施方案］要成为一个有一定经验的市场营销人员，需要缩小自己和有一定经验的市场营销人员的差距。这些差距包括以下几个方面：

1）思想观念上的差距。刚从事销售的人一般会认为销售只是卖出商品，但有一定经验的人则认为销售是"卖出自己"。客户只有相信销售者，才可能购买商品，为了缩小这种差距，需要向有经验的人员请教，并在实践中去体会这一点。

2）知识上的差距。书本知识的欠缺只是一个方面，更重要的是实践的差距。为了缩小这种差距，需要在学习书本知识的同时，多参与真正的市场营销活动，在实践中体会书本知识，做到理论与实践的结合。

3）心理素质的差距。市场营销需要百折不挠，而作为一个学生，缺少的恰是这一点，往往遇到一点挫折和失败就会退缩，这种差距，需要在实践中逐步消除。

4）能力的差距。这一点可能是最重要的，为了缩小这种差距，除了在实践中逐步学习，还要和一些社会销售能手保持密切的联系，以便随时请教和学习。

［检查和反馈］在学习和实践的过程中，发现自己需要学习的书本知识很不够，特别是外语方面能力需要提高，否则，就无法适应现在的销售要求。所以，决定加强英语学习，准备报一个英语口语班，每周一次学习，同时，准备参加学校里的英语角，切实提高英语水平。

（3）复合式。复合式的规划书是表格式与条列式的综合，这也是比较常见的格式。

（4）论文式。一份优秀的论文格式的职业生涯规划书能够对一个人职业生涯规划做全面、详细的分析和阐述，是最完整的职业生涯规划书，也是我们所提倡的职业生涯规划书的标准写法。论文式的职业生涯规划书可参考拓展资源 5。

🎓 **练习与思考**

1. 填写岗位胜任要求分析表

编写岗位胜任要求分析表（见表 3-7）是整个分析过程中的最后一个阶段。根据对资料的分析，首先按照一定的格式编写初稿，然后反馈给相关人员进行核实，最后形成定稿。对整个分析构成进行总结，找出其中成功的经验和存在的问题，以利于以后更好地进行分析。将分析结果运用于自我职业素质提升和就业工作中，真正发挥职业素养分析的作用。

表 3-7 　　　　　　　　　　岗位胜任要求分析表

职业基本信息	职业名称	
	企业名称	

续表

职业基本信息	岗位名称	
工作环境	工作场所： 工作设备： 工作条件： 工作时间：	
工作内容	1. 2. 3. ……	
任职资格要求				

一般条件	最佳学历		最低学历	
	专业要求		资格证书	
	年龄要求		性别要求	
必要的知识和经验	必要知识			
	外语知识			
	计算机要求			
	工作经验			
必要的能力和态度	能力			
	态度			
职业素养要求				

2. 案例分析

雯同学的职业生涯规划

雯同学是一名高职院校电力类专业的学生，她的职业目标是做一名电力专业的技术人才。现在供电公司所招聘的员工大多为本科及以上学历，为了提升竞争力，雯同学有志于在大三毕业之际考取专升本，然后向自己的理想进军。

（1）职业方向的重新选择。如在大三毕业时雯同学没有考上专升本，她将面临就业的选择，先去与电力有关的单位实习工作。专升本的事只能通过成人高考去实现，具体的计划安排也随之改变。

（2）阶段目标的修正。专升本这项任务是在校期间能够把握的近期目标。所以雯同学要对自己的学习状况和工作进行综合考虑。考虑到现在还在担任学生干部，这些可能对学业产生影响。因此，她在制订每天实施计划的时候，需要考虑精力和时间分配问题。

启示：世事难料，每个人在自己的旅途中都会遇到许多难以预测的事情。职业规划归职业规划，实际归实际。所以，为了使自己的职业规划能够行之有效，结合自己在实现职业目标过程中可能出现的实际情况，应及时对职业规划的内容进行评估分析和作出相应的调整。

（3）结合未来职业方向，初步规划自己的职业生涯。

（4）请参照拓展资源，制订一份职业生涯规划书。

拓展资源
5

3. 规划职业生涯对未来有什么帮助，你在编制职业生涯规划书的过程中受到哪些启示？

4. 目前随着就业压力的不断增大，对于即将进入职场的大学生，培养树立职业生涯规划意识，学会职业生涯规划和职业生涯调整，对于提高毕业生就业能力和职场适应力尤为重要，思考在自己的职业之路上从哪些方面来提升自己在职场的综合实力？

5. 利用所学知识，报名参加湖南省大学生职业规划大赛。

本章总结

　　本章通过了解职业生涯、职业生涯规划及其相关概念，学习制订新职业生涯规划的要素和原则、步骤和方法，撰写职业生涯规划书，从而具备对自我职业规划的能力，为培养职业素养和良好的职业习惯打下基础。

延伸阅读 3：小张的职业规划

延伸阅读 3

第4章 提升职业素养

导 言

职业素养是指在职业过程中表现出来的综合品质，包括职业道德、职业技能、职业行为、职业作风和职业意识等方面，良好的职业素养也是也是衡量一个职业人成熟度的重要标志，对于个人而言非常重要。具有优秀职业素养的员工往往更加成功，他们通常具备更高的生产率、更高的可信度，从而在职业成长和工作满意度上都处于有利位置。对于组织来说，职业素养可以为企业获得更多的尊重、划清职业边界、增进绩效表现，并减少冲突。在一个看重职业素养的环境中，员工会形成积极的精神面貌，从而降低缺席率、离职率，并吸引优秀人才加入。同时，职业素养也影响着国家经济的发展，可见，职业素养至关重要。

学习目标

知识目标：使学生了解职业素养的内涵、特征及构成要素，能应用职业素养测评工具开展自我评估。

能力目标：能分析目标职业、岗位胜任能力，制订职业素养提升计划。

素质目标：具有与他人有效沟通、良好表达的能力和团队合作精神，提高职业素养，增强学生的综合能力，为更好地从事未来职业奠定基础。

专题故事

"勤"字为先，铸就劳模之根

全国劳模贾廷波，从最开始的操作手，到后来的主责、技术员、班长，再到工区的专工和主任师，从一线工人成为电网检修行业的佼佼者。他始终"干一行、爱一行、专一行"，"'勤'字为先"是他坚守的原则，在他的心中没有星期日、节假日的概念，每一个工作日的夜晚，他的办公室里总是灯火通明。

多年工作中，贾廷波的口袋里总是装着一个小本子，每次接受重要任务或者遇到难题就记录下来，不断学习和改进。新设备、新工艺，只要是他不懂的，就马上记录下来；日复一日、年复一年，一个个小本子摞起来已有一米多高，他的业务水平也跟着飞速提升，短时间内便成长为公司的"技术大拿"。

贾廷波从"小白"到"技术大拿"的逆袭，与他勤勉认真的工作态度和良好的工作习惯是分不开的。只有认真对待每一件小事，才能养成良好的工作习惯，在工作中取得成功。

4.1　自评职业素养

任务分析

任务描述

张同学和徐同学是大学同学，在大学期间两人均将核电企业锁定为就业目标。张同学活泼好动、善于沟通，积极参加学校各项活动，徐同学沉稳寡言、忠厚老实，两人都十分关注核电的发展动态以及各种岗位的能力要求。转眼到了就业季，某大型核电企业到该校拟高薪招聘一名电气设备检修人员，张同学觉得自己善于交谈，面试肯定没问题，没有主动收集电气设备检修岗位信息，更没有了解该岗位需要的职业素养，结果面试没有通过。而徐同学充分分析岗位的需求，并且找老师做了职业素养的测评，面试时穿上了整洁的工装，最终获得就业的机会。徐同学为什么会面试成功？如何评估自己的职业素养是每位求职者的必修课。

任务要领

1. 职业素养测试与评估工具。
2. 正确运用相关职业素养测试工具进行自测。

知识储备

4.1.1　职业素养理论

1. 冰山素质理论

冰山素质理论认为，个体的素质就像水中漂浮的一座冰山，水上部分的知识、技能仅仅代表表层的特征，不能区分绩效优劣；水下部分的动机、特质、态度、责任心才是决定人的行为的关键因素，能够鉴别绩效优秀者和一般者。冰山素质模型如图 4-1 所示。

职业素养可以被看成是一座冰山：冰山浮在水面以上的只有 30%，它代表形象、资质、知识、职业行为和职业技能等方面，是人们看得见的、显性的职业素养，这些可以通过各种学历证书、职业证书来证明，或者通过专业考试来验证。而冰山隐藏在水面以下占整体 70% 的部分，则代表职业意识、职业道德、职业作风和职业态度等方面，是人们看不见的、隐性的职业素养。显性职业素养和隐性职业素养共同构成了职业人所应具备的全部职业素养。由此可见，大部分的职业素养是人们看不见的，但正是这 70% 的隐性职业素养决定、支撑着外在的显性职业素养，显性职业素养是隐性职业素养的外在表现。因此，职业素养的培养应该着眼于整座"冰山"，并以培养显性职业素养为基础，培养隐性职业素养为重点。

微课 4-1
职业素养
理论

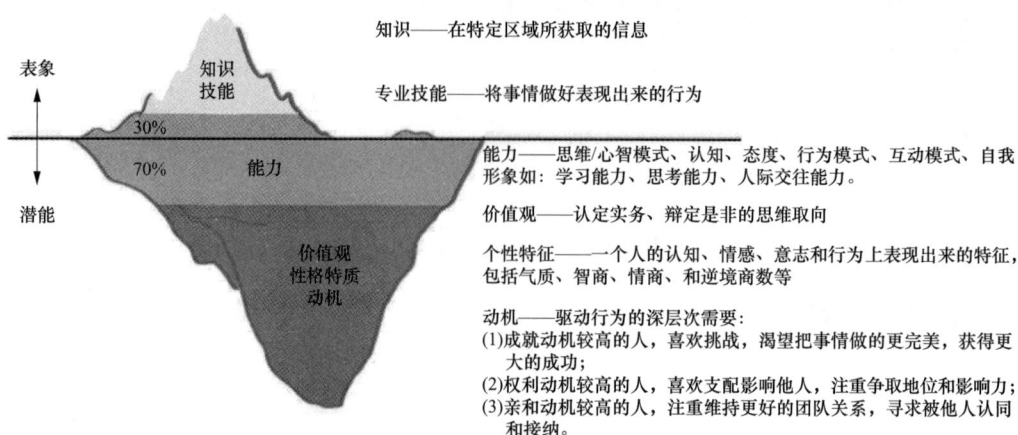

知识——在特定区域所获取的信息

专业技能——将事情做好表现出来的行为

能力——思维/心智模式、认知、态度、行为模式、互动模式、自我形象如：学习能力、思考能力、人际交往能力。

价值观——认定实务、辩定是非的思维取向

个性特征——一个人的认知、情感、意志和行为上表现出来的特征，包括气质、智商、情商、和逆境商数等

动机——驱动行为的深层次需要：
(1)成就动机较高的人，喜欢挑战，渴望把事情做的更完美，获得更大的成功；
(2)权利动机较高的人，喜欢支配影响他人，注重争取地位和影响力；
(3)亲和动机较高的人，注重维持更好的团队关系，寻求被他人认同和接纳。

图 4-1　冰山素质模型

大部分企业和个人非常重视职业素养培训，诸如职业技能培训等，期待这些培训的效果能够立竿见影地凸显出来。他们往往忽视了隐性职业素养的培训，忽视职业意识、职业道德和职业态度方面的培训，因此也就很难从根本上提升个人和企业的核心竞争力。全方位职业素养培养就是要"破冰"，要将个人头脑中潜藏的意识和态度挖掘出来，将水面上和水面下的部分完全协同起来，更大程度上发挥 70% 水下部分的核心作用。只有重视隐性职业素养的培训，才能更大程度地提高显性素养培养的效果。

2. 大树理论

大树理论认为职业素养中的职业道德、职业意识、职业行为习惯是一棵树的根系，而职业技能是枝、干、叶。一棵树要想枝繁叶茂首先要有发达的根系，如图 4-2 所示。职业技能通过学习、培训，在实践中比较容易获得。虽然职业技能对个人和企业而言很重要，但企业更看重的是员工的职业素养，只有职业素养好的员工才有发展潜力，才能为企业的发展提供源源不断的动力。

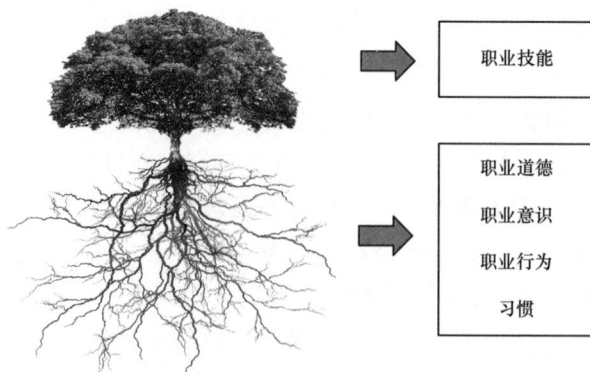

图 4-2　职业素养大树理论示意

4.1.2　职业素养的内涵和特征

1. 职业素养的内涵

根据《汉语大辞典》和《新华字典》等对"素养"的界定,"素养"有两层含义:一层是名词的含义,静态的,指后天养成的某些品质;另一层则是动词的含义,动态的,指不断地修习涵养的过程。由此可见,"素养"是指后天的养成,不论先天的遗传素质。从"素养"的角度考虑,职业素养是后天在现实职业世界养成的,可以理解为从业者在职业动中表现出来的综合品质,是从业者按职业岗位内在规范和要求养成的作风和行为习惯。据职业素养相关理论,职业素养主要包括职业道德、职业意识、职业行为习惯和职业技能方面,其内涵十分丰富,涵盖职业精神、职业形象、职业安全、职业能力、职业体能、职业审美等多方面的观念意识及其相应的作风和行为习惯。这些作风和行为,不仅体现于在职业活动中运用专业知识即职业技能的熟练程度和综合职业能力的高低,更表现为有职业特点的思维方式以及具有符合职业要求的道德行为和遵纪守法的习惯。

从不同的角度理解,职业素养的内涵有所不同:

对于职业素养本身而言可以分为公共职业素养、行业职业素养、岗位职业素养三个层次。公共职业素养是一个职业人在职业生涯发展各个阶段不可或缺的要素,是从事任何职业的劳动者都应该具有的素养,是职业人共有的基础性职业素养。行业职业素养是在一个职业群或若干个相关职业群中顺利转岗、晋升、发展的必备基础,一行有一行的特点,各行的职业素养有区别。岗位职业素养则是针对某一特定岗位的从业者的特殊要求,是在此岗位站稳脚跟、有所发展的基本保证。

对于职业而言,职业素养是职业岗位内在的规范和要求,即无论任何人在某个职业岗位上工作,其行为习惯都必须符合此职业岗位特定的规范及其对从业者的具体要求。对于用人单位而言,职业素养是考核在职人员、录用筛选新人时,衡量人员综合品质的标准,是用人单位确保本单位取得良好效益和可持续发展,对员工综合品质的具体要求。对于从业者而言,职业素养并非人之天性,是从业者从事职业劳动时必须具有的作风和行为习惯,是从业者职业生涯可持续发展的基础。反映了从业者对社会和所从事职业的热爱。职业素养形成是观念意识树立、思维方式建立和行为习惯养成三类过程相辅相成的结果。例如,作为职业素养重要内涵的职业安全素养,不仅包含从业者具有强烈的安全意识,掌握所从事职业所必须具有的安全知识以及在职业活动中尊重生命的思维方式,更包含具有安全生产的能力,养成符合该职业及其相关职业群要求的安全行为习惯。安全素养是职业安全方面的职业技能与职业道德行为习惯的融合,是安全知识与安全思维的融合,是职业安全能力与安全行为习惯的融合。因此,安全素养既包括属于观念的安全知识、安全意识,又包括属于行为的安全能力、安全行为以及以安全知识、安全意识、安全能力、安全行为为基础的尊重生命的思维方式。

2. 职业素养的特征

(1)职业性。不同的职业,职业素养要求是不同的。对商业服务人员的素养要求,不同于对教师职业的素养要求；对电力工人的素养要求，不同于对护士职业的素养要求。如电力行业的职业素养中特别强调严守规章的要求，作为关系国计民生的大型国有企业，电力企业的安全经济运行事关经济发展和社会稳定大局，要求每一个电力工人都必须牢固树立"安全第一"的意识，强调现场作业的标准化。

（2）稳定性。一个人的职业素养是在长期执业过程中日积月累形成的。它一旦形成，便产生相对的稳定性。比如，一位教师，经过三年五载的教学生涯，就逐渐形成了怎样备课、怎样讲课、怎样热爱自己的学生、怎样为人师表等一系列教师职业素养，于是，便保持相对的稳定性。

（3）内在性。从业人员在长期的职业活动中，经过自己学习、认识和亲身体验，认识到怎样做是对的，怎样做是不对的。这样，有意识地内化、积淀和升华的这一心理品质，就是职业素养的内在性。

（4）整体性。从业人员职业素养的好坏是和个人整体的素养有关的。通常说某某同志职业素养好，不仅指他的思想政治素养、职业道德素养，而且还包括他的科学文化素养、专业技能素养，甚至还包括身体、心理素养。一个从业人员，虽然思想道德素养好，但科学文化素养、专业技能素养差，就不能说这个人整体素养好；反之亦然，一个从业人员科学文化素养、专业技能素养都不错，但思想道德素养比较差，同样，也不能说这个人整体素养好。职业素养一个很重要的特点就是整体性。

（5）发展性。个人的素养是通过教育、自身社会实践和社会影响逐步形成的，它具有相对性和稳定性。但是，随着社会发展对人们不断提出的要求，人们为了更好地适应、满足和促进社会发展的需要，总是不断地提高自己的素养，因此，素养具有发展性。

4.1.3　高职学生职业素养的基本要素

对于高职学生而言，其职业素养的培育很大程度上是为了能够成功就业并得到持续发展。用人单位对不同层面、不同岗位的员工综合品质要求不同，根据我国职业教育的培养目标，在校期间的高职学生职业素养培养重点从职业道德、职业行为习惯和职业技能三个方面进行。

1. 职业道德

职业道德是指人们在职业生活中应遵循的基本道德，即一般社会道德在职业生活中的具体体现，是职业品德、职业纪律、专业胜任能力及职业责任等的总称，属于自律范围。它通过公约、守则等对职业生活中的某些方面加以规范。职业道德既是本行业人员在职业活动中的行为规范，又是行业对社会所负的道德责任和义务。职业道德涵盖了职业精神、职业形象以及职业态度三个要素。

职业精神是指在社会分工和社会环境影响下，基于一定专业、技能水平所反映出的员工特有的价值观和精神面貌总和。职业精神的实践内涵至少应体现在敬业、勤业、创业、立业四个方面。职业精神对人们所从事的工作起着导向、凝聚、规范等作用，有力推动着人们目标职业的实现。

职业形象泛指职业人外在、内在的综合表现和反映。外在的职业形象指职业人的相貌、穿着、打扮、谈吐等他人能够看到、听到的东西；内在的职业形象指职业人所表现出来的学识、风度、气质、魅力等他人看不到，却能通过活动感受到的东西。职业形象与个人的职业发展紧密相连，在人的求职、社交活动中起关键作用，良好的职业形象对职业成功具有比较重要的意义。

职业态度是个人对职业生涯的设想及其有关问题的基本看法。它包括职业生涯设计、对正在从业或即将从业的职业的看法等。对于高职学生而言，学校给予的知识和技能是有限的，而以知识经济为特征的当代社会对学生综合素质的要求却是无限的。以有限的知识能力满足无限的社会要求，可能的契机和途径是对学生职业态度养成的最好教育，好高骛远是行不通的。

2. 职业行为习惯

职业行为习惯是指对职业劳动的认识、评价、情感和态度等心理过程的行为反映，是职业目的达成的基础。它是由人与职业环境、职业要求的相互关系决定的，主要体现在方法能力和社会能力两个方面，其中，方法能力主要指解决问题、学习能力、创新能力、组织管理等要素，社会能力主要包括团队合作、人际交往等。

解决问题就是通过发现问题，对问题进行分析，最后运用一定的方法和技能化解矛盾，实现工作的目标。解决问题包括辨识问题和采取措施解决问题。该技能可用于寻求方法解决工作、学习和生活中的问题，运用不同的方法寻求解决方案，确定方法的有效性。

学习能力是人们在学习、工作及日常生活中必须具备的能力之一。现代社会对人的学习能力要求越来越高，应届大学毕业生基本上都要经过系统培训才能具备直接进行业务操作的能力。因此，是否具备良好的学习能力和强烈的求知欲望是用人单位十分重视的，往往也是应聘时重点考察的内容之一。

创新能力是人们革旧布新，创造新事物的能力，包括发现问题、分析问题和解决问题以及在解决问题过程中进一步发现新问题，从而不断推动事物发展变化的能力。创新能力最基本的构成要素是创新激情、创新思维和科技素质。创新激情决定着创新的产生，创新思维决定着创新的成果和水平，科技素质则是创新的基础。

组织管理是指成功地运用管理者的知识和能力影响机构的活动，并达到最佳的工作目标。组织管理能力是一种对人心的把握与引导能力。组织管理能力强的人往往在工作上有主动性，对他人有影响力，有发展潜力，有培养价值。

团队合作能力是一种为达到既定目标，在团队中所显现出来的自愿合作和共同努力的能力，是个人在工作中与同事和谐共事的能力，是在实际工作中充分理解团队目标、组织结构、个人职责，并在此基础上与他人相互配合、相互帮助的能力。它包括个人善于与团队其他人沟通协调，能扮演适当角色，勇于承担责任，乐于助人，保持团队的融洽等。

人际交往是指人们为了相互传递信息、交换意见、表达情感和需要等目的，运用语言、行为等方式而进行的人际联系和人际接触的过程，即通常所说的人际关系。人际交往能力指的是向他人传递思想感情与信息的能力。对于正在学习、成长中的大学生来说，良好的人际交往能力不仅是大学生活的需要，更是将来适应社会的需要。对于一个组织来说，良好的人际交往能力有助于营造良好的组织氛围，而良好的组织氛围可以促进组员之间的沟通与交流，可以促进组织内部与组织外部成员之间的人际关系，扩大组织与社会的联系面，掌握更多的社会资源，进而有助于组织目标的顺利实现。因此，在其他条件相同的情况下，用人单位往往更愿意接收和使用人际交往能力强的人。

3. 职业技能

职业技能是人们运用理论知识和实践经验完成具体工作任务的活动方式。同学们掌握职业技能，不仅需要老师传授知识，更主要的是需要通过一定的实践操作和训练，掌握一定的职业技能，这是走向职场的基本条件。

⚙ **任 务 实 施**

4.1.4　选择职业素质测评方式

要想成功获得目标职业，必须做到知己知彼，所谓"知己"，即准确把握个人职业素养现状，本次任务通过选用合适的自我测评方式和测评工具实施自我测评，并根据测评结果撰写自评报告，为实施有针对性的职业素养提升训练做好准备。

高职学生的职业素养包括职业道德、职业行为习惯及职业技能三个要素，具体表现在职业精神、职业形象、职业态度、职业技能、团队合作、人际交往、解决问题、学习能力、创新能力、组织管理10个方面，同学们可以从这些方面来评估自身素养水平。

测评自身职业素养的方式主要有三种：

（1）接受职业指导。目前，许多就业服务机构，如市、区县职业介绍服务中心、街道社会保障事务所等，都开设了"职业指导"服务项目，可以到那里接受相关指导。

（2）职业素质测试。部分职业介绍服务机构开设了"职业素质测试"的服务，高职学生可在那里获得相关服务。如当今社会大型企业以及各种用人单位招聘员工时经常用到一种名为"大学生综合职业素养测评（GOPA）"的工具对毕业生进行素质测评。GOPA是专门针对中国高校毕业生的素质要求研发的一种全新的测评系统，它从外向性格、干劲、亲和力、情绪性、结构性和对新经验的开放程度六个维度测量受测者的25项能力。这与传统的测量个体的兴趣、性格等测评工具完全不同，对大学生全面、动态、完整地认知自我，进而做好生涯规划有着积极的作用。

（3）自测。高职学生可以通过填答"职业素养"自测问卷的方式，判断和了解自己的职业素养状况。

其中方式（1）和方式（2）均由服务机构出具职业素养评价结果或评估报告，如采用此类方式则本任务到此完成。如采用方式（3）进行自我测试，则需要继续进行以下的工作。

4.1.5　实施自我测评

自我评价是建立在自我观察、自我分析基础上，对自我素质的全面评估。正确的自我评价应当注意掌握三个原则：

（1）客观性原则。对自己进行观察、分析、评价要以客观事实为基础和依据。不客观的评价就是过高或过低的评价。过高会使自己脱离现实，过低又往往会忽视自己的长处，使自己缺乏自信，过于自卑。

（2）全面性原则。自我评价应当全面，既要看到自己的优点和长处，又要看到自己的缺点和不足。既要看到自己某一方面的特殊素质，又要看到自己的全面整体因素。反之，任何一种片面、孤立、不分主次的自我评价都是不全面的。

（3）发展性原则。自我评价时应以发展变化的眼光看待自己的现实素质，做出客观、全面的评价，而且应当着眼于未来发展变化，预见自己将来的发展潜力和前景。

自我评价的方法主要包括自我分析、听取他人的评价、填答"职业素质"自测问卷等方式，要注意相互之间的参照和综合，这样才有利于对自己做出准确、全面的自我评价。完成下面两种测评问卷可帮助掌握个人综合职业素养水平。

1. 请客观填写以下33个问卷题，每道题得分从0到3，代表不同强度，总分满分是99分，自测自己所得分数。

（1）对于很重要的面试，我会提前去"踩点"，了解路途情况和招聘单位所在地；

（2）如果有机会收到别人递过来的名片，我会先仔细阅读一遍名片，以示尊重；

（3）乘坐自动扶梯的时候，我知道应当在扶梯的右侧站立；

（4）去麦当劳餐厅就餐之后，我知道应当自己收拾餐具、倒掉垃圾；

（5）我知道在进入电梯时应当让客人或尊长先行，并帮忙使电梯门保持开门状态；

（6）与尊长或上司谈话之后，我知道应该把座椅摆放回原位，退行几步告别；

（7）参加面试之前，我会预先设想考官的提问，并在纸上列出来仔细分析；

（8）我习惯于每周制订一个计划，并且定期反思和总结；

（9）我有一个小本子记录超过50元的日常支出；

（10）给别人打电话的时候，我会先询问对方是否方便接听；

（11）我每周都会阅读财经报刊，并且把一些文章保留下来；

（12）我知道在请求别人帮助时，应尽量不打搅别人的正常工作；

（13）我知道感谢的重要，别人提供了哪怕非常微小的帮助，我也会及时表达谢意；

（14）我会留意同事和领导的需求，在他们还没有说出口的时候就提供力所能及的帮助；

（15）我愿意帮助陌生人，比如帮手捧很多物品的人扶住打开的门；

（16）我能够和不喜欢的人相处，并且发现他们身上的优势和善意；

（17）我习惯于每隔一段时间就把工作中的成功和失败记录下来，分析一遍；

（18）我知道有麻烦的事我需要迎头而上，这是我的本分，也是我成长的机会；

（19）我对自己的失误勇于承担，而不是首先想到如何推卸责任；

（20）我会真诚地夸奖我的同事，因为我看到了他们的努力和优秀；

（21）参加会议或与领导谈话时，我肯定带着记事本和水性笔；

（22）我进入电梯后，会留意避免遮挡住电梯按键，或者主动询问别人要去的楼层，帮助按键；

（23）有机会结识一个重要人物之后，我会在之后不久找机会与对方联系一次，以便进一步建立关系；

（24）我认为绝大多数同事都是善意的，"暗斗"不应该是职场的"主旋律"；

（25）我知道赞扬别人应当众进行，与别人有不同意见，应当私下交换意见；

（26）我会尽量减少在办公室接打私人电话，或者尽量小声说话，不打扰别人；

（27）任何场合，我都不习惯"加塞儿"；

（28）进入办公室时，我会对前台微笑相呼，无论其性别或容貌；

（29）我知道和尊长、客人一起乘坐汽车时，我通常应该坐在副驾驶座位；

（30）在工作宴席上敬酒碰杯时，我的酒杯应该略低于对方酒杯；

（31）领导交办的事务，应该及时主动回复，而不是等待领导追问；

（32）外出办理公务，无论结果如何，应当及时给领导回复一个进展信息；

（33）乘坐火车时，应当优先让领导或尊长坐在面朝火车行进方向的靠窗座位。

2.下面的问题是让你给自己的素质打分。你应该实事求是逐一思考每个问题。评分标准见表4-1，测试题目见表4-2，五种与工作相关素质的得分情况见表4-3。

表4-1　　　　　　　　　职业素质评分标准

分数	项目
0	如果你觉得某一项根本不适合你
1	比我所了解的多数人都差
2	还需要努力
3	与跟我地位相同的人一样
4	比有些同事要好一些
5	比所了解的大多数人都好

表4-2　　　　　　　　　职业素质测试表

序号	项目	得分
1	一贯都是在最后期限到来前完成任务	
2	能拟制简洁明了的电子邮件、备忘录与报告	
3	能主动承担工会与团队工作	
4	在做出决定前能充分听取别人的意见	
5	经常阅读公司快报	
6	在工作中表现出了明显的热情	
7	具有干出一番事业的动力	
8	了解其他部门的工作	
9	能够承担其他同事不愿意完成的任务	

续表

序号	项目	得分
10	能够快速搜集案例与数据，分析一件事情的优缺点	
11	能够陈述引起别人关注的情况介绍	
12	能够跟踪本行业的市场动态	
13	能够每天预先安排时间，以集中精力先做重要的事情	
14	了解所在公司的发展战略及其对自己日常工作的影响	
15	能清楚地表达自己的观点	
16	在团队其他成员中享有信誉	
17	在做出决断前，能与其他方案进行比较，权衡优劣	
18	了解所在公司的竞争对手正在做什么	
19	在会议以及其他集会场合能够自信地发言	
20	能在团队会议中处理冲突，征求多数人的意见	
21	能找出问题的根本原因，而不是关注表面现象	
22	能完成别人已经放弃的工作	
23	遇到别人有困难时，能向他们解释技术问题	
24	能够让团队里不显山露水的成员也有表现的机会	
25	在不确定的形势下，能做出果断的决定	

表 4-3　　　　　　　五种与工作相关素质的得分

主要素养	得分标准	总得分
交流能力	将表 4-2 问题 2、11、15、19 与 23 的得分相加	
推理能力	将表 4-2 问题 4、10、17、21 与 25 的得分相加	
团队精神	将表 4-2 问题 3、9、16、20 与 24 的得分相加	
商业意识	将表 4-2 问题 5、8、12、14 与 18 的得分相加	
进取精神	将表 4-2 问题 1、6、7、13 与 22 的得分相加	

注　如果某项的得分低于 15 分，则意味着这一方面的素质较为欠缺。

4.2　对标职业生涯人物

任务分析

任务描述

供电专业刘同学找到同专业毕业多年在某供电公司工作的校友，通过对标老校友，了解他们的职业生活和自己初步确定的职业方向的实际工作情况，获取相关职业领域的信息，进而判断自己初步确定的方向是否合适。同时通过与老校友访谈，进一步确定自己所选择的职业方向的正确性，认识自己的优势和不足，从而在今后的学习和工作中有的放矢地提高自己的能力，完善自己。那么刘同学如何有效地完成这一次与老校友的访谈呢？

■　任务要领

选取3～5个目标职业相同或者相似的职场人物进行访谈，并能按要求编写一份访谈报告。

❧　知 识 储 备

对标职业生涯人物，最高效的方式就是进行职业生涯人物访谈，即通过与一定数量的目标职业的职场人士进行访问、面谈，获取对该目标职业的准入条件、核心知识结构、必备职业技能、职务升迁路线、薪资情况等全面信息的了解，更客观地为是否从事这一职业提供全面的信息参考。

4.2.1　访谈内容

职业生涯人物访谈，作为一种获取职业信息的有效渠道，一是能帮助求职者（尤其是在校大学生）检验和印证通过其他渠道获得的信息，并了解与未来工作有关的特殊问题或需要，这些信息是通过大众传媒和一般出版物得不到的。二是通过职业生涯人物访谈，在校大学生还能正确认识自己的优势和不足，从而制订更加合理的大学学习、生活和实习计划。三是帮助求职者获取最新的职业信息，扩大职业人际关系网，树立工作面试的信心，确定自己的专业实力和不足；同时从行业内部看组织，更全面了解行业组织内部的职位、岗位。职业生涯人物访谈包括以下内容。

（1）职位或职务要求：包括该职位的经常性任务、所需担负的责任、工作层次等。

工作地点：包括地理位置、环境状况、室内或户外、都市或乡村、工作地点的变化、安全性等。

（2）升迁状况：包括工作的升迁路径、升迁速度、工作稳定性、工作保障等。

（3）雇用待遇：包括薪水、福利、进修机会、工作时间、休假情形及特殊雇用规定等。

（4）雇用要求：所需的教育程度、专业认证、培训、经验、能力、人格特质、品德修养等。

4.2.2　访谈形式

访谈是面对面的谈话。"访"的基本字意是登门见面，寻求了解。访谈的基本目的是登门看人并与其谈话。当然，随着网络媒体的发展，如果受地域因素影响，职业生涯人物访谈也可以采用视频聊天的形式进行。但不管是哪种形式的谈话，其目的只有一个，就是获取素材，了解自己所规划的职业目标及所在行业的情况。在职业生涯人物访谈中，大体上可采用以下两种形式：

1. 回答式

这是任何采访或调查研究通用的了解情况的方式。采访主体处于主导地位，受访者提供所知道的情况，对于同学们而言，这种方式要取得好的效果是建立在同学们对访谈对象做了深刻了解的基础上的，也就是说，同学们应该比较了解自己所要访谈的领域和访谈人物。

2. 讨论式

采访者与受访者就某一个共同关注的话题一起探讨，各自发表意见。在交流讨论中统一认识、看法和意见。

由于我们进行的是职业生涯人物访谈，采访者是未出校门的学生，而访谈对象却是行业的专家或是行家里手，对于各自的工作具有独到的见解和丰富的经验，且年龄都比采访者大，同学们几乎只能就某个问题进行讨教，虚心倾听专家意见与建议，能够与专家或行家里手讨论的机会恐怕不多，也就是说，更多的只是采用问答的方式进行。但不管怎样可使同学们对希望了解的行业或职业方面的问题有一个比较客观、直接的认识、理解和升华。

4.2.3　访谈提问原则

1. 认同原则

所谓认同原则，就是要取得受访者的认可。因为提问的实质是对话交流。访谈者要提问，必须在情感、角色和认知上得到受访者的认同，才能实现双方的有效对话。

2. 简练原则

同学们提问时必须事先推敲，问题宜短勿长。主要做到：① 问题要具体；② 提问的语言要简洁，过长、过多的问题容易造成记前忘后，或回答不全，使访谈效果打折扣。这就要求做到：① 访前的提问设计一定要理清难点、重点；② 最好一事一问，通过语气调节，突出问的重点，并多用短句，不拖泥带水。

3. 维系原则

所谓维系原则，是指采访者要以维系与受访者的谈话、促进与其交流为基本原则。维系谈话包括"有话谈"和"谈下去"两个方面。要使"有话谈"，就应事先准备充足而又适当的话题。要能"谈下去"就得在话题遇阻时能巧妙地调整提问方式，转换话题以完成访谈，获取所需的信息。因此，在开始访谈前一定要做足功课。

4.2.4　访谈注意事项

对于学生而言，由于采访的对象是有丰富工作经验和生活经验的年长者，如果准备不充分，访谈时除了拘谨之外可能出现一些问题，如提问不知从何问起，或者提问不能切入主题和重点；提大而全、空而泛的问题，让对方无从开口，很难回答；过于机械地一问一答，难以形成交谈的气氛；当对方谈完一个问题后，不知应该再提什么问题，不知道如何将话题引导回来；对方漫无边际，侃侃而谈，而又远离主题时，不知如何将话题拉回来或者不礼貌、不合时宜地打断对方谈话，影响对方的谈话兴致等。这就要求采访者一定要提前做好做足功课，如明确访谈目的，尽可能多地了解访谈对象及其工作领域，设计好访谈问题等。

微课 4-2
访谈注意
事项

1. 访谈前应注意的事项

（1）明确访谈目的。为什么要访谈？从受访者身上最想了解职业生涯方面的什么内容？由于同学们采访的主要是职场人物，采访的重点应该是职业生涯者的职业成功经验、经历及感受等。

（2）了解访谈对象。访谈开始前，了解和研究受访者的背景资料，即与受访者有直接关系的各种文字资料，包括传记、介绍材料、简历等；尽可能仔细地查找收集了解受访者的讲话、文章或者大众传媒和单位网页甚至是平时的一言一行等，对受访者的基本情况如大体经历、生活习惯、兴趣爱好、业务专长、性格特点、业绩贡献、社会关系等有详细的了解。

（3）熟悉访谈领域。从整体上了解受访者所在的行业特点、专业水平、优势特色等，并注意与国内外同行的比较，同时了解与本行业、本专业相关的历史事件、行业发展的趋势和走向等。

（4）写好访谈提纲并且熟悉提纲内容。要制作两份提纲：一份列出主要问题，供访谈时用；一份列出细致问题，作为访谈提纲的说明。提纲未必全面或准确，访谈过程中根据情况加以修改；应熟悉访谈内容，确定访谈类型，做好计划和安排。

（5）提前约定访谈时间以及地点。在地点的选择上应当根据受访者的情况（年龄、所在行业、职位等），选择周围没有干扰的环境有利于受访者触景生情，或者选择工作现场便于现场解说。访谈时间最好是选择受访者方便的时候。

参考话术："我叫××，李总说你在这个领域工作，经验非常丰富，我对这个工作非常感兴趣，我知道这是……工作（内容和要求），非常希望将来能够进入这个领域工作，希望先做些了解好做准备，您是前辈，一定可以给我很多指点，不知您有没有时间，我去找您，20分钟就可以，请您一起吃饭，简单跟我谈一下"。

（6）携带访谈工具（访谈问题清单、纸、笔和录音笔、手表等，检查参考资料是否备齐），如有合作人员，要确定记录者。面谈前，应征求受访者的意见，视情况对谈话进行录音或书面记录或不记录。

（7）准备与访谈场景适合的着装，并了解着装的注意事项。

（8）提前布置访谈场所。场所尽量安静，布置适宜，注意物品装饰，不使用访谈对象禁忌的物件。若预期访谈时间过长，可以准备一些茶点。

（9）采访前为自己准备个"30秒的广告"，因为在访谈过程中受访者可能会问采访者的职业兴趣和求职意向。

2. 访谈时应注意的事项

（1）提前到达访谈地点，先自我介绍，注意礼貌，并感谢受访者能抽空接受访谈。

（2）简要说明此次访谈的目的及预计所用的时间。如果采用录音笔录音，要向受访者做出简要说明，确保不会涉及泄露个人隐私和资料。如果采用人员记录的话，合理安排记录人员和访谈员的角色。

（3）如果有访谈附带的一些资料，在受访者看过访谈资料作答的情况下，有必要预留一定的时间给受访者思考。

（4）访谈提纲未必包括所有问题内容，如访谈中发现提纲未包含但很重要的内容，可提问并加入到提纲中，并做好记录。

（5）访谈过程中要注意做好记录，并要确认和核实。

（6）访谈过程中访谈对象若不愿意配合访谈进行，或者状态不佳，应结束访谈。

（7）访谈中注意控制受访者的话题，注意把握自己的访谈内容和话题之间的转化，适当调控话题游离，把受访者拉入正题。

（8）避免词不达意，用通俗易懂的表达方式提问。注意语速、语调，吐字清晰，礼貌提问，避免使用受访者敏感和反感的词语或者话题。

（9）在访谈过程中，要注意控制时间、节奏、内容。如果带有计时功能的物件，要注意自己看时间的举止与频率。

（10）注意讲究礼仪。除了恰当的称呼、必要的寒暄、真挚的感谢外，还应该注意采访礼仪。一是个人着装应该适合访谈的场所，语言要谦虚。二是注意对方的身份，不随意提一些涉及个人隐私的问题。三是要认真倾听对方的谈话。

3. 访谈结束时的注意事项

（1）提出最后一个开放式问题：没有谈到的而你想要补充的问题。

（2）注意访谈结束话语的运用，可以采用不同的结束方式，如总结式、反思式等，并且礼貌致谢，表示此次的访谈很有意义。

（3）结束时，可以向受访者赠送小礼物和一些关于学校、自己所学专业的宣传材料。

4. 访谈结束后的注意事项

（1）及时进行访谈小结。根据当天收集的访谈记录整理资料，有需要的话可以准备后续访谈资料，同时适当调整访谈提纲。

（2）如果资料整理过程中遇到了模糊不清的言语记录，有必要的话，可以通过电话、面谈等形式咨询访谈对象，确定记录是否无误。

（3）访谈结束后，可以将访谈总结的信息回馈于访谈对象，让访谈对象查看总结是否得当。

（4）结束时如有必要，可留下对方的联系电话。

（5）访谈结束后，对于不允许访谈现场记录的内容应迅速补记。

（6）采访结束后一天之内，要通过合适的方式向受访者表示感谢。

5. 访谈记录的注意事项

访谈记录的内容主要是：记要点、记易忘点、记疑问点、记采访对象的思想和有个性的语言甚至是观察所得。记录应以笔记（或者录音）为主，心记为辅。

（1）要记下所有的问题和对方的观点。

（2）某些有代表性的话要如实记下。

（3）要注意分析访谈对象表达的真实意思。

（4）要注意对方发表观点的背景。

（5）记录中要注意标注重点，可以在笔记本中纵向留出一部分。

（6）要尽可能记录下所有问题的主要观点。

（7）访谈记录要注意及时整理。

任务实施

4.2.5 遴选访谈对象

应选择具有职业成功经历的代表性人物。可以通过亲人、老师和朋友推荐，也可以借行业协会、大型同学录或某个具体组织的网页来确定访谈对象范围。

遴选访谈对象。在访谈对象范围内，确定 3～5 位在职人士作为生涯人物访谈对象，使该职业领域的生涯人物相关的发展时间、岗位类别、职业层次等结构合理，为下一步访谈获取相关信息及比较分析打下基础。

4.2.6 设计访谈问题

在访谈中，向受访者问什么，怎么问，事先心中要有数。要做到胸有成竹，就得提前结合目标职业信息设计访谈问题，列好采访提纲（问题）。采访提纲（问题）没有固定的格式，总的要求是尽可能做到详细、具体、实在、简明扼要；对重要问题的事实和细节，要多侧面、多角度地去提问。

如：您是如何得到这份工作的？从事这份工作的人应该具备什么样的教育和培训背景？您认为做好这份工作应该进行哪些知识、技能和经验的准备？您认为什么样的性格和能力对做好这份工作来讲是重要的？单位对刚进入该领域工作的员工一般会提供哪些培训？

在行业内，先从什么样的工作岗位做起，能学到最多的知识，最有益于发展？从事这个职业从长远来看发展前景怎样？男女职业人在这份工作上机会均等吗？

您在做这份工作时，什么是最成功的，什么最有挑战性？您一般有什么日常工作？在日常工作中，您最喜欢什么？最不喜欢什么？

在您的工作领域里初级职位和略高级别职位的薪水一般是什么水平？

据您所知，通过什么样的杂志、行业网站或其他渠道能帮助我更深入了解这个领域？

您的熟人中有谁能够成为我下次采访的对象吗？可以说是您介绍的吗？

注意：

访谈问题设计要根据自己的情况而定，自己最关心什么，在访谈时就侧重于最关心的问题。要切记，访谈只有一个目的，就是通过访谈，从生涯人物那里获得对自己有用的信息。设计的问题可以封闭式为主，既节约时间，又能得到需要的答案。问题设计要尽量口语化、易懂。

4.2.7 生涯人物访谈准备

1. 预约职业生涯人物

预约方式有电话、电子邮件和普通信件等，其中电话是最佳方式。

预约时首先介绍自己，然后说明找到他的途径、自己的采访目的、感兴趣的工作类型以及进行采访所需要的时间（通常 20～30 分钟）。

如果生涯人物能和自己见面，就感谢他能够接受采访并确认采访的日期、时间和地点；如果生涯人物不能和自己见面，就问他能否给出五分钟的时间进行电话采访；如果还是不行，就表示遗憾，并请求推荐一位与他所从事的工作相似的人，如果得到了被推荐人的名字，就表示感激。但要注意联系前一定要准备充分，电话联系时还应备好纸和笔，以备临时电话采访。联系时一定要有礼貌，时间要短。

2. 访谈职业生涯人物

采访方式可以是面谈、电话访谈、QQ 或微信访谈，最好是面谈。按设计好的问题开始访谈。

遇到生涯人物谈兴正浓时，采访者要乐于倾听，给生涯人物留出提供其他信息的机会。在访谈结束时，请生涯人物再给自己推荐其他相关的生涯人物。这样就可以以滚雪球的方式拓展自己的职业认知领域。但要注意面谈一定要守时、简洁，不浪费他人时间。

3. 整理分析访谈信息

访谈生涯人物后，应该及时进行访谈小结，对访谈的收获、已经解决的问题、未解决的问题，都要有清晰的记录。在全部访谈结束后，可以对照之前该职业所要求的三个职业准备清单，比较访谈内容和自己目前的实际，找出主观认识与现实之间的偏差，确定自己是否适合这一行业、职业和工作环境，是否具备所需能力、知识，制订下一步学习、技能、职业素质等方面提升的具体计划和方案。

4.3　制订职业素养提升方案

任务分析

任务描述

刘同学在校学习能力很强，能轻松应对学习问题，临近毕业，得到某电力公司的 offer。他深知在职场，职业素养的重要性，良好的职业素养是衡量一个职业人成熟度的重要指标。如何提升职业素养？是摆在即将步入职场的刘同学面前的首要问题。首先他应该了解职业素养包含的内容，其次应该掌握提升职业素养的方法。

任务要领

1. 职业素养的内容。

2. 职业素养提升渠道。

3. 选择提升方法。

知识储备

4.3.1　素质决定高度——培养职业素养

职业素养是所有从业人员都应该具备的素养，培养优秀的职业素养和职业道德，是职业人士在职场中不可或缺的一环。一般来说，劳动者能否顺利就业并取得成就，在很大程度上取决于本人的职业素养。职业素养越高的人，获得成功的机会就越多。

1. 职业素养的概念

职业素养是人类在社会活动中需要遵守的行为规范，是职业内在的要求，是一个人在职业过程中表现出来的综合品质，包含职业道德、职业技能、职业行为、职业作风和职业意识等方面。

很多企业界人士认为，职业素养至少包含两个重要因素：敬业精神及合作的态度。职业素养具体量化表现为职商（career quotient，CQ），体现一个社会人在职场中成功的素养及智慧。

职业素养涵盖的内容非常广泛，个体行为的总和构成了自身的职业素养。从表现形式上分为内化素养和外化素养。内化素养是职业素养中最基础的部分，包含个人的世界观、人生观、价值观等范畴；外化素养指知识、技能、能力方面素养，是通过学习、培训比较容易获得，在实践运用中日渐成熟的。

简言之，职业素养是职业人在从事职业中尽自己最大的能力把工作做好的素质和能力，它不是以这件事做了会对个人带来什么利益和造成什么影响为衡量标准的，而是以这件事与工作目标的关系为衡量标准的。更多时候，良好的职业素养应该是衡量每个职业人成熟度的重要指标。

职业素养具有十分重要的意义。从个人的角度来看适者生存，个人缺乏良好的职业素养，就很难取得突出的工作业绩，更谈不上建功立业；从企业角度来看，唯有集中具备较高职业素养的人员才能实现求得生存与发展的目的，他们可以帮助企业节省成本，提高效率，从而提高企业在市场中的竞争力；从国家的角度看，国民职业素养的高低直接影响着国家经济的发展，是社会稳定的前提。正因为如此，"职业素养教育"才显得尤为重要。

2. 职业素养的内容

职业素养，指专业知识、专业技能和专业能力等与职业直接相关的基础能力和综合素质。每个劳动者，无论从事何种职业，都必须具备一定的思想道德素质、科学文化素质、生理素质和心理素质等，才能顺应知识经济时代社会竞争激烈、人际交往频繁、工作压力大等特点的要求。

3. 职业道德

用人单位对员工的思想道德素质都非常重视，因为思想道德素质高的员工不仅用起来放心，而且有利于本单位文化的发展和进步。思想道德素质是一个人的政治信念、道德品质、敬业精神、公民意识在职业生涯中的具体体现，是需要长期历练才能养成的。潜在的职业文化底蕴，是一个人能否适应社会、实现自我价值的前提条件，也是企业提高团队凝聚力和执行力的有效保证。

在内容方面，职业道德总是要鲜明地表达职业义务、职业责任及职业行为上的道德准则。它不是一般地反映社会道德和阶级道德的要求，而是要反映职业行业以及产业特殊利益的要求；它不是在一般意义上的社会实践基础上形成的，而是在特定的职业实践的基础上形成的，因而它往往表现为某一职业特有的道德传统和道德习惯，表现为从事某一职业的人们所特有的道德心理和道德品质，甚至造成从事不同职业的人在道德品貌上的差异。

如人们常说，某人有"军人作风""工人性格""干部派头""学生味""学究气""商人习气"等。

《新时代公民道德建设实施纲要》明确指出："职业道德是所有从业人员在职业活动中应该遵循的行为准则，涵盖了从业人员与服务对象、职业与职工、职业与职业之间的关系。"随着现代社会分工的发展和专业化程度的增强，市场竞争日趋激烈，整个社会对从业人员职业观念、职业态度、职业技能、职业纪律和职业作风的要求越来越高。要认真贯彻落实《新时代公民道德建设实施纲要》规定："推动践行以爱岗敬业、诚实守信、办事公道、服务群众、奉献社会为主要内容的职业道德，鼓励人们在工作中做一个好建设者。"

职业道德主要包含如下几方面：

（1）爱岗敬业。基本要求是：树立正确的职业理想，干一行，爱一行，干好一行。脚踏实地，不怕困难，有吃苦精神。忠于职守，团结协作，认真完成工作任务，钻研业务，提高技能，勇于革新，做行家里手。

爱岗敬业就是真正热爱自己从事的工作，把劳动付出看成人生的一种乐趣而不仅是一种谋生的手段，满腔热情、朝气蓬勃地做好每一项属于自己的工作，在工作中焕发出极大的职业进取心，产生源源不断的动力，全身心、一丝不苟地投入到本职工作中，积极主动地完成工作任务。

据调查显示：学历资格已不是公司招聘首先考虑的条件，大多数雇主认为，正确的工作态度是公司在雇用员工时最优先考虑的，其次才是职业技能，接着是工作经验。毫无疑问，工作态度已被视为组织遴选人才时的重要标准。

（2）诚实守信。基本要求是：做老实人、说老实话、办老实事，用诚实劳动获取合法收益。讲信用，重信誉，信守诺言，以信立业。平等竞争，以质取胜，童叟无欺，反对弄虚作假、坑蒙欺诈、假冒伪劣。

诚实，就是忠实于事物的本来面貌，不歪曲篡改事实，不隐瞒自己的真实思想，不掩饰自己的真实情感，不说谎，不作假，不为不可告人的目的而欺骗别人。答应了别人的事一定要去做。其中，"信"字就是诚实不欺，讲信誉、重信用，忠诚地履行自己的义务。守信，就是讲信用，讲信誉，信守诺言，忠实于自己承担的义务。

（3）办事公道。基本要求是：各行各业从业人员在本职工作中，坚持公平、公正、公开原则，秉公办事。处理问题出于公心，符合政策，结论公允。主持公道，伸张正义，保护弱者。清正廉洁，克己奉公，反对以权谋私、行贿受贿。

市场经济讲公正、公平、公开竞争，要求各行各业的职业道德必须包含办事公道。办事公道是一种追求公正、公平、公开的道德行为的体现。

（4）服务群众。基本要求是：听取群众意见，了解群众需要，为群众排忧解难。端正服务态度，改进服务措施，提高服务质量，为群众工作和生活提供便利。反对冷淡生硬、推诿拖拉、吃拿卡要的态度和行为，抵制行业不正之风。

服务群众，实际上就是要求每位从业人员心里应当时时刻刻为群众着想，急群众之所急，忧群众之所忧，乐群众之所乐，全心全意为人民服务。

（5）奉献社会。基本要求是：有社会责任感，为国家发展尽一份心、出一份力。承担社会义务，自觉纳税，扶贫济困，致富不忘国家。艰苦奋斗，多做工作，顾全大局，必要时牺牲局部利益和个人利益。反对只讲索取，不尽义务。

奉献社会是社会主义职业道德的最高要求，是为人民服务和集体主义精神的最好体现。奉献社会的实质是奉献。无论什么行业，无论什么岗位，无论是从事什么工作的公民，只要他爱岗敬业、努力工作，就是在为社会作贡献。如果在工作中不求名、不求利，只奉献，不索取，则体现出宝贵的无私奉献精神，是社会主义职业道德的最高境界。

4. 职业意识

研究表明，一个人获得成功，60%取决于职业意识，30%取决于职业技能，而10%靠运气。积极向上的职业意识可以产生三个方面的正面影响：一是改变工作原动力。积极向上的职业意识可以改变自身工作的原动力，使人可以更主动、更努力地去工作。二是提高个人绩效。当你更努力、更主动地去工作时，个人的业绩也会相应地得到极大提高。三是促进职业生涯的成功。成功的职场人士所共有的一个显著特点，就是有相当积极的职业意识。

培养职业意识可从以下几个方面着手：

（1）提高成就欲。在如今激烈的竞争环境中，工作总是充满挑战、让人饱含艰辛或充满喜悦，成就欲帮助我们克服困难，追求卓越，有事业心，对工作积极主动。进行良性的自我暗示是提高成就欲的重要手段。

（2）打造专业精神。我们应培养追求卓越的专业精神，就是需要长时间集中精力努力地工作；就是暂时把问题放在一边，进行放松的能力；就是不断正视困难；就是高标准、顽强地工作等。不管做什么事情，都要全力以赴。成功的秘诀无他，不过是凡事都自我要求达到极致的表现而已。

（3）培养真正的责任感。责任是一个成熟的人对自己的内心和环境完全承担的能力和行为。有责任感就是明确权利与义务，对自己的工作和行为勇于负责。独自承担自己行为的责任，独自承担这些行为，哪怕是最沉重的后果，正是这种素质构成了伟大人格的关键，责任感是人走向社会的关键品质，是一个人在社会上立足的重要资本，工作就意味着责任，在这个世界上，没有无须承担责任的工作，相反，你的职位越高、权力越大，你肩负的责任就越重。主动要求承担更多的责任或自动承担责任，是成功的必备素质。尽职尽责不仅有益于公司、有益于老板，而且最终受益的是员工自己。主动承担责任是对自己负责。

（4）提高挫折承受力。挫折承受力就是吃苦耐劳，能够忍受并尽快排解挫折的能力，是战胜自己的根本武器。古人说："百年人生，逆境十之八九。"在工作和生活中，不可避免地会遇到各种障碍，受到各种挫折。成功了固然应高高兴兴的，失败了也并非一无是处。每个人都希望能从失败中吸取教训并及时总结经验，利用失败的经验来武装自己，使自己具备更多的经验以有效地应对将来的种种挑战。实际上，正因为遭遇到各种挫折，才更能磨炼人的意志，从失败中吸取经验教训，以增强其克服困难和适应环境、战胜挫折的能力。

（5）塑造诚信形象，这是成大事者的关键。诚信要求我们既要诚实，也要信守承诺。很多成大事者靠的就是获得他人的信任。诚信是人一生最重要的资本。一个人凭着自己良好的品行，能让众人认可你、尊敬你，那么你就有了一项成就大业的资本。

1）诚实对人。实事求是、正直诚实、履行诺言。

2）信任别人。相信那些自己判断为真实的言辞。

3）既要有守信的心态，也要有守信的能力。许诺时衡量一下你是否有能力履行你的承诺。

（6）树立团队精神。群体成员互相提供帮助和鼓励，每个人都能贡献出自己独特的技能，团队的一致性和认同感激励着团体成员为实现共同的目标而努力奋斗。聚在一起，每个人都会得到更多。

团队成员要做到准确理解工作单位的目标、方针、计划等，团队成员应对目标达成共识；正确领会自己的职责，尽力做好本职工作；理解并尊重他人；不吝惜对他人的协助；相互之间要怀有善意和信任；遵从一定的规范，如工作纪律、工作规范、工作程序等。

5. 职业行为习惯

播种一种行为，收获一种习惯；播种一种习惯，收获一种性格；播种一种性格，收获一种命运。职业行为习惯既包括生活、学习和工作等过程中养成的生活习惯、学习习惯和工作习惯，又包括在完成职业工作任务过程中主动或被动养成的工作习惯。良好的职业习惯，是出色地完成工作任务的必要前提，如果不具备良好的职业习惯，就不能按照要求完成自己的工作。职业行为习惯最大的特点就是自觉性和习惯性，而培养人的良好习惯的载体是日常生活和学习。

每个人平时都有习惯，但不一定是职业习惯，更不一定是符合要求的职业习惯，我们应当养成以下职业习惯：

（1）管理时间的习惯。每天提前几分钟到工作岗位，调整好工作状态，保证准时开始每天的工作，这才叫不迟到。

（2）清洁卫生的习惯。做好个人卫生，整洁的仪表有利于塑造良好的职业形象；做好工作环境清洁卫生，整洁有序的工作环境有利于保持良好的工作心情。

（3）提前计划的习惯。当我们把一个宏伟的计划分成一个个小目标去完成时，就会发现，看似不可能的事情似乎简单了许多。目标犹如人的眼睛，目标不明确就如同人没有眼睛；计划犹如人的手脚，计划不详细就如同没有手脚，剩下的就只有空想。因此，要想成功，一定要有明确的目标，这样才能有积极性，同时，详细的计划也必不可少，这样才会受到驱动。提前做好工作计划有利于有条不紊地开展每天、每周或每一个周期的工作，自然也有利于保证工作的质和量。

（4）做记录的习惯。好记性不如烂笔头，随身带上一个本子，及时记录必要的工作信息，有助于准确地记载各种有用的信息，防止工作上的遗漏和差错，帮助日常工作顺利开展。另外，笔记还可以作为今后工作的借鉴。

（5）遵守工作纪律的习惯。工作纪律是为了保证正常工作秩序、维持必需工作环境而制订的，严守纪律就是一种觉悟、一种责任、一种态度、一种习惯。职业纪律是在特定的职业活动范围内从事某种职业的人必须共同遵守的行为准则。它包括劳动纪律、组织纪律、财经纪律、群众纪律、保密纪律、宣传纪律、外事纪律等基本纪律要求，以及各行各业的特殊纪律要求。

（6）工作总结的习惯。及时总结每天、每周等阶段性工作中的得与失，可以及时调整自己的工作习惯，总结工作经验，不断完善工作技能。一位著名的企业领导人曾经说过，每天抽出 10 分钟时间进行一天的总结，对于工作的完成、问题的发现、思维方式的扩展、自身素质的提高等，都有很大的帮助。我们有必要每天抽出一点时间把当天所做的工作进行简短总结，思考哪些是新的，哪些是以前做过的，曾经做过的工作能否总结经验加以改进，新的工作是否已经有了开展的方法，烦琐的工作是不是可以统筹起来做。

（7）积极沟通的习惯。沟通是维系良好人际关系的纽带，培养与人积极沟通的良好习惯，可以使误会、怀疑、猜忌和敌意远离，让共识、理解、信任和友谊走近，从而能够共同分享工作带来的充实和愉悦。

（8）认真对待的习惯。"天下大事，必作于细。"认真对待工作上的每一个细节，不要认为什么事情都简单。

6. 职业技能

随着科学技术的迅速发展，社会化大生产不断壮大，现代职业对从业人员的专业基础的要求越来越高，专业化的倾向越来越明显。高校毕业生应该拥有宽厚扎实的基础知识和广博精深的专业知识。

职业技能是一个人能否胜任本职工作或创造性开展工作的前提。目前，高技能人才所应具备的专业素质一直是业内人士研究的重点，人们普遍倾向于把高技能人才定位为"灰领"，它有别于"白领"和"蓝领"。根据其工作性质和特点，高技能人才应具备以下专业能力：

（1）知识。掌握本专业领域的核心知识点；熟悉或掌握本专业领域的前沿技术和理论；具有较合理的知识结构。

（2）技能。熟练掌握操作一般设备的技能；能从事高技术岗位的智能型操作；能诊断和消除操作过程中出现的各种故障。

（3）能力。有科学的思维方法，具有破解生产难题的能力；具有不断追求创新的意识和能力；具有较强的学习能力和总结能力。

（4）体能。拥有健康的体魄和健康的心理，表现为能正确面对挫折和挫败、面对复杂的人际关系、面对繁重的工作压力等。

4.3.2　职业素养的提升途径

职业素养教育是一种养成教育。职业素养的修炼需要经历印象关、心态关、道德关、沟通关、专业关、诚信关、忠诚关七道考验。

1. 不断学习充电

职业专家指出，职业半衰期越来越短，在职期间如果不继续学习，无须五年就会在职场中处于尴尬窘迫的境地，甚至处在失业的边缘。由于当前用人单位对"人才"的观念发生转变，由原来的"高学历、高职称就是人才"转向"拥有专业的一技之长才是真正的人才"，因此职场上往往只有两种人：一种是通过充电、学习，不断在原单位获得晋升、加薪的人；另一种是没有学习意识，长年累月靠"吃老本"而被列入裁员大名单的人。

2. 将简单的工作做到最好

有些人把"成功"定义为"做伟大的事业，出瞩目的成绩"。要是自己做的是细碎的琐事、平凡的工作，就容易自惭形秽，产生自卑情绪。实际上，很多时候，成功更需要平凡。或者说，成功是平凡的累积，如果一个人能够把自己的工作长期做到极致，那也是成功。一个人要做好自己这份平凡的工作，前提是需要有专业能力的。因为每一份工作都有其特定的专业领域、专业能力，从最高行政长官到餐厅服务员，甚至清洁工，都需要认真保持专业的心态，付出一定的努力，掌握一定的技能，才能把平凡的工作做好。

3. 培养良好的职业心态

做事时，尽可能做到心态到位、姿态到位、方法到位、行动到位。既要有不达目的不罢休的工作态度，又要有积极乐观的处世心态。胜不骄，败不馁。遇到挫折时要客观分析原因，总结经验教训，不能怨天尤人，将所有问题归因于自身之外。克服"打工者"的心态，培养"主人翁"精神，积极实现自己与组织的共赢。多一些换位思考，多一点感恩之心，多一点全局意识，让自己融入组织之中，而不是游离其外。

4. 让自己尽量职业化

职业化就是一种工作状态的标准化、规范化、制度化，即在合适的时间、合适的地点，用合适的方式，说合适的话，做合适的事。我们要在熟悉专业和职业的基础上，加强学习，积极行动，使自己在知识、技能、观念、思维、态度、心理上符合职业规范和标准。

5. 积极提升沟通能力

树立强烈的沟通意识，用积极、阳光的心态与人沟通，掌握有效的沟通方法，能积极参与工作单位的民主管理，善于提出合理化建议；善于发现问题和解决困难，及时传递相关信息；积极消除误会，而不是情绪对抗到底。

6. 提高自身的执行力

对个人来说，执行力就是把想干、能干成的事干成的能力。我们应该养成积极主动的工作习惯，不要被推着走；多思考，运用所学的专业知识和技能解决问题，提高工作效率；量化自己的工作，执行任务要坚决、及时、到位；要分清工作任务的轻重缓急，有条理地工作；要尽可能注意到细节，不忽视任何一个影响工作的因素和环节。

4.3.3 知识改变命运——学习综合知识

在经济全球化和社会主义市场经济大环境下，大学生面临着种种挑战和压力。每个大学生都必须清醒地认识到，综合知识素质的提高，对于自己的求职择业和人生发展都至关重要。大学生要努力提升自身的综合知识素质，以适应社会经济、文化发展的需要，顺利就业或创业，成就美好人生。

1. 大学生的知识结构概述

知识结构指一个人的知识构成状况，也就是外在的知识体系经过主体的输入、储存、加工，在头脑中内化形成的智力因素联系起来的多要素、多系列、多层次的动态综合体。大学生建立知识结构，一定要防止知识面过窄的偏向，能够根据职业和社会不断发展的具体要求，将已有的知识科学地组合，形成合理的结构，满足实际需要，最大限度地发挥知识的整体效能，对于成功就业和成就事业具有重要作用。而合理的知识结构是既有精深的专门知识，又有广博的知识面，具有事业发展实际需要的最合理、最优化的知识体系。

知识结构分三种结构模式，即宝塔形知识结构、幕帘形知识结构和蜘蛛网形知识结构。

（1）宝塔形知识结构。宝塔形知识结构，顾名思义，就是形如宝塔，由基本理论、基础知识、专业基础知识、专业知识、学科知识和学科前沿知识构成。基本理论、基本知识为宝塔底部，学科前沿知识为高峰塔顶。宝塔形知识结构的优点是强调基本理论、基础知识的宽厚扎实，专业知识的精深，容易把所具备的知识集中于主攻目标上，有利于迅速接近学科前沿。因此，现今中国大多数学校培养学生采用的都是宝塔形知识结构。

（2）幕帘形知识结构。一个具体的社会组织对其组织成员在知识结构上有一个总的要求，而作为该组织的个体成员，将依其在组织中所处的层次，在知识结构上又存在一些差异，这种知识结构就是幕帘形知识结构。这种知识结构强调个体知识结构与组织整体知识结构的有机结合，它对于求职者的启示是在求职择业的过程中，不但要注意所选职业类型在整体上对求职者的知识结构的要求，同时还要了解所选职业岗位在社会组织中的位置及具体层次，以此来调整自己的知识结构，增强就业后的适应性。以一个企业为例，企业对其成员的整体知识结构要求是具有财会、安全、商业、保险、管理等知识。而对企业中处于不同层次的个人来说，要求掌握上述知识的比例是截然不同的，从而组成各自不同的知识结构。

（3）蜘蛛网形知识结构。以所学的专业知识为中心，与其他专业相近的、有较大相互作用的知识作为网络的"纽结"相互连接，形成一个适应性较大的、能够在较大范围内左右驰骋的知识网，这种知识结构称为蜘蛛网形知识结构。蜘蛛网形知识结构的特点是知识广度与深度的统一，这种人才知识结构呈复合型状态。随着社会生产的高速发展，这种知识结构的人才非常受社会用人单位的欢迎。

2. 大学生知识结构的内容

大学生知识结构包括基础知识、专业知识、工具知识和方法知识。一个立志成才的大学生的知识结构应该包括融会贯通的基础知识结构（包括利于创造的广博的相关学科的基础知识、学有所长的专业知识结构、得心应手的工具知识结构和高效学习的方法知识结构）。专业知识的功能很明显，直接用于与本专业对口的工作岗位，因此较受学生重视。但是基础知识、工具知识和方法知识在学生保持持久学习能力、创造性工作和成才过程中具有重要作用。

（1）基础知识结构。基础知识结构是指包括自然科学知识、社会科学知识和人文科学知识的宽厚广博的基础知识储备。基础知识是共性或一般性的知识，具有较普遍的适用性，覆盖面较大。一个人基础知识越扎实宽厚，解决问题的能力就会越强。我们平时所说的"触类旁通"实际上就是知识迁移的表现。

大学在校期间所学的知识过时较快，如果基础知识不深厚，就会缺乏知识更新能力，逐渐不适应自己的工作岗位。基础知识不仅较长时间不会过时，而且还是继续学习能力的体现。大学设课虽多，但学时有限，对一个要求成才的大学生而言，在大学里学到的知识是很有限的，工作岗位上需要的知识不可能在学校里完全学到。要想具备持久学习的能力，很重要的一个方面是要在自己的知识结构中，如何增加基础知识的比例和基础知识是否扎实的问题。基础好的学生常常显得有后劲，就是由于具有持久的学习能力而使知识不断更新和丰富以适应新形势的。在对人才诸多素质的培养中，学习能力往往比受教育的程度更为重要，所以学好基础知识，提高持久学习能力是相当重要的。

（2）专业知识结构。专业知识是指一定范围内相对稳定的系统化的知识。专业知识是知识结构的核心部分，是科技人才知识结构的特色所在，也是学科专业赖以生存和发展的基础。专业知识是大学生知识结构中最主要的部分，合理的知识结构，要求专业知识达到既精又深的状态。专业知识的积累要求大学生不仅要对自己所要从事工作的专业知识和技术，具有一定的深度、一定的范围的了解，有质和量的要求，对概念体系、理论体系、研究方法、学科历史和现状、国内外最新信息等都要了解和把握。同时，也要求大学生对与其专业近邻领域的知识也要有所了解和熟悉，善于将其所学专业知识领域与其他相关知识领域紧密结合起来，"广、博、精、深"已成为当前人才素质的重要要求。

（3）工具知识结构。

1）汉语言文学知识。作为一个高级专门人才，首先必须具备迅速准确的阅读理解能力和准确恰当地表达自己思想成果的能力。否则，既不能准确地接受别人的思想和研究成果，又不能准确恰当地表达自己的思想和研究成果，还怎么称得上是高级专门人才呢？

2）外语知识。掌握外语知识对大学生来说无疑是非常重要的，随着改革开放的深入，我国和世界上许多国家的交往越来越频繁。在现代社会中，一个科学技术工作者若不会查阅外语文献资料，不善于掌握科技情报，在工作中就会寸步难行，所以熟练地掌握一门外语特别是世界通用语英语就更显得十分必要。

3）计算机知识。电子计算机的出现是人类科学技术史上的重大突破，是 20 世纪最杰出的科学成果。在已进入信息社会的今天，在人类社会的一切领域，计算机几乎达到了无孔不入的地步。计算机的发展水平和应用程度已经成为衡量一个国家工业发达程度和生产力发展水平的重要标志。有关计算机的知识和使用计算机的能力也成为一个人知识和能力结构中不可缺少的重要组成部分。"不会使用计算机就是现代社会的功能性文盲"，在这种形势下，处于 21 世纪的大学生，必须在自己的知识结构中增加有关计算机的基础知识并且熟练地掌握其应用。

（4）方法知识结构。

方法知识是指有关学习方法的知识。为了达到成才的目的，学习方法的知识也应是大学生知识结构体系中的重要组成部分。尤其是在高科技、信息化、知识更新周期越来越短的今天，人类传统的学习方法已经遇到了严峻的挑战。在这种形势下，大学生们掌握独立获取知识的科学的学习方法，不仅对其提高大学期间的学习质量，而且对其终身发展也有着重大影响。在某种意义上可以说，掌握独立获取知识的学习方法比掌握某些具体的专业知识更为重要。

总之，一个立志成才的大学生应该具有以上四种知识结构，只有这样才能具有自我生长功能、自我完善功能、知识迁移功能和创造性功能。一个大学生初步建立起具有这些功能的知识结构，不但会为大学阶段高效率学习提供条件，而且会为其毕业后保持持久学习能力，不断进行知识更新、创造性工作和成才奠定坚实的基础。

3. 大学生知识结构优化途径

（1）调整优化课程结构体系。

当前高校学科专业课程的设置仍存在面过宽或过窄，多数课程、专业老化、陈旧，学科、专业课程之间缺乏联系和衔接；专业分割严重，理论课程和实践课程脱离等问题。这种不合理之处，必须加以改革、调整和优化。合理设置课程，是大学生知识结构得以优化、建构的外在基础和先决条件。

大学生应该把专业课程设置的纵向深入与横向拓宽结合起来，把理工科和人文学科课程结合起来，相互渗透、相互交叉，并使新旧专业结合起来，开设综合性的交叉学科和边缘学科专业课程，打破专业、系、科、校际间的隔阂，建立立体网络系统的课程结构，既包括学科专业体系的综合和概括，重新建构科学的学科理论体系、概念框架体系和整合专业科目结构体系，还包括学生认知及思维形式与知识体系的统合，也包括科学知识与人文知识的协调与整合。

（2）实施创新教育模式。

创新教育模式主要包括教育目标的创新、教学模式的创新和学生质量评估标准的创新三大块内容。实施创新教育模式，是大学生知识结构优化、建构的关键。

1）教育目标的创新。传统的教育目标是以具体专业为基准，将相应的专业知识灌输给学生，停留在知识传授的层面上，忽视了大学生是否对知识完全吸收内化，是否形成了合理的知识结构的深入考察。而创新教育的目标不单是知识的授受，更重要的是培养大学生对知识的思考、组织能力、实践能力和创新能力，发展创造性思维，善于将知识转化为现实的智能和素质。

2）教学模式的创新。我国高校的教学方式呈线型单调的程序流程，形成了以教材、教室、教师为核心的单一枯燥乏味的教学模式。这种模式造成学生单一、线型、片面的知识结构，并且教学方式也是简单的，基本上仍然是多灌输式，少启发式、探究式；教学手段多是借助粉笔、讲台、黑板，以及少许简单的现代教学辅助手段。从上课到下课，教师主宰了整个课堂教学，平铺直叙、满堂灌、重演绎，在课堂上基本上是教师讲，学生听、做笔记。

高校要通过教学模式的创新，打破这种线型单调的程序教学，应用现代辅助教学手段，特别是利用网络学习的方式，形成线上线下的师生互动，注重学生的自主和情感因素的同时，积极启发学生去思考，营造良好的、浓厚的、活跃的课堂氛围，引导大学生自主学习，增强自学能力，培养科学的思维方式、方法。

3）学生质量评估标准的创新。多年来，我国评估学生的尺度都是以分数为主的。以"分数"为本位的考查模式，不利于学生的知识结构的形成和对大学生的真实水平的衡量，应当予以改革大学生的质量评估标准的创新，应该结合现代人才质量构成要素。现代人才质量构成要素，包括合理的知识结构、能力结构和素质结构。在具体评估时，可以采取综合测评的方法，根据专业大类培养目标的实际情况，权衡这三个因素的比重。其中，知识结构所占的系数应是最高的。

（3）大学生个人自身的努力。

大学生知识结构的优化离不开个人自身的努力。所以大学生要树立正确科学的认知图式，充分剖析自己的知识结构状况，自觉、自主地按照科学的方法，通过自身的努力和内化，优化自己合理的知识结构体系。

1）大学生知识结构的自我定位和选择。这是大学生优化自己的知识结构的根本前提。典型的知识结构，不仅包括前面所说的宝塔形知识结构、幕帘形知识结构、蜘蛛网形知识结构，也包括 T 形结构、M 形结构、壳层结构。T 形结构，其特点是知识面的宽度与某一专业的深度相结合，博专相济。M 形结构，其特点是知识面广，对两门以上的专业知识都有较深的研究，这种结构尤为难能可贵。壳层知识结构中心部分为基础理论、技术理论和应用理论构成的知识硬核；中间部分主要以论文等形式发表见解，该层反应思想活跃，吸收力强；最外层内容为在科学活动中所产生的闪光思想、灵感、预测和推断，也包括经过互相碰撞产生的新观念、见解、发现和创造。这个结构侧重于科技人才吸收知识和创新过程。知识结构不存在固定的绝对的模式，可以多种多样、因人而异，最重要的是适合自己的职业要求和发展方向。大学生要根据自己的兴趣、专业、成才目标和发展方向，定位和选择合适的知识结构。

2）建立合理的学习结构。知识结构的优化过程，实质上就是一个学习过程。大学生要自觉摒弃那种死记硬背的习惯，注重运用科学的学习方法，增强自学能力，特别是要进行研究性的学习，对知识单元充分了解消化吸收，转换视角审视、发现和把握知识系列、知识间的相互关系，培养学术的敏锐性。

3）理论学习与社会实践相结合。理论学习与社会实践相结合是使知识结构由内化继承向外向创造方向发展，跃迁至更高层次的关键。所以，要深入开展理论学习与各类实践性环节互动的教学相结合，注重学校教育与社会实践紧密结合，尽量多开展社会调查、课题研究和实习考察等形式的活动，给知识结构的外生、外延创造条件。在实践中，训练技能、培养能力、转变思维方式，突破传统的思维定式、惯性，对原有知识、经验、观念、方法进行新的组合；在实践中，对自己的知识结构不断进行预测调节、反馈调节，使知识结构在动态中不断优化，更趋于合理、有活力。

4）充分利用网络资源。在现代，互联网发展非常迅猛，互联网上的知识信息资源非常庞大、丰富，获取相对容易。同学们可以通过互联网打破时间和空间的限制，在更广阔的时空领域上获取更多的信息，进行更广泛的交流和合作。

5）勤奋学习，积累知识。专业知识是未来所需人才知识结构中不可缺少的内容，它是顺利完成工作并能够进行一定发明创造的重要条件。只有掌握了精深的专业知识并和其他知识密切配合，才能在未来的社会分工中充分发挥作用。学习专业知识就要精深，特别是本专业的学科知识结构越精深，越有利于基本理论知识的创新。"精"，就是要精当，要掌握本专业的精华，做到融会贯通。"深"就是要了解透彻，对本专业的历史现状、发展趋势以及对学科的纵横联系有全面系统的理解。

此外，也应该学习各种工具知识（如外语、计算机）和方法知识（如文献检索、调查分析、信息论、控制论），做到熟练运用，得心应手。

知识结构不能只是一个空架子，必须由知识单元构筑而成。缺少了勤奋学习、积累知识，知识结构的优化就无从谈起。大学生要根据自己的专业方向和成才目标分析、确定哪些知识是自己的核心知识，哪些知识是自己的辅助知识。

（4）培养创新思维能力。

创新思维的本质就是根据解决问题的需要，在头脑中对原有的知识经验、观念、方法等进行新的组合，特别是现有的知识结构进行优化与建构，使之形成新的合理的知识结构体系，并充分发挥其结构效能。因此，要使知识结构不断得以优化与创新，就必须提高创新思维能力，学会运用各种创新思维的原理和方法，自觉抵制和克服各种思维障碍的束缚，以实现思维方式与知识结构的创新互动。

大学生要善于开发自己的大脑，突破阻碍思维创新因素，即人们头脑中传统的、固有的观念和思维中形成的习惯与定式，挖掘自己的潜质，打破传统思维定式、观念束缚，树立创新意识和创新志向，重视以独立的思维和创新的思维方法为主要内容的思维能力的培养。提高创新思维能力的方法包括激发潜意识法、强化记忆法和相似诱导法等。大学生要自觉学习思维科学，强化训练，最大限度地培养和提高自己的创新思维能力。在学习过程中，要善于开动脑筋，注重事物的特殊性，突破常规，运用推理、类比等方法进行突破性、探索性思维，扩展思路，独辟蹊径，努力探求新思路、新方法和新见解，提高知识选择能力、观察能力、分析能力、知识物化能力。总之，大学生知识结构的优化，必须根据自己原有的知识结构状况，结合社会的需要和自己的发展方向，运用科学的方法，充分利用各种资源条件，有计划、有目的地进行。

4.3.4　行动成就梦想——提升职业能力

职业能力是大学生择业、就业的核心竞争力。对于正处于学生阶段的大学生来说，择业、就业乃至创业是每个人迟早要面对的现实问题，只有充分认识职业能力与大学生就业之间的关系，才能科学合理地规划和安排自己的大学生活，有的放矢地培养自己的职业能力。

1. 职业能力的内涵

职业能力是一个人可否进入职业的先决条件，无论从事什么职业总要有一定的能力作保证。职业能力的形成是一个长期的过程，通常需要经过相当长时间的学习以及一定的实践活动才能完成。职业能力的形成，需要具备先天素质、后天的教育训练、职业活动实践等条件，职业能力是衡量一个人能否胜任某项工作的主观条件，是个人综合素质的体现，是成功进行职业活动所必须具备的知识、技能、态度和个性心理特征的总和。职业能力不是单一的一种能力，也不是毫不相干的孤立能力机械地相加，而是相互联系、相互影响的有机整体，是各种能力的"综合"。职业能力一般包括职业特定能力、行业通用能力和职业核心能力三个层次。

（1）职业特定能力。

职业特定能力是可以通过一定的学习培训方式，使人们具备从事一项有特定标准要求工作的能力。职业特定能力是每一种职业自身特定的，它只适用于这个职业的工作岗位，适应面较窄。但有一个职业就有一个特定的能力，所以特定能力的总量是最大的，这些能力的获得和提高，可以通过个人经验的积累和他人经验的传授，也可以通过创造性的工作对已有的经验进行更新和替代。

（2）行业通用能力。

行业通用能力是以社会各大类行业为基础，从一般职业活动中抽象出来可通用的基本能力，它的适应面相对较宽，但是其数量小于职业特定能力。行业通用能力可以适用于这个行业内的各个职业或工种，而按行业或专业性质不同分类，行业通用能力的总量显然比特定能力小。行业通用能力可以通过一定的学习培训方式、个人经验的积累及他人经验的传授获得。

各个行业都十分重视从业人员的职业特定能力和行业通用能力，并且不同行业对从业人员职业特定能力和行业通用能力的要求有很大的差别。一方面，社会分工越来越细，对工作熟练程度和精细程度的要求逐渐提高；另一方面，一些特定的职业由于其行业本身涉及公共安全、环境污染或人类生命健康等方面内容，需要从业人员经过严格的学习和培训才能具备相应的专业技能。

（3）职业核心能力。

职业核心能力又称为可迁移的能力，是从所有职业活动中抽象出来的一种最基本的能力，是任何岗位、职业都必不可少的，具有普遍适用性的，能够使每个人适应职业生涯发展、变化的，伴随终身且可持续发展的可迁移能力，这种能力的范围最广、通用性最强，但其数量最少。

核心能力对于各种职业而言，是从事任何职业的人要想取得成功都必须具备的能力，是一种超越具体职业、对人的终身发展起重要作用的能力。职业核心能力是行业通用能力和职业特定能力的基础，包括与人交流、数字应用、信息处理、与人合作、解决问题、自我学习、创新革新、外语应用等核心能力。具体来说，职业核心能力就是人们在教育或工作等各种不同的环境中培养出来的可迁移的、从事任何职业都必不可少的跨职业的技能，该能力可以提高人们工作的效率及灵活性、适应性和机动性，是个人获得就业机会、事业发展的重要保障。

由于职业核心能力适用于所有职业，因此，当职业岗位发生变更或者劳动组织发生变化时，这一能力依然能够起作用。使工作者较快地适应新的职业岗位。另外，由于核心能力具有可迁移的特点，也有助于形成个人终身不断学习进步所必备的能力，在变化的环境中不断自我充实、提高、发展，跟上技术进步、经济发展的步伐，增强可持续发展的能力和适应市场变化的能力，真正具有应变、生存、发展的能力，从而有助于提高大学生在社会实践中的竞争力，同时也有助于克服专业技能教育的定向性和社会需求多变性的不相适应问题。

随着社会的进步，许多知识和技能很快会被淘汰。因此，获取知识的能力比获取知识的数量更重要，学习能力的提高比吸收知识的数量更重要。只有具备职业核心能力的人，才能够适应变化的环境，把握新的机遇。

2. 职业核心能力的内容

职业核心能力包含自我管理能力、持续学习能力、沟通表达能力、团队协作能力、解决问题能力、信息处理能力、创业创新能力、领导能力八个方面。作为学生核心能力的组成部分，各种能力之间是紧密联系、相互制约、有机结合，合理地提升学生职业核心能力具有重大意义。

（1）自我管理能力。自我管理能力是职业核心能力的主线。一个人要在职场上获得成功，必须进行自我管理，高校毕业生也不例外。然而大学生在自我管理方面缺乏明确的职业生涯规划，学习态度消极，心理承受能力差，情绪起伏较大，身体素质逐渐下降，工作、学习与生活不能平衡，时间浪费严重，计划及执行力弱等问题，这对大学生的可持续发展是十分不利的。自我管理能力培养贯穿于职业生涯始终，主要对大学生自身的目标、思想、心理和行为等表现进行管理，以实现奋斗目标，内含职业生涯规划、时间管理、学习管理、健康管理，情绪压力管理、计划管理等方面，这些是职业核心能力培养的主线。

（2）持续学习能力。持续学习能力是职业核心能力的关键。在变化发展的环境中，能够依据工作岗位和个人发展的需要，自主制订学习目标和计划，灵活运用各种有效的学习方法，善于调整学习计划和目标，持续不断地获取新知识和职业技术的能力，是持续学习能力的基本要求。从大学生的长远发展来看，持续学习能力是职业核心能力的关键。在对大学生职业核心能力的培养上，持续学习不仅可以使劳动者获取自身发展的必备能力和重要条件，还可以增强个人、企业和国家的核心竞争力。

（3）沟通表达能力。沟通表达能力是职业核心能力的前提，大学生仅仅拥有一技之长是远远不够的，还要做到善于倾听、乐于沟通、有效交流，即具备良好的沟通表达能力。这样，解决各种矛盾和问题就能收到事半功倍的效果。良好的沟通表达能力是职业成功的前提，在生产中激发的技术改进、技术革新、技术方案等设想都需要依靠良好、有效的沟通表达能力才能把设想变成方案，让领导同事接受，并付诸实践。

（4）团队协作能力。团队协作能力是职业核心能力的纽带。随着社会分工的细化，依靠一个人的力量取得成功的可能性微乎其微。加强团队合作可以共享资源、优势互补、鼓励士气、提高绩效，完成个人所不能完成的任务。大学毕业生可能会进入班组、车间等管理岗位开展工作，要能够根据工作活动的需要，在一个团队中互相配合工作。团队协作犹如纽带一般，把团队成员连接在一起，相互帮助、相互信任，众人一心，各自发挥极大潜能，帮助团队组织实现整体最优。

（5）解决问题能力。解决问题能力是职业核心能力的基础。大学生在生活和工作中不可避免地会遇到各种问题与困难，学会沉着、冷静地分析问题，思考对策，并成功解决问题，是职业核心能力的重要指标。随着科学技术的不断进步，各种新技术、新工艺和新设备不断涌现，大学生职业核心能力的培养应以解决实际问题为切入点，加强实践训练，做到理论够用、技术过硬、学以致用。

（6）信息处理能力。信息处理能力是职业核心能力的抓手。当今社会是信息社会，大学生职业核心能力培养的重要抓手就是依据特定问题，运用各种方式和技术，对收集到的大量相关信息进行深层次的思维加工和分析研究，形成有助于问题解决的新信息的能力。大学生要主动掌握信息处理技术，在信息的海洋中快速获得有用的信息，依靠过硬的信息处理能力解决生活和工作上的问题，在实践中逐步形成信息处理能力培养的长效机制。

（7）创新创业能力。创新创业能力是职业核心能力的归宿。推动经济转型升级，提高就业质量，培养创新创业能力，对大学生职业核心能力的培养意义重大。创新创业能力是知识理论、技术技能、实践活动等要素迁移和调动的过程，是形成具有经济价值、社会价值、生态价值的新思想、新理论、新方法和新发明的关键能力。创新创业能力的培养不是一日之功，更不可能一蹴而就。高等院校要自觉做到"三个结合"，即课内与课外结合、学校与企业结合、工作与学习结合，不断拓宽培养途径，创新培养模式，把培养创新创业能力作为大学生核心职业能力培养的归宿。

（8）领导能力。领导能力是职业核心能力的核心。领导是一门艺术，领导能力是一系列行为的有机组合。领导能力不是一般意义上的指令灌输，也不是简单服从，而是以动员人们围绕共同使命而奋斗为目的的一种能力。高校毕业生从学校进入企业，从学生转变为职业人，可能会经历学生干部、班组长、车间主任、厂长等历练，职业链不是一成不变的，但贯穿始终的是领导能力的养成和优化。对于创业的高校毕业生而言，领导力更是不可或缺的。就此意义而言，领导能力是大学生职业核心能力培养的核心要素，是职业核心能力的集大成者。

从业核心能力使个体不仅能面对纷繁复杂的市场需求胜任当前的工作，而且能够适应职业岗位的需求变化。高校要提高人才培养质量，不仅是让学生学到一门专业知识，掌握一种专业技能，更重要的是培养学生的从业核心能力，适应职业变化的持续发展能力，为学生就业、择业和持续发展夯实基础。

3. 获取职业能力的方法与途径

人的职业能力水平是有差异的。这种差异并不是先天形成的，而是由环境和受教育程度及自身实践状况等因素造成的。因此，大学生的能力是可以靠平时的学习、生活中的自觉培养和实践锻炼而获得的。大学生获取职业能力的方式与途径主要有以下几种：

（1）培养和发展兴趣。

兴趣对培养能力相当重要。古今中外许多科学家、文学家、艺术家，都是在强烈的兴趣驱动下取得事业的成功。达尔文说："就我记得的我在学校期间的性格来说，其中对我后来产生影响的就是我有强烈的、多样的兴趣，沉溺于自己感兴趣的东西，喜爱了解任何复杂的问题和事物。"郭沫若说："兴趣爱好也有助于天才的形成，爱好出勤奋，勤奋出天才。"杨振宁也说："成功的秘诀是兴趣。"在学习上，兴趣表现为求知欲，它是学习的主要心理特征之一。

因此，大学生要围绕所学专业发展自己的兴趣爱好，并以这些兴趣爱好为契机，加强相关知识的学习和积累，注意发展自己的优势能力。兴趣是可以培养出来的，有时候放弃自己原来的兴趣，也可以培养出新的兴趣。大学生在建造自己的职业能力时，应该以老一辈为榜样，权衡自己的所长所短，把个人成才与国家需要统一起来，树立为现代化事业献身的思想，积极培养对所学专业的兴趣和爱好，在满怀兴趣的状态下去开垦新的园地，积极主动而且心情愉快地学习，培养自己的职业能力。

需要注意的是，大学生可以注意发展自己的优势能力，但仅有优势能力是不够的，必须对前面列出的几个能力都有所拓展，这就要求在注意发展兴趣能力的同时，也要超越自我，注意全面发展自己的各种能力。这是今后生存的需要，也是发展的需要。因为现代社会的多维竞争，增加了单一能力持有者的生存难度，同时也增加了企业的生存危机感。因此，不管是否兴趣所在，都必须注意锻炼自己的基本能力。

（2）在实践中积累能力。

实践是培养能力的重要途径，能力是在实践过程中培养形成并表现出来的，因此，大学生在校期间要注重在实践中培养自己的能力。学校当然不同于社会，实践的形式还是比较单一的。但只要积极参与，就会有收获。比如要想具有组织管理能力，那就得积极主动地有意识地在法规和学校纪律约束范围内去组织一些活动，参加社团活动，并在有条件的情况下参与社会工作，这些活动都会使其组织管理能力得到明显提高。而如果要圆满地表现自己的观点、思想和情感，那就得在公众场合善于演讲或具有写作等有关才能，否则只能变为空想，而演讲和写作就是实践的过程。

（3）在学习中培养能力。

学习对大学毕业生来说是非常重要的，学习是基础，没有学习便形成不了专业能力，更加谈不上把拥有的能力执行下去。企业雇用大学生，就是希望大学生能够以成熟的心态来快速地学习企业所要求的技能并能给企业注入新鲜的血液。终身学习尤为重要。终身学习不仅表现在学生走进社会以后具备获得新知识的能力，而且表现在对文献资料过硬的查阅和检索能力，对信息的收集和处理能力，对中外文较强的阅读能力和语言交流能力，以及敏锐的逻辑思辨能力。当前，大学生真正具备这些能力还有不小距离，因此，大学生要通过以下三种方式来提升自己的能力。

首先，要充实基础知识。大学生应该善于从自己的实际出发，有目的、有计划地掌握新型人才的必备基础知识，为日后创造佳绩打好深厚扎实的基础，并主动掌握高新科技，提高创造能力，进入所学领域前沿，以顺应当代科技的迅猛发展。

其次，要善于自学。当前社会知识更新越来越快，学会如何学习比知识本身更重要。自学，尤其是在没有帮助下的自学，在任何教育体系中，都具有无可替代的价值。

最后，专通结合。既是自己领域的专家，又对邻近领域有恰当的了解，具备熟练的知识运用能力。要既适应科学的高度分化，是个专才，又是适应科学的高度综合，是个通才，纵向成才和横向成才相结合，求得最佳专通比例。

（4）积极锻炼职业技能。

职业技能是支撑职业人生的表象内容，属于显性职业素质。职业行为和职业技能等显性职业素质比较容易通过教育和培训获得。锻炼良好的职业技能是职业素质培养的落脚点。但是，目前大学生对技能的理解存在误区，不少人认为经过了专业学习，就有了相应的技能。事实上，知识教育是学习技能的基础，要把知识转化为技能需经过反复的实践和体验。职业能力的培养有一个过程，学校里所形成的能力与工作岗位的要求有一定的差距，有的人能很快适应新的工作环境并顺利成长，而有的人因不适应环境而被公司"炒鱿鱼"。因此，大学生要自觉锻炼职业技能。必须学会整理自己的技能清单，了解已掌握的技能与自己的职业目标之间的差距，同时，要了解职业技能培养的途径和测评方法，要通过制订职业计划来了解自己、了解他人和了解社会。在制订计划过程中需要经历几个环节：一是通过各种途径搜集一些相关的信息来补充、完善职业计划；二是要预测在实现目标的过程中可能出现的阻碍，并考虑和规划如何逾越阻碍；三是在制订计划时要评估目标实现的可能性，兼顾自己的能力、环境条件的限制、周围人对自己的期望等。

4.3.5　心态决定一切——提高心理素质

1. 心理素质与职业心理素质

（1）心理素质。

心理是人的生理结构，特别是大脑结构的特殊机能，是对客观现实的反映。心理素质是指以先天遗传生理为物质前提，在后天环境和教育的影响与作用下，通过社会实践而形成的比较稳定的个性心理特征和在社会实践中表现出来的心理活动能力。心理素质是个人素质构成的重要内容，心理素质决定综合素质。心理素质可分为智力性心理素质和非智力性心理素质。

1）智力性心理素质。智力性心理素质是指个体在认识和改造客观世界过程中所形成的认知方面的稳定的心理特征和认知能力，主要包括观察力、注意力、想象力、记忆力和思维力。

2）非智力性心理素质。非智力心理素质是指个体在认识和改造客观世界过程中所形成的情感方面的稳定的心理特征以及在意向活动中表现出来的能力，如兴趣、动机、情绪、意志、自我意识、人际关系、社会适应力、开拓创新素质等要素。

心理素质所反映的是人在某一时期内的心理倾向和达到的心理发展水平，是人进一步发展和从事活动的心理条件和心理保证。它在素质体系中处于基础地位，是一种核心素质，

微课 4-3
提高心理
素质

在整个素质的形成与发展中起着重要作用。知识是学来的，能力是练出来的，胸怀是修来的。这里的"修"就是修炼。个人修炼是指人在个体心灵深处进行的自我认识、自我解剖、自我教育和自我提高，这不仅包含了为人、修身、处世的智慧，还包含着始终要有一颗平常心去应对日常的烦恼和不幸，以此提升心理素质。

（2）职业心理素质。

职业心理素质，是指个体顺利完成其所从事的职业活动所必须具备的心理品质。每个从业者，无论从事何种职业都必须具备一定的心理素质。职业心理素质主要包括不断进取的坚毅力、经受挫折的容忍力、勇于竞争的自信力、行为抉择的自我控制力、对待批评的分辨力、环境变迁的适应力等。但是，不同职业对人的心理品质的要求是有所侧重的，特定职业心理是与特定职业岗位密切相连的，其基础是通用的职业心理素质。良好的职业心理素质对大学生的职业发展具有重要意义，不仅有助于个人心理潜能的发挥，而且有助于个人不断适应职业环境，促进身心健康，能够积极面对各种挫折和压力。

2. 良好的职业心理素质

（1）良好的职业认知。

广义的就业应涵盖选择职业、择业人从事职业（就业）和适应职业（事业）三个不同层次。就业认知是指人们获取就业信息和运用就业信息的心理活动，包括社会职业认知和自我认知。社会职业认知主要是指大学生能够主动了解就业形势，了解就业制度、政策，了解社会职业状况，了解用人单位情况，及时获取就业信息，并能据此作出决策的心理活动。自我认知是指大学生具有自我观察、自我认定、自我评价的能力，能够客观地评价自己，清楚自己的个性特点、兴趣、爱好、能力等，并能够结合社会认知，及时调整自己的择业心态和就业期望值，顺利选择职业。

（2）健康的情绪。

情绪是指个体在对外界事物认知的基础上产生的主观体验。情绪对认知具有重要影响，积极的情绪能够促进认知的发展，消极的情绪对认知具有阻碍作用。大学生在择业过程中要善于调节自己的情绪，适度地表达自己的情绪，并通过恰当的方式宣泄自己的不良情绪，主动控制并管理自己的情绪，做到胜不骄、败不馁；具有自制力和自控能力，能够保持与周围环境的动态平衡，保持良好的心理状态。

（3）良好的意志品质。

意志是个体有意识地支配、调节行为，是个体克服困难，以实现预定目的的心理过程。坚强的意志对于毕业生择业尤为重要。意志是一个人主观能动性的集中体现，是人们取得事业成功的先决心理条件之一。良好的意志品质一般具有以下特点：目的明确合理，自觉性强，善于分析情况，意志果断、坚定，自制力好。具有坚定意志的人应既有实现目标的坚定性，又有克制干扰目标实现的愿望、动机、情绪和行为，不随波逐流。

抗拒挫折能力是意志力的重要体现。挫折是指个体在通向目标的过程中遇到难以克服的阻碍或干扰，使目标不能达到、需求无法满足时产生的不愉快情绪反应。抗拒挫折能力标志着一个人适应环境的能力。这种能力不是先天的，而是后天学习、实践锻炼的结果。

提高挫折承受力对毕业生择业、就业十分重要，可以使毕业生意志更加坚强、人格更加成熟，进而从容应对就业、创业的机遇和挑战。

（4）完善和谐的人格。

人格完整、和谐、统一是心理健康的重要标志，也是毕业生在择业中必备的心理特征。人格完善的大学生，其能力、性格、思想、信念、动机、兴趣、人生观等各方面发展平衡，人格作为人的整体的精神面貌能够完整、协调、和谐地表现出来。美国心理学家托马斯·哈里斯按照人格的发展将其分为四种类型，这四种类型也代表了四种人生态度。

1）"我好，你好"。这是健康的人生态度，认可自己，也认可别人。

2）"我不好，你好"。这是自卑和抑郁症患者的人生态度，认可别人不认可自己。

3）"我好，你不好"。这是怀疑者和独断者的人生态度，认可自己却不认可别人。

4）"我不好，你也不好"。这是严重精神紊乱或厌世者的人生态度，既不认可自己也不认可别人的一种人格。

综上所述，"我好，你也好"是成熟健康的人格，即毕业生在择业过程中能够保持和谐的人际沟通，及时共享就业信息，共同解决择业中出现的问题，实现互相帮助、共同就业。

（5）良好的环境适应能力。

良好的环境适应能力是心理健康的重要特征，主要表现为毕业生在择业过程中能够面对就业现实、接受现实，并能主动适应现实，而且可以通过实践和认知去改变现实。具有独立生活能力，无论是在感情上还是在实际生活中都较少有依赖心理；善于在不同的环境下寻找自己感兴趣的事情和事业的成长点，心理生活充实；能够接受现实，不轻易产生敌对情绪，对因家境、地域、病患、个人能力与努力等原因导致的各种差异能正确看待；不管处于什么样的社会生活环境下，他们都能主动同社会保持接触，与社会关系融洽，而不是把自己孤立起来，与社会格格不入。

3. 职业心理素质的培养

（1）培养积极正向思维。

1）培养乐观心态。世间万事万物，都可用两种观念去看待：一种是正面的、积极的；另一种是负面的、消极的。就像钱币的两面，一正一反，该怎么看这一正一反就是心态问题，它完全取决于自己的想法。积极的心态可使人快乐、进取、有朝气、有精神，而消极的心态则使人沮丧、难过、没有主动性。积极使人乐观，消极让人悲观。乐观者在每次危难中都看到机会，而悲观的人在每个机会中都看到危难。

可见，成功的机会属于那些"永远正向思维"的人。当遇到困难或挫折的时候应该从积极的角度来思考问题，以乐观的态度看待问题，这样才能从困难中看到机会。而消极的人不去试图寻找解决问题的办法，而是使问题扩大化。他们始终处于悲伤、哀叹之中，有时还可能传递一些流言蜚语。正如拜伦所说："悲观的人虽生犹死，乐观的人永生不老。"

2）培养空杯心态。"空杯心态"最直接的含义是一个装满水的杯子很难再接纳新东西。如果想学到更多学问，先要将心里的杯子倒空，将自己所重视、在乎的很多东西及曾经辉煌的过去从心态上彻底了结清空。这是每一个想在职场发展的人所必须拥有的最重要的心态。员工不仅要能干，还要敢于"归零"。每一天都是一个新原点，每一次工作都应从零开始，每天应以崭新的心态去学习新东西并完成新任务。永远不要把过去当回事，永远要从现在开始，进行全面的超越。

3）培养感恩心态。俗话讲，"滴水之恩，当涌泉相报"。感恩是因为我们生活在世界上，所有一切包括一草一木都对我们有恩情。古人云，"施人慎勿念，受施慎勿忘"。学会感恩，让生命可以轻装一点，未来才会阳光。所以，应尽我们所能做到的一切去感谢这个世界，用全部力量来报答一切。

4）培养宽容心态。张瑞敏在《海尔是海》中描写道："海尔应像海，唯有海能以博大的胸怀纳百川而不嫌弃细流，容污浊且能净化为碧水。正如此，才有滚滚长江、浊浊黄河、涓涓细流，不惜百折千回，争先恐后，投奔而来，汇成碧波浩瀚、万世不竭、无与伦比的壮观！一旦汇入大海的大家庭中，每一分子便紧紧地凝聚在一起，不分彼此形成一个团结的整体，随着海的号令执着而又坚定不移地冲向同一个目标，即使粉身碎骨也在所不辞。因此，才有了大海摧枯拉朽的神奇。"

最近一项新的科学研究结果表明，宽容不仅是一种人类长期崇尚的美德，更重要的是这种平和的生活态度会给健康带来很大的益处。某科学家所做的一项新研究表明对周围的人持宽容大度的心态有益于健康。

（2）培养坚强的意志。

意志过程是指人们在社会实践中，为达到既定目的而采取的自觉行动，包括自觉地确定行动的目的、有意识地支配和调节其行动以实现预定目的的心理现象。意志受情感的影响，也是认识过程进一步发展的结果，对人们的社会实践具有积极的促进作用。

培养坚强的意志对于毕业生择业来说主要是增强挫折承受力，意志行为的主要特征是勇于克服困难和阻碍。因此，能否经受得起挫折不仅取决于个体经受挫折时的心理状态，对挫折的认识、评价和理解，还取决于个体对待挫折的态度以及应对挫折的行为方法。

1）正确对待挫折。要认识到在择业过程中出现挫折是很正常的，挫折是生活的一部分，关键在于怎样认识和对待它。如果认识到挫折是不可避免的，就会对挫折有充分的心理准备，遇到挫折后不灰心、不后退，敢于向挫折挑战，能把挫折作为前进的阶梯、成功的起点。更重要的是，大学生应该认识到挫折具有双重性，择业受挫并不都是坏事，它能够使我们更加坚定意志，增强创造能力和智慧。遇到挫折后认真总结经验，尽量避免不必要的择业挫折。

2）改变挫折情境。挫折情境是产生挫折和挫折感的重要原因，如果挫折情境得到改善和消失，挫折感也就会得到缓解。对挫折情境的改善，首先应预防挫折的发生，即对一件事情的成功或失败作出正确的估价。当挫折发生后，应认真分析引起挫折的原因，设法改变、消除或降低其作用的程度，或者暂时离开挫折环境，到另一个新的环境中去，改变环境气氛，这样可以降低挫折感。

3）学会倾诉、寻求支持。社会支持对于增强抗拒挫折能力具有重要作用。大学生在受挫时可以向亲友、老师和同学倾诉，他们的信任、鼓励、安慰和各个方面的支持，能够帮助大学生尽早从挫折中解脱出来，重新振奋精神，战胜困难，为成功做好准备。

（3）树立正确的职业价值观。

职业价值观，即择业观，是个体选择职业时的标准。职业价值观也是价值观在职业选择上的反映，是个人对某一职业的价值判断。职业价值观是职业选择心理的核心因素，对职业选择和职业动机具有导向作用，对职业认识、职业选择和职业生涯发展具有重要的影响。职业价值观支配着人的择业心态、行为及信念和理想等，对择业具有重要的影响。毕业生要树立科学的职业价值观，准确合理定位，把个人需要和社会现实结合起来，到国家需要的地方建功立业，实现自己的价值。

（4）调节抱负水平。

抱负水平是指在从事活动前，对自己所要达到的目标或成就的标准。它是进行成功活动的动力，而能否成功则取决于抱负水平的高低是否适合于大学生的能力或条件。抱负水平过高或过低都不利于增强个体的自信心和自尊心。在职业发展过程中，抱负水平过低，即使成功了也不会产生成就感；抱负水平过高，在达不到预定目标时容易产生挫折感。所以，提出适合个人水平而且具有挑战性的标准，设定适合自己的择业期望值具有重要意义。

任务实施

4.3.6　分析职业素养

步骤1：思考一下自己目前具有哪些优秀的素养。

步骤2：你的优秀素养中哪些与职业有关？

步骤3：总结一下你的职业素养有哪些，并写一写。

4.3.7　制订大学期间自我管理计划

（1）结合目标职业的职业素养要求，描述大学期间职业素养提升的自我激励方法。

（2）描述大学期间职业素养提升的自我调适方法。

练习与思考

1. 结合自己的特点，面对未来的职业你觉得提升的重点在哪里？提升的途径有哪些？

2. 分组进行讨论：

（1）你的目标职业要求你具备什么专业能力？

（2）你已经具备了哪些专业能力？

（3）你还欠缺哪些专业能力？你打算如何提升？

3. 确定目标职业的职业素养要求及养成计划，见表4-4。

表4-4　　　　　　　　目标职业的职业素养要求及养成计划表

项目	内容
目标职业	
职业素养及养成计划	

续表

项目	内容
职业知识及养成计划	
职业能力及养成计划	
心理素质及养成计划	

微课 4-4
撰写报告

4. 撰写《职业生涯人物访谈报告》

《职业生涯人物访谈报告》没有固定格式，主要写目标职业生涯人物的选取、目标职业生涯人物简介、访谈过程简介、访谈问题总结以及对目标职业的分析和自身职业发展的认识变化等。一份完整的报告应该包括以下内容：

（1）访谈目的，如了解某行业的成功人士，或者了解某行业等。

（2）访谈地点。

（3）访谈方式，如面对面访谈、互联网等。

（4）被访谈人物基本情况，姓名、性别、职称（或职务）、单位、联系方式等。

（5）访谈主要内容。

（6）访谈总结，突出访谈者访谈心得及自身对于职业认知方面的思考。

（7）落款，访谈者姓名、班级、访谈时间等。

5. 给自己的职业核心能力打分，你的日常生活学习中有哪些事情体现了这些能力，见表 4-5。

表 4-5　　　　　　　　　　职业核心能力测评表

核心能力名称	分数（1～10 分）	表现形式
自我管理能力		
持续学习能力		
沟通表达能力		
团队协作能力		
解决问题能力		
信息处理能力		
创业创新能力		
领导能力		

6. 在完成自我测评的基础上对自评结果进行分析与总结，撰写职业素养自评报告，自评报告应该包含以下几个方面的内容：

（1）论述自己的目标职业。目标职业是个人对未来职业的向往和追求。既包括对将来所从事的职业种类和职业方向的追求，也包括事业成就的追求。此部分主要对前面关于目标职业确定的相关工作进行梳理，描述清楚职业生涯定位的理由。

（2）测评个人职业素养。对应目标职业的要求，重点对其中较为重要的职业素养进行测评，选择相应的测评方式和方法，对评价的结果进行记录和说明。

（3）评价结果分析和总结。对评价结果进行综合分析，将结果记录在表 4-6 中。

表 4-6　　　　　　　　　　　　　　　职业素养评价结果表

姓名		专业		
目标职业				
类别	要素	目标职业要求	个人素养水平	匹配情况
职业道德	职业精神			
	职业态度			
	职业形象			
职业行为习惯	方法能力　解决问题能力			
	学习能力			
	创新能力			
	组织管理能力			
	社会能力　团队合作能力			
	人际交往能力			
职业技能				

7. 试想一想你平时感受到压力的情况。面对压力你是如何做的？请列举几个具体的情景和方法。

8. 你平常的情绪状态如何？你的心境是平静、愉快，还是常容易悲观或愤怒？你的情绪是容易冲动、还是较能理智控制？当遭遇到突然的打击，你会沉着冷静还是惊慌失措？情绪在你的生活中扮演什么样的角色？你的情绪容易受别人影响，还是会保有自己的觉察力和独主性？

9. 在现代社会中，个人职业素养的提升对于个人的职业发展至关重要，随着社会的发展和竞争的激烈，仅仅具备专业知识和技能已经远远不够，思考在未来职场中，我们还可以如何提升职业素养，有哪些好的方法和途径呢？

本章总结

本章通过了解职业素养的内涵、特征及构成要素，正确分析目标职业、岗位胜任能力，制订出职业素养提升计划，明确方向，将计划落到实处，以提升自我的能力为目标，为更好地从事未来职业奠定基础。

延伸阅读4：从"小白"到"技术通"，实现职场逆袭

延伸阅读4

第二篇

就 业 指 导

第5章 了 解 就 业 形 势

🌱 **导　言**

　　就业是最基本的民生，是经济发展的"晴雨表"、社会稳定的"压舱石"。习近平总书记高度重视就业工作特别是青年就业工作，强调"要在推动高质量发展中强化就业优先导向""强化就业优先政策，健全就业促进机制，促进高质量充分就业"。对即将毕业或正准备就业的大学生来说，只有准确掌握当前就业形势，才能在复杂的就业竞争中掌握主动，实现高质量就业。

📝 **学习目标**

　　知识目标：掌握基本的就业市场信息，熟悉常见的就业数据。

　　能力目标：能把握职业选择的原则和方向，较为清晰地认识个人发展、职业特性以及社会环境。

　　素质目标：正确认识当前就业形势，将个人就业目标与行业方向、社会发展、国家需要相结合，以积极态度面对就业挑战。

📚 **专题故事**

杨同学的选择

　　杨同学是某电力职业学院电气自动化专业的2015届毕业生，成绩非常优秀，英语成绩突出。即将毕业的她面临着就业的选择。

　　面对就业紧张的形势，父母要求她参加国家电网公司高校毕业生招聘统一笔试，以获得稳定点的工作。为此，还替她报了校外考前辅导班。但是，杨同学认为自己还年轻，需要的不是稳定的工作和一眼看得到的未来。因此，她决定放弃考国网或农网。而是选择听从内心对职业理想的召唤。

最后，杨同学选择了当地一家有名的英语培训机构去上班，通过当英语教师，进一步提升英语水平。现在的她当上了英语专业翻译员。

因此，大学生应结合自己的职业发展目标和个人特点选择适合自己的单位类型，无论选择哪种类型的单位都需要不断学习和提升自己的能力以适应不断变化的职场环境。

5.1　分析就业形势

任务分析

■ 任务描述

即将毕业的杨同学为了找到专业对口的工作单位，他需要了解当前的就业形势和本校历届学生的就业情况。为此，他需要通过查找公开数据，分析经济大背景下的就业趋势来了解当年就业的基本信息，进而合理选择就业领域或岗位。

■ 任务要领

1. 搜集就业关键数据。
2. 了解就业数据与行业、经济发展的关系。
3. 分析不同领域的就业竞争情况。

知 识 储 备

5.1.1　高职毕业生的就业前景

在当前和今后一个时期，我国处于全面建设社会主义现代化国家的关键时期，迫切需要大量的高素质技术技能人才，高职毕业生在人才队伍中占据了重要的作用。

（1）实现高质量发展急需一大批掌握精湛技能和高超技艺的高技能人才作支撑，随着产业转型升级和技术进步，具备高超技能、良好理论和技术知识素养、一专多能的高技能人才将成为高技能人才队伍的需求主体。

（2）当前和今后一个时期，我国就业形势依然十分严峻，劳动力供大于求的总量矛盾将长期存在，劳动者技能与岗位需求不匹配造成的就业结构性矛盾更加突出。

（3）人口和劳动力的规模与结构变化对就业形势产生深刻影响，对高技能人才队伍建设提出新要求。未来 10 年以至更长时间，我国人口老龄化程度提高，平均受教育年限延长，每年实际进入人力资源市场的新成长劳动力规模呈下降趋势。同时，随着工业化、城镇化的推进，农村人口将加快向发达地区和城镇转移。我国经济发展将更多依赖人口素质和劳动者技能的提高。

5.1.2　高职毕业生的就业优势

高职毕业生的就业优势主要体现在以下方面：

（1）高技能。高职毕业生受过专业技术教育，并取得相关职业资格证书，具有职业岗位理论和实践技能，是有一技之长的技能型人才，具有较高的实操水平，能满足企业对高素质技能人才的需求。

（2）低成本。用人单位用人成本不但包括给员工的薪酬待遇，还包括对员工培训所花费的成本。对于某些岗位来说，录用高职毕业生比录用本科生可以花费更少的用人成本而获得更好的用人效果。随着单位用人成本的意识增强，挑选人才也从看"学历"向看"实力"转变，为高职毕业生提供了更多的就业机会。

（3）大市场。我国是一个制造大国，为高职毕业生的就业提供了广阔的市场。特别是随着社会经济的发展和产业结构的调整，我国对高素质技术技能人才的需求迅速增加。高素质技术技能人才严重短缺已成为企业发展的"瓶颈"，这种人才需求在今后一段时间内仍将持续。

⚙ 任 务 实 施

5.1.3　了解本省就业形势

搜索查看本省上一年度毕业生就业数据，从宏观层面了解毕业生所在省份的大学生就业情况。以湖南省为例，每年 9 月湖南省教育厅会统计并发布全省高校毕业生初次就业数据。以下为 2024 年的数据。

（1）总体就业情况。

2024 年，湖南省普通高校共有毕业生 509128 人，已落实毕业去向 448075 人，毕业去向落实率为 88.01%。其中，本科毕业生（含第二学士学位毕业生，下同）216556 人，已落实毕业去向 185835 人，毕业去向落实率为 85.81%；高职专科毕业生 259534 人，已落实毕业去向 231822 人，毕业去向落实率为 89.32%；毕业研究生 33038 人，已落实毕业去向 30418 人，毕业去向落实率为 92.07%。

（2）按学科专业大类划分就业情况。

2024 年，在本科毕业生中，毕业去向落实率排前三名的学科有：历史学（毕业去向落实率为 89.48%），理学（毕业去向落实率为 88.94%），农学（毕业去向落实率为 88.85%）。

2024 年，在高职专科毕业生中，毕业去向落实率排前三名的专业大类有：轻工纺织大类（毕业去向落实率为 95.24%），能源动力与材料大类（毕业去向落实率为 91.83%），交通运输大类（毕业去向落实率为 91.52%）。

2024 年，在毕业研究生中，毕业去向落实率排前三名的学科有：经济学（毕业去向落实率为 95.39%），历史学（毕业去向落实率为 94.32%），工学（毕业去向落实率为 93.53%）。

（3）按毕业去向划分就业情况。

2024 年，共有 378416 人单位就业（包括签订就业协议、签订劳动合同、其他录用形式、科研助理、管理助理、博士后入站、应征义务兵、国家基层项目、地方基层项目等形式就业，下同），占毕业生总人数的 74.33%；共有 2273 人自主创业，占毕业生总人数的 0.45%；共有 6908 人自由职业，占毕业生总人数的 1.36%；共有 60478 人升学〔包括专升本、第二学士学位、考取研究生、出国（境）深造等，下同〕，占毕业生总人数的 11.88%；

共有 57883 人待就业（有就业意愿未就业），占毕业生总人数的 11.37%；共有 3170 人暂不就业（无就业意愿），占毕业生总人数的 0.62%。

2024 年，高职专科毕业生中共有 205766 人单位就业，占高职专科毕业生总人数的 79.28%；共有 1262 人自主创业，占高职专科毕业生总人数的 0.49%；共有 1863 人自由职业，占高职专科毕业生总人数的 0.72%；共有 22931 人升学，占高职专科毕业生总人数的 8.84%；共有 26674 人待就业（有就业意愿未就业），占高职专科毕业生总人数的 10.28%；共有 1038 人暂不就业（无就业意愿），占高职专科毕业生总人数的 0.40%。

其他省的学生也可以通过相关教育部门发布的年度数据，了解本省高校毕业生的就业情况。

5.1.4　了解本校就业形势

毕业生要适时了解所在学校的就业形势，通过参考历年的就业数据，来分析目前的就业形势，做出自己的判断。同时，毕业生也要了解本专业历年的就业情况和毕业生的去向情况，为就业和择业做好数据分析。

5.2　熟悉就业政策

任务分析

任务描述

杨同学为了找到专业对口的理想工作单位，仅了解一些经济宏观数据还远远不够，他还需要详细了解当年就业支持政策、同城市的人才优待条件，以便寻找有利的就业政策，作出更加合理的就业选择。

任务要领

1. 获取政府层面的就业政策，搜集公务员、事业单位招考中的关键信息。
2. 获取城市人才引进政策。

知识储备

5.2.1　灵活就业人员

灵活就业人员主要是指以非全日制临时性和弹性工作等灵活形式就业的人员。常见的灵活就业人员，包括自由劳动者、家庭帮工以及钟点工等。灵活就业人员最大的特点就是其灵活性，时间安排较为自由。

灵活就业形式类型包括以下几类：

（1）自由劳动者：由于个人原因终止劳动合同的失业人员、辞职人员以及自谋职业的人员，以个人的身份从事职业活动的，被称作是自由职业者。

（2）家庭帮工：家庭原因雇佣员工帮助从事家庭日常工作。例如保姆、家政员、家庭钟点工等。

（3）其他灵活就业人员：常见的灵活就业人员包括非全时工、劳务承包工、家庭小时工以及劳务派遣工等。

5.2.2　新职业

随着社会经济发展、科学技术进步以及产业结构调整，特别是党的十八大以来，我国各类经济新业态强势崛起，一批工作内容新颖、工作模式多样的新职业相继涌现，极大丰富了职业人才内涵。民宿管家、易货师、带货主播、电子竞技员、人工智能训练师……，为新时代新青年提供了更丰富的职业选择，也折射出我国经济社会发展的生机与活力。

微课 5-1
新职业

何谓新职业？广义来说，一切伴随新技术、新业态出现而诞生的新型职业均可被视为新职业。狭义来看，人力资源社会保障部曾明确定义，新职业是指国家职业分类大典尚未收录的，但在社会经济发展过程中已有一定规模从业人员，且具有相对独立成熟的专业和技能要求的职业。就业是最基本的民生。党的二十大报告提出，要强化就业优先政策，健全就业促进机制，促进高质量充分就业。据教育部预计，2025 年全国高校毕业生规模预计达到 1222 万人，同比增加 43 万人，就业总量压力依然存在。在这样的背景下，新职业因其市场需求兴旺、供给相对不足的特征，成为众多高校毕业生的就业新选择。

任务实施

5.2.3　从政府工作报告中捕捉国家层面的就业支持政策

通过登录中国政府网（www.gov.cn），搜索"2025 政府工作报告"，得到图 5-1 所示内容。

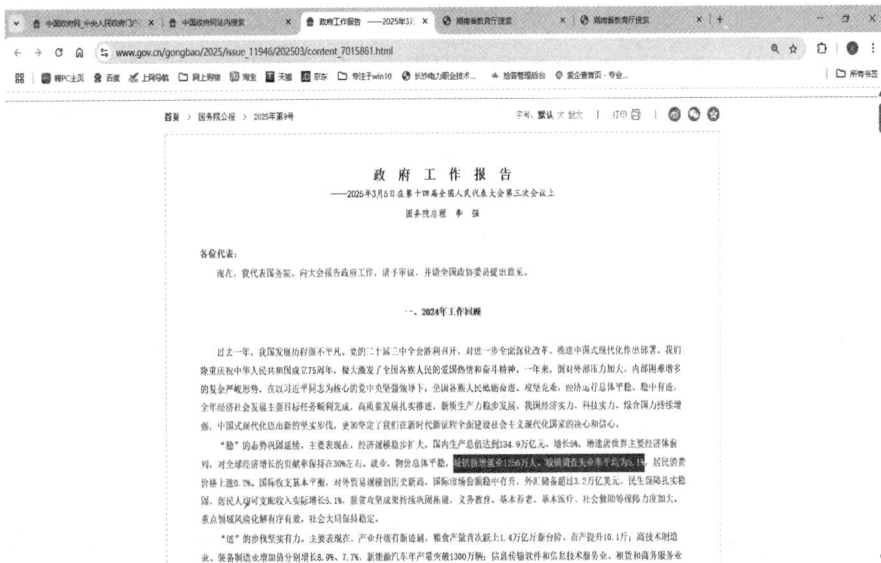

图 5-1　2025 年政府工作报告

2025 年政府工作报告中指出，城镇新增就业 1256 万人、城镇调查失业率平均为 5.1%。这是关于 2024 年全国就业形势的总概括，包含了新增就业人数和调查失业率两项宏观数据。

5.2.4　搜集公务员、事业单位招考中的关键信息

微课 5-2
收集关键
信息

公务员招考信息中，国考、省考以及选调生考试面向符合条件的应届毕业生岗位较多，有些岗位仅限应届毕业生。以国考为例，2025 年全国共计划招录 39721 人，设置 20810 个职位，其中国考湖南地区招录 1519 人。此外，国家统一招生的普通高校毕业生离校时和在择业期内（国家规定择业期为二年）未落实工作单位，其户口、档案、组织关系仍保留在原毕业学校，或者保留在各级毕业生就业主管部门（毕业生就业指导服务中心）、各级人才交流服务机构和各级公共就业服务机构的毕业生，可按应届高校毕业生对待。

在各省、市的人力资源和社会保障局每年都会发布事业单位招考报名信息，毕业生们需要自行去关注。例如长沙人力资源和社会保障局（http://rsj.changsha.gov.cn/）发布了 2025 年湖南省 2025 年考试录用公务员公告。

5.2.5　城市人才引进政策

许多城市为了长远发展，希望留住和引进人才，出台应届生可直接落户的政策。以上海为例，博士应届生和双一流大学硕士应届生，符合基本申报条件可直接落户。对于未来想要在一二线城市落户的同学来说，如果能够以应届生身份落户，自然是最佳选择。很多市政府、区政府会对前来就业的应届生有各种补贴政策，比如就业补贴、租房补贴、生活补贴等。应届生们可以打电话到当地的人力资源局进行相关咨询。

湖南省人力资源和社会保障厅于 2024 年 5 月关于印发《做好事业单位公开招聘高校毕业生工作的若干措施》的通知，促进高校毕业生高质量充分就业，明确招聘要向高校毕业生倾斜。全省各级各类事业单位出现的空缺岗位，除有专业技术职称、职业资格或工作经历等资格条件要求外，应主要用于招聘高校毕业生。在发布招聘计划时，明确"高校毕业生"为近 3 年内毕业、招聘过程中未落实编制内工作的毕业生（即毕业证书落款年度 3 年内，含毕业当年度），不对其是否有工作经历、缴纳社保作限制。同时，放宽基层招聘条件；乡镇事业单位招聘高校毕业生，可结合本地实际需要，经县级事业单位人事综合管理部门核准，报市级事业单位人事综合管理部门备案后，参照执行艰苦边远地区县乡事业单位公开招聘工作的相关规定，实行"三放宽一允许"（放宽年龄、学历、专业，允许限制户籍）等政策。于 2025 年 3 月发布了《2024—2025 年度长株潭地区重点产业人才需求目录》，以此落实长株潭一体化发展战略，助力人口高质量发展，提升人力资源开发利用水平。这些毕业生就业和用人政策，需要毕业生即时了解和关注。

🎓 练习与思考

1. 查找所学专业历年毕业生的去向情况，判断今年的就业形势，并评估自己适合应聘的单位或岗位。

2. 通过查找公开信息或电话咨询方式，了解想要就业城市的人才引进政策。

3. 如果你想参加"专升本"考试，请搜索你所在专业对口的本科院校有哪些？这些本科院校往年面向你所在学校招收的学生人数？

4. 请思考，如果经济形势较差，你会做哪些就业准备以应对更加激烈的就业竞争？

本章总结

　　掌握宏观就业形势，是迈出就业行动的第一步，只有将个人特点与社会需求相结合，才能有机会实现更高质量就业，本章通过介绍政府层面、行业层面、学院层面的政策和就业数据等，让毕业生掌握基本的了解就业数据的技能，也通过具体实例，引导毕业生掌握搜索此类数据的方法，并将相关数据与自身特点和优势进行比对，更好地做好就业准备和就业选择。

📖　**延伸阅读 5：什么是"先就业再择业"？**

延伸阅读 5

第6章　收集与处理就业信息

导　言

　　随着就业竞争日益激烈，大学生就业成为社会关注的热点问题。如何在海量就业信息中收集有用信息？怎样使自己处于优势地位？如何挑选与自己能力相匹配的岗位？怎样处理各类信息？如何能在强手之中脱颖而出？在人生的路途上，大学毕业就业就是一个转折点。一条有效的就业信息，就是一个就业的机遇。理性认知自我，摆正心态，成功鉴别各类信息，对于顺利就业至关重要。

学习目标

　　知识目标：掌握就业信息收集的渠道，了解应聘单位需要和应聘岗位需求。
　　能力目标：有效收集就业信息，提升就业应聘能力与水平。
　　素质目标：树立正确的价值观、择业观、就业观。

专题故事

如何通过收集与处理就业信息找到适合自己的工作

　　李同学，电力系统自动化专业 2019 届毕业生，正在寻找合适的工作。李同学具有敏锐的观察力和信息收集能力，他意识到在如此激烈的就业市场竞争中，收集与处理就业信息是非常关键的。为了获得更多的就业机会，李同学决定要积极主动地收集和处理就业信息。

　　1. 收集就业信息

　　李同学从各种渠道收集就业信息。他关注各大招聘网站，如国家大学生就业服务平台、学院就业网、智联招聘、湖南省人才网等，同时，他也参加各种招聘会、人才交流活动。此外，他还通过家人、老师、学长学姐等社会关系收集相关信息。李同学利用自己的业余时间编制了一个详尽的就业信息收集计划，确保自己不会错过任何一个重要的机会。

　　2. 处理就业信息

　　李同学在收集到大量信息后，运用自己的分析能力对信息进行处理。李同学依据自身的专业背景、技能和兴趣，筛选出符合自己的职位和行业。他还对各个企业和职位进行深入研究，了解企业文化、工作环境和职业发展前景。通过处理和筛选，李同学最终确定了深圳能源集团股份有限公司、中国广核集团有限公司、广州环保投资集团有限公司、湖南华菱湘潭钢铁有限公司等几家心仪的单位。

3. 制定求职计划

在确定目标职位和单位后，李同学开始制定求职计划。他根据每个职位要求，量身定制了简历和求职信。他还根据每个单位的特点，准备了针对性的面试材料和问题答案。在面试前，他还进行了模拟面试训练，完善自己的面试技巧。

4. 故事结局

李同学通过有效地收集和处理就业信息，成功拿到深圳能源集团股份有限公司的录用通知。

6.1　遴选应聘单位

任务分析

任务描述

杨同学为了找到专业对口的理想工作单位，对经济宏观数据、就业支持政策、人才优待条件等做了详细的分析和了解，但面对海量的招聘信息，如何找到自己心仪的岗位？这需要他合理地评估个人能力，详细了解应聘单位情况，从众多就业单位中筛选自己满意的单位。

任务要领

1. 就业信息特点。
2. 就业信息内容。
3. 就业信息收集原则。
4. 就业信息收集途径。
5. 遴选应聘单位要点。

知识储备

就业信息是指用人单位发布的、择业者未知的、经过加工处理后对择业者具有一定价值的客观存在的就业资料和信息。大专院校毕业生能否成功实现就业，不仅取决于个人的学业成绩、能力水平、综合素质及社会对人才的需求等因素，同时也与毕业生能否及时有效地获取就业信息密切相关。

6.1.1　就业信息的特点

就业信息一般具有以下特点。

（1）真实性。由于信息的来源渠道不同，传递方式不一，特别是网络已经深入到毕业

微课 6-1
就业信息
的特点

生获取就业信息的各个环节，难免造成信息的良莠不齐，真实程度不同，虚假信息不可避免地存在着。

（2）时效性。就业信息的效用具有一定的期限，过了期限效用就会降低，甚至消失。在大专院校毕业生就业市场上，每年总有两三个月是就业信息相对集中的时期，这段时间找工作也最有效。毕业生如果能把握好这段时间，主动出击，就能抓住机遇，实现理想。

（3）共享性。就业信息一经公开发布，就为人所共享。某一就业信息共享的人越多，反应者越多，竞争就越激烈。

（4）针对性。就业信息本身必须能够说明它所适用的对象，以及该对象所具备的具体条件。

（5）传递性。就业信息总处于流动和传递状态之中，它通过各种媒介和途径广泛传播，到达每个接收者的时间和方式并不相同。现代通信技术的飞速发展，信息传递的速度越快，信息的传播渠道也越来越多样化。

因此，毕业生在收集各种各样的就业信息时，要善于及时对信息进行分析、判别和处理。依据自己的就业定位，选择相对较佳的信息，果断出击，以提高自己求职择业的效率和准确度。

6.1.2　就业信息的内容

就业信息的内容十分广泛，作为大学毕业生至少要了解以下 3 个方面的信息。

1. 就业有关政策

对于毕业生，需了解我国现阶段的就业相关政策，通过了解和遵循政策，利用政策提供优惠条件，就能使个人受益匪浅；反之，如果对国家政策不明，或与之抵触，或违反政策，都将有害于组织及个人根本利益。因此，必须收集和研究国家的就业方针与政策。

2. 就业法律法规

国家通过法律法规来管理、调节、规范组织活动和个人活动，排除组织之间的纠纷，制裁违法行为。法律法规既赋予组织和个人进行各项活动的权利，又赋予了组织和个人同一切侵犯自己合法权益做斗争的有效手段。如果依法办事，不仅可以取得合法效益，而且可以捍卫自己的正当权利，减少不必要的损失。

（1）了解国家就业方针、原则和政策。例如从学校就业指导中心和教育相关部门的官方网站，及时了解国务院、教育部等部门颁布的有关高等学校毕业生就业方面的方针、政策，从这类文件中不仅可以了解当年的就业政策，更重要的是了解当前的就业形势和对策。拓展资源 6 为教育部高校学生司颁布的《普通高校毕业生就业服务公告》，拓展资源 7 为教育部高校学生司颁布的《普通高校毕业生基层就业政策公告》都是政策性文件，大学生务必学习和掌握其中的内容。

（2）了解相关的就业法律法规。例如《中华人民共和国劳动法》《劳动合同法》《反不正当竞争法》《国家公务员暂行条例》等。在了解过程中，要关注这些政策的变化。

（3）地方的用人政策。各地区、各单位根据国家的有关规定，结合本地区的情况，对

微课 6-2
就业信息
的内容

拓展资源
6/7

毕业生的引进、安排、使用、晋升等制定了一系列更为具体的规定，不少地区为了吸引人才还制订了许多优惠政策，毕业生可以有选择地了解部分地区的用人政策。

（4）学校的有关规定。为了保证毕业生就业的顺利进行，学校一般会根据国家的政策要求制定若干补充规定，这也是毕业生应该了解和遵守的。

3. 供求信息

供方信息，即生源情况，主要指当年各高校的应届毕业生人数、专业分布情况、地区分布状况、专业设置、教学特色等。各高校均会把自己学校的生源信息向社会公开。对需求单位来讲，了解生源情况，有助于确定招聘方案。对广大毕业生来讲，了解生源情况，能够帮助他们了解和预测当年的就业状况，调整好就业心态。

6.1.3 就业信息收集原则

毕业生在收集信息时，既要做到高质高效、准确无误，又要符合自己的实际情况，因而要求毕业生在收集就业信息时应遵循一定的原则，明确择业方向，不能无的放矢，要切合自身实际，尽可能地与自己专业、自身特点相符合，否则就会适得其反，事倍功半。信息搜集一般要满足以下原则：

（1）真实性、准确性原则。就业信息是否准确，是择业人员做出决断的关键因素。信息不准，会给择业工作带来决策上的失误。

（2）针对性、适用性原则。首先要明确收集信息的目的，有了明确的目的，信息收集才有方向，才有针对性；其次就业信息纷繁复杂、形形色色，并不是每一条信息都适合自己的，因而要求毕业生准确认识自身的专业、特长、能力、性格、气质等方面的因素，明确自己所需就业信息的范围，有的放矢，增强就业信息的适用性。

（3）系统性、连续性原则。将各种相关的、零碎的信息积累起来，加工、筛选，形成一个能客观地、系统地反映当前就业市场、就业政策、就业动向的就业信息链，形成就业信息收集的系统性、连续性，为自己的信息分析和择业提供更可靠的依据。

（4）计划性、条理性原则。收集信息的有计划性是指根据事先拟定的计划收集不同类型的企业、事业或公司的就业信息，应根据自己的意愿有重点地收集，避免大海捞针，还要根据用人单位的要求，提前做出相应的准备。

6.1.4 就业信息收集途径

1. 通过国家、地方就业指导部门获得信息

国家大学生就业服务平台（https://www.ncss.cn/）是由教育部主管、教育部学生服务与素质发展中心运营的服务于高校毕业生及用人单位的公共就业服务平台，主页如图 6-1 所示。平台于 2022 年 3 月上线，为毕业生和用人单位提供 24 小时 365 天的"互联网＋就业"服务。

微课 6-3
就业信息
收集途径

2. 学校就业指导部门

学校就业指导部门，是学校学生毕业与就业工作的行政管理部门，包括学校就业指导中心和各院、系负责学生工作的有关部门。学校的就业指导部门专门从事毕业生就业工作，

图 6-1　国家大学生就业服务平台主页

与用人单位建立了长期友好的合作关系，在长期的工作交往中，与各部委和省市的毕业生就业主管部门及用人单位有着广泛而密切的联系，是用人单位向学校寄送需求情况的信息集中地。学校毕业生就业指导部门是获取用人单位信息的主渠道，他们提供的信息数量大，针对性、准确性、可靠性都较强。毕业生也可以通过本校的招生就业网了解就业信息。

3. 毕业生供需见面会和人才招聘会

毕业生供需见面会和人才招聘会是由高校或当地毕业生就业主管部门组织的，让毕业生与用人单位直接见面、洽谈的一种择业活动方式。毕业生将直接面对招聘单位，通过彼此的交流可以获得更为丰富和全面的信息，而且可以当场拍板、签订协议，比较简捷有效，可以大大地提高毕业生应聘的成功率，用人单位也可以挑选到自己满意的毕业生，因而受到毕业生和用人单位双方的欢迎。

4. 互联网

随着网络信息时代的到来，互联网的应用已经越来越普遍。通过网络求职是近年来大学毕业生中比较流行的方式，也是一种新兴的信息收集途径。

如今，网络几乎在人们的工作和生活中无孔不入，网上求职已成为大学毕业生最重要的求职手段之一。网络是一个取之不竭的信息宝库，弹指之间，信息尽收眼底，可谓轻松、时尚、高效。但是，网络中的就业信息，一定要先从不同方面进行核实，以防不实信息使自己上当受骗。要通过网络求职取得成功，关键是一要明确自己的择业目标；二要选择可靠的网站；三要正确、及时地处理信息。湖南人才网（https://www.hnrcsc.com/）是为湖南本地人才提供就业信息的服务平台，大学生可以充分运用其中的信息来寻找理想的就业单位，主页见图 6-2。

5. 社会关系

通过自己的社会关系网络获得信息，也是一个重要的渠道。当毕业生在寻找就业信息

图 6-2　湖南人才网

的时候千万不要忘记周围的亲戚、老师、朋友以及朋友的朋友，也许他们会给你提供一些机会。大学生因为长期生活在校园环境中，接触面较窄，人际关系不广，就业信息的来源渠道也就比较有限。因此，毕业生要善于利用各种社会关系，拓宽信息的来源，让更多的人帮助自己收集就业信息。

6. 社会实践过程和毕业实习机会

社会实践是大学生自我开发职业信息的重要途径。大学生在各种社会实践活动中，在了解社会、提高思想觉悟、培养社会能力的同时，也要做一个收集就业信息的有心人。比如，在社会考察活动中，应有意识地注意一些关于行业发展趋势、人才需求状况、具体的单位信息、岗位用人的要求与应聘途径等与大学生就业有关的问题；在社会服务活动中，应注意观察、思考，努力去发现自己原来没有想到的、潜在的职业或岗位，一旦有所发现，应及时追踪求索，方能捷足先登；在勤工助学等直接在用人单位进行的社会实践中，更应多看、多问，要"淡化"自己的学生身份、"打工"角色，以主人翁的姿态了解和关心该单位的事业发展，了解和关心自身和周围岗位上在职人员的工作状况，尤其在与自己的职业意向相合的单位或岗位实践时，要充分展现自己的才华和能力。

任务实施

6.1.5　收集就业信息

通过国家、地方就业指导部门获得信息，如国家大学生就业服务平台、湖南人才网、长株潭人才网、长沙人才网、前程无忧、湖南高校人才网等，收集意向单位信息。

以国家大学生就业服务平台为例。

步骤 1：打开网址（http://ncss.cn/），主界面如图 6-3 所示。

图 6-3　国家大学生就业服务平台

步骤 2：按照行业进行筛选，如电气 / 电力 / 水利行业，界面如图 6-4 所示。

图 6-4　按照行业筛选就业单位

步骤 3：了解有意向的单位信息，界面如图 6-5 所示。

图 6-5　通过国家大学生就业服务平台查询企业简介

以智联招聘平台为例。

步骤 1：打开网址（http://www.zhaopin.com），选择意向区域，主页如图 6-6 所示。

图 6-6　长株潭地区智联招聘主页

步骤 2：按照行业进行筛选，如互联网 IT，界面如图 6-7 和图 6-8 所示。

图 6-7　按照行业大分类进行筛选

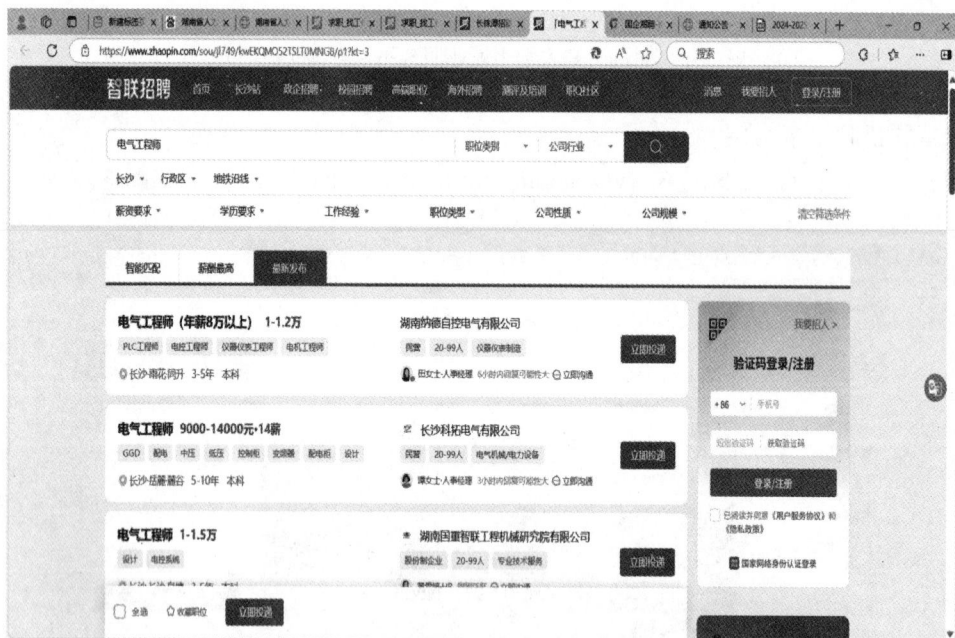

图 6-8　按照行业分类筛选电气相关岗位单位

6.1.6　确定应聘单位

从筛选后的就业信息中，重点选择 3～5 个信息，进行有针对性的比较分析。通过自身条件与任职条件的对比，同类企业之间工作环境、企业文化、发展现状和发展前景的对比，选择合适自身发展的就业目标单位。

6.2　了 解 岗 位 需 求

任 务 分 析

■ **任务描述**

杨同学为了找到专业对口的理想工作单位，也有了一些目标单位，下一步他应该根据单位设置的岗位，了解各岗位职责，了解自己与各岗位的匹配度，进而确定好自己去应聘的岗位，调整心态，积极去求职应聘。

■ **任务要领**

1. 就业心理。

2. 岗位类型。

3. 岗位职责。

4. 选岗要点。

知 识 储 备

6.2.1　就业心理准备

所谓就业心理准备就是要正确认识自己，正确认识社会，树立正确的就业观，克服各种心理障碍，提高就业心理能力，积极参与社会竞争，正确对待求职中的各种情况。

微课 6-4
就业心理
准备

1. 树立自信心

大学毕业生在择业求职时必须树立自信心，要在正确估量自己的情况下，鼓起勇气去迎接挑战、参与竞争，相信自己具备求得合适职业的能力。如果没有足够的自信心，怀疑自己，认为自己技不如人，畏畏缩缩，不敢大胆推销自己，甚至在用人者面前面红耳赤、语无伦次，首先就给人留下一种缺乏自信的印象，焉能求得好职位？

2. 客观冷静地认识社会和评价自己

在求职就业前首先应认清当前的就业形势，要对所处的时代特点、社会环境有比较全面的认识，了解职业对择业者的要求等。同时还要正确地认识和评价自我，从而正确定位，科学地进行人职匹配，并为选择理想的职业做好知识、能力和心理准备。

3. 树立正确的就业观，把握就业机遇

（1）树立符合社会需要的就业观念。随着我国产业结构调整和经济增长方式的转变，社会上需要大量各种各样的高素质人才。正是各个领域数以千万计的职业活动在推动着社会的进步。用人单位招聘的工作岗位都是当前社会各领域事业发展所需要的。每个大学生要就业，就必须把自己放在某一招聘单位的某一工作岗位上，拿自己这块"料"去适应用人单位的需要，去为用人单位创造新的价值。择业是双向选择，用人单位要选择能推动本单位发展的劳动者，毕业生要选择能施展个人才干并获得经济收入的场所，乃各取所需。

（2）树立适合发挥个人专长的就业观念。对大学生而言，首先要根据本人所学专业，尽可能寻找本行业或相近行业的招聘岗位，做到专业对口或接近对口，这样有利于就业后在工作岗位上充分发挥专业技能，既胜任工作又心情愉快、大显身手、建功立业。其次考虑自己哪些能力是强项，可以依据能力来选择适宜的职业岗位。如果爱钻研技术、设计能力强，可以到设计院或科研单位谋职；如果有较好的组织管理能力，可以报考国家公务员或到一些单位的管理部门谋职；如果语言文字表达能力好，可以谋求一些业务行政工作等，这样既满足了工作岗位的需要，又能发挥自己专业以外的潜能，使个人的综合素质得到比较充分的利用，实现自我价值并为社会多作贡献。再者，适当考虑本人性格特点，发挥性格的有利因素。

（3）树立合理定位、实事求是的求职观念。择业前的定位是指毕业生结合自己的知识结构、能力特征、自己择业的方向和社会的人才需求等因素，确定自己的择业目标。合理定位就是正确认识社会，正确认识自我，摆正自己在社会中的位置，找到走向社会、深入社会的出发点，充分了解社会需要，深层次地完整了解自己的思想品质、价值目标、适应能力、知识结构和个性特征，深刻认识自我与社会的关系，找到自我与社会的最佳结合点。大学生在择业时，应该对工作岗位作出全面、客观的评价，根据不同工作岗位提出的要求，把自身所具备的就业素质与工作岗位的要求进行认真的对比、分析，进而选择符合自己理想的、能充分施展自己才能的工作岗位。如果不实事求是，不顾自身素质和条件，又不考虑社会的需要，就会人为地增加择业难度和择业成本。

（4）树立动态、弹性的就业观念。我们生存在一个充满竞争的社会里，有的人因为能力、机遇或利用社会关系找到适合自身智力发展的称心工作。但在现实社会中，有更多的人却无法选择自己的职业，而是被动地接受职业的选择。改变自己是一种明智的态度，否则大学生便会陷入怀才不遇的苦恼中而不能自拔。所谓动态、弹性指的是大学生求职择业态的变通性。明智的职业选择应当是一个在发展变化中不断完善、不断补充、随时调整的动态目标系统。在我国大学生就业形势日益严峻的情况下，大学生的自我期待与社会需求之间的冲突是客观存在的，但这种冲突不一定对每个大学生来说都是障碍，有的人在冲突发生时，能立即作出调整，使自己达到均衡。如果求职者缺少变通性，不能及时调整自己，则会抑制自己，进而造成进退两难的境地。因此，提高大学生择业的弹性，增强大学生自我调节能力，及时、主动地调整自己的职业目标，去适应社会生活的现实需要，只有这样才能找到适合自己事业发展的位置，提高成功率。

（5）树立不怕艰苦、勇于创业的观念。在择业过程中，由于各种原因，总有部分毕业生难以找到合适的工作，这就需要走上自愿组织就业与自主创业的道路。可以加入个体工商户和农村专业户、科技示范户的行列，利用所学专业技术开创一番事业；可以独立或与他人联合起来从事建筑业、修理业、饮食业、交通运输业、娱乐业等行业；可以在本地创业，也可以到他乡创业。自主创业与选择现有的企事业单位就业不同，需要面对更多的困难，这对大学生的素质和能力是极大的挑战。因此，大学生要做好充分的思想准备，培养自强自立、开拓进取的精神，树立不怕艰苦、勇于创业的观念，与其"等""靠""要"，不如起而行。只要放下思想包袱，发挥自身优势，艰苦奋斗，就一定能走上成功之路。

（6）树立面向基层的就业观念。作为当代大学毕业生应当清醒地认识到：到基层去，到中、小企业中去，到人才匮乏的地方去，才会受到尊重和重用，获得发挥聪明才智的机会和条件，找到发展的舞台和空间，使你的人生价值得以实现，人生大放光彩。

6.2.2 岗位类型

常见的岗位类型主要有以下几类：

（1）行政类岗位，包括秘书、行政助理、文员、前台接待员等。

（2）财务类岗位，包括会计、财务分析师、税务专员等。

（3）销售类岗位，包括销售代表、客户经理、业务拓展经理等。

（4）技术类岗位，包括软件工程师、网络工程师、数据库管理员等。

（5）设计类岗位，包括平面设计师、UI 设计师、产品设计师等。

（6）市场营销类岗位，包括市场营销专员、市场策划师、品牌经理等。

（7）人力资源类岗位，包括人力资源专员、招聘经理、薪酬福利经理等。

（8）运营类岗位，包括运营专员、物流经理、生产主管等。

电力相关企业的岗位类型主要有以下几种：

（1）发电岗位，包括火电、水电、核电等各种类型的发电岗位，从事发电过程中的操作、监测、维修等工作。

（2）输配电岗位，从事电力输配系统的建设、操作、维护和管理等工作，如输电员、配电员等。

（3）电力销售岗位，负责电力销售业务的拓展和管理，比如市场营销、客户服务等。

（4）电力咨询岗位，为客户提供电力项目咨询、规划、评估等服务，如电力工程师、咨询顾问等。

（5）电力研发岗位，开发新能源技术，优化电力系统，如电力工程师、研发专员等。以上只是电力行业的一部分研发岗位，具体还需要依据公司规模和业务情况而定。

（6）电力监管岗位，对电力行业进行监管的机构，如国家能源局等。

（7）能源保障与应急岗位，负责电力保障和应急处理，如电力应急处置员、能源保障员等。

（8）智能电网岗位，负责智能电网的建设和维护，如智能电网技术工程师、电网技术运营人员等。

6.2.3 岗位职责

岗位职责指一个岗位所需要去完成的工作内容以及应当承担的责任范围，岗位职责是一个具象化的工作描述，可将其归类于不同职位类型范畴。岗位是组织为完成某项任务而确立的，由工种、职务、职称和等级等性质所组成，必须归属于一个人。职责是职务与责任的统一，由授权范围和相应的责任两部分组成。

1. 确定职责

（1）根据工作任务的需要确立工作岗位名称及其数量；

（2）根据岗位工种确定岗位职务范围；

（3）根据工种性质确定岗位使用的设备、工具、工作质量和效率；

（4）明确岗位环境和确定岗位任职资格；

（5）确定各个岗位之间的相互关系；

（6）根据岗位的性质明确实现岗位目标的责任。

2. 作用意义

（1）可以最大限度地实现劳动用工的科学配置；

（2）有效地防止因职务重叠而发生的工作纠纷现象；

（3）提高内部竞争活力，更好地发现和使用人才；

（4）组织考核的依据；

（5）提高工作效率和工作质量；

（6）规范操作行为；

（7）减少违章行为和违章事故的发生。

6.2.4　选岗要点

微课 6-5
选岗要点

作为一名应届毕业生，面对纷繁的岗位信息，如何快速挑选出最适合自己的岗位？面对多个相似岗位，如何区分其中的差别？以下甄选方法可能会帮助你走出选择困境：

1. 确定未来长期生活工作的大致区域

在确定选哪个单位、岗位之前，第一步就是想清楚自己要去哪里工作，这是一个非常关键的问题。有些大型企业是要服从分配、有些岗位是需要出差的，如果不能接受去外省或出差的工作，则需要根据未来自身的规划慎重考虑自己的求职。

2. 选择符合期望值的岗位

每个人对岗位的期望不尽相同，有的人愿意选择工作压力较小的岗位，有的人偏爱具有挑战性的岗位，有的人希望工作班时固定，有的人则希望工作单位离家比较近……，所以在选择时，建议根据自己的意愿、重要程度，排序出 1～3 个对工作的期望项（建议不超过 3 个），然后分别比照岗位信息，进行层层筛选。首先剔除不符合所有期望项的岗位，然后挑选出不符合其中一项的岗位，这些岗位可以待定，最后剩下的即为目标岗位。如果最后没有剩下的岗位，那么可从待定岗位中再进行比较、挑选。

3. 选择有发展空间的岗位

在应聘岗位时，无法肯定该岗位是不是有发展空间，但可以在仅有的岗位信息、企业信息的基础上，分析和判断出发展空间相对大的岗位。技巧基本如下：一是企业所在的行业属于新兴行业，发展前景好；二是企业本身处在发展上升期；三是应聘岗位在企业的发展通道明确；四是岗位本身可以发挥自身特长，学到很多知识，积累的经验最终能形成自身核心竞争力。

4. 选择能发挥自身优势的岗位

扬长避短是毕业生在岗位筛选时的一个重要法宝。选择可以发挥自身优势的岗位，对求职者今后的成长是有很大帮助的，所以要在充分认识自我的基础上，找到自身的核心竞争力，或是有可能发挥潜力的地方，有的放矢地选择岗位。比如，王同学是电力系统自动化技术专业的应届毕业生，他很喜欢自己的专业，成绩也不错，同时希望进入职场后能进一步提高自己的专业水平。在面对调度和行政岗位选择时，他发现两者的起薪待遇差不多，调度岗位虽然辛苦些，但更能使自己发挥专长。王同学最后根据自身情况，选择了调度岗位。王同学之后的职业发展非常顺利，这就是一个在充分认知自我的基础上，选择能发挥自身优势岗位的很好案例。

⚙ **任务实施**

6.2.5　了解基本招聘信息

以学院就业信息网为例，通过校内招聘——就业信息网（http://jyxx.cseptc.net），了解近期学院发布的各项招聘信息。

步骤 1：查询各类用人单位招聘信息，如图 6-9 所示。

图 6-9　各类用人单位招聘信息

步骤 2：挑选心仪的用人单位，详细了解该单位招聘简章。

以深圳能源集团股份有限公司 2024 届校园秋季招聘简章为例，现场招聘（2024001）深圳能源集团股份有限公司，对该单位各项信息进行详细了解，如图 6-10 所示。

步骤 3：了解深圳能源集团招聘对象和招聘要求、招聘岗位等信息。

深圳能源集团股份有限公司成立于 1991 年 6 月。1993 年 9 月公司股票在深圳证券交易所上市。2007 年公司通过定向增发股票收购集团公司股份和资产的方式实现整体上市，开创了国内电力公司整体上市的先河。深圳能源 A 股入选 MSCI 指数体系，纳入富时罗素全球指数。

公司自成立以来，紧紧把握时代脉搏，科学选定战略方向，坚持"安全至上、成本领先、效益为本、环境友好"的经营理念，发展布局，建立适应未来需求的多元化能源体系，努力打造"责任能源、实力能源、环保能源、和谐能源"。公司扎根深圳，立足广东地区，布

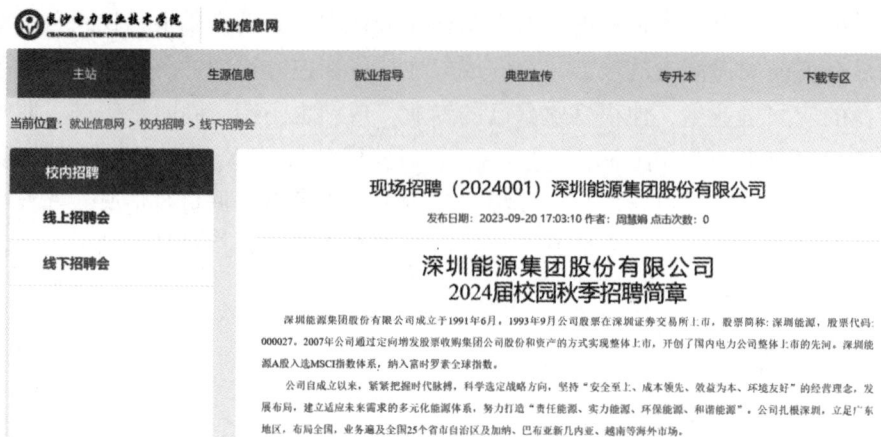

图 6-10 深圳能源集团招聘简章

局全国，业务遍及全国 25 个省市区及加纳、巴布亚新几内亚、越南等海外市场。

截至 2023 年 6 月，公司总资产 1536.0 亿元（2023 年半年度报告数），控股装机容量达 1800.5 万千瓦，垃圾日处理量 4.38 万吨，报告期内，公司燃气板块实现销售气量 7.68 亿立方米，同比增长 26.73%。近年来，深圳能源先后荣获中国企业 500 强、全国先进基层党组织、全国"五一"劳动奖状、联合国工业发展组织（UNIDO）能源与环境促进事业国际合作奖、最受投资者尊重的百强上市公司、改革开放 40 周年广东省优秀企业、深圳市市长质量奖、保尔森可持续发展奖、上市公司杰出管理团队奖、上市公司监事会卓有成效 30 强、广东省脱贫攻坚工作突出贡献集体、深圳市十佳爱心企业等荣誉称号。公司所属宝安垃圾发电厂二期荣获我国工程建设领域最高奖项——"国家优质工程金质奖"，创行业首例。能源大厦获世界高层建筑与都市人居学会授予的"2019 年杰出建筑奖""2019 年最佳高层建筑奖"（200～299 米）。

招聘对象：2024 届全日制应届大专及以上电厂集控、热能动力、电气、自动化、燃气轮机、环境化学、机械、火力发电、新能源科学与工程、新能源与动力工程、暖通工程、计算机、电力等相关专业毕业生。

招聘岗位：热力运行工程师、化学值班员、新能源运维工程师、燃气技术工程师、工程管理工程师、检修员、运行值班员等。

项目所在省市：涉及广东、河北、新疆、内蒙古、辽宁、贵州、广西、湖北、四川、云南、福建等省、自治区。

应聘基本要求：

（1）成绩优良，具有良好的综合素质及较强的团队协作精神，符合招聘条件要求。

（2）性格开朗，诚实守信，踏实肯干，爱岗敬业，无违纪违规和其他不良行为记录。

（3）身心健康，无重大疾病和其他不适合岗位工作的疾病。

（4）具有英语口语、文体、文笔等特长者可优先录用。

6.2.6　分析岗位基本情况

（1）了解自身专业是否符合要求。专业对口是职业顺利发展的重要基础。只有选择的职业与学习的专业相吻合，才能够做到学以致用。如上述示例深圳能源集团的招聘简章中招聘对象所包含的电气、自动化、电力相关专业，均与供用电技术专业及电力系统自动化技术专业相符合。

（2）了解健康状况是否符合招聘要求。身体健康，符合企业岗位需求，能胜任未来的工作，对企业和员工都是一种权益的保障，如有不胜任岗位工作的情况，应以自身身体健康状况为重。如深圳能源集团作为电力行业，招聘简章要求身心健康，无重大疾病和其他不适合岗位工作的疾病，色盲、心脏病、听力障碍者都不适合从事电力相关工作。

（3）了解各岗位的职责。岗位职责是指工作中所需承担的职责和义务，是对员工工作范围和工作内容的明确规定。了解清楚各岗位的职责，能提高工作效率，促进工作流程化，促进企业发展，同时也能提升员工发展空间，保障员工权益。

（4）了解薪酬福利。薪酬福利是指企业为员工提供的薪资、奖金、福利待遇等形式的回报和补偿。它是企业吸引、留住人才的重要手段，也是激励员工创造更大价值的关键因素。薪酬福利能够满足员工的物质和精神需求，提高员工的满意度和忠诚度，进而促进企业的稳定发展。对于即将踏入职场的应届毕业生来说，薪酬福利也是大家极为关注的一个信息。

练习与思考

1. 请以湖南人才网（https://hnrcsc.com/）为例，演示如何通过"行业招聘"筛选"电子电器"相关行业单位，并从中挑选相关单位，进行信息分析。

表 6-1　就 业 信 息 分 析

序号	单位名称	单位地址	企业类型	所属行业	招聘岗位	自身喜好	自身适合度

2. 赵同学为供用电技术专业学生，女，湖南省内学生，求职看重稳定发展，希望离家近，跟专业相符合，你认为哪些单位更适合她重点了解，除前面讲到的信息收集渠道，是否还有其他渠道可收集单位信息。

3. 假如你是一名 2025 届毕业的电力系统自动化技术专业毕业生，你将如何选择岗位并根据岗位要求修改自己的简历。

4. 你一般会从哪些途径了解到就业信息？会对哪些就业信息感兴趣？如果想通过网络推送给自己求职信息，你怎么来选择网络平台？

本章总结

　　毕业择业是所有大学生都将面临的必然之路，也是人类生存所需要面对的永恒的命题。我们从开始踏入大学学习，学习专业知识，最终的目标就是要顺利进入职场，步入社会生活中去。就业信息收集与整理在大学生求职过程中起着重要的作用，有效地掌握就业信息可以极大地增加就业机会。作为毫无工作经验和社会经历的大学生，在择业之前就需要提前对职业进行认知和了解，搜集与职业相关的信息，提前做好就业信息的采集、收集，并对其进行有效的分析、优化以及合理运用，为毕业后顺利跨入职场，进入全新的环境奠定良好的基础，从而有效适应职业在社会历程中的不断发展变化，实现从高校学习到职场就业的顺利对接。

延伸阅读 6：就业信息处理技巧

延伸阅读 6

第7章 求职准备与技巧

🌱 **导 言**

《利己·中庸》"凡事预则立，不预则废"。在参加招聘前，认真准备求职资料、掌握必要的求职技巧十分重要，直接关系到求职择业的成功率。在求职过程中，熟练掌握笔试、面试的技巧，注重面试时的礼仪，制作完整规范、精美简洁、美观醒目的求职信、求职简历以及相关求职材料，是求职成功的必备法宝，能极大地提高成功求职的机会。

📝 **学习目标**

知识目标：了解面试的基本礼仪和技巧、掌握求职信和求职简历的基本格式和要求。

能力目标：能熟练运用面试礼仪和技巧，能按照规范要求编写求职信，能制作有吸引力的求职简历。

素质目标：树立科学的就业观，具备社会责任感，提升职业素养，实现全面发展。

📚 **专题故事**

齐同学面试成功的秘密

某校毕业生齐同学在一家外企工作，这也是她应聘的第一份工作，和求职中屡屡受挫的同学相比，她第一次就获得了成功。当别人向她讨教经验时，她说，"细节决定成败"的道理在找工作时也适应。

齐同学应聘的第一家单位是一家保健品企业，公司只招聘客服助理一人，她顺利进入面试。齐同学事先为自己搭配了比较大方得体的衣服，她说，"穿衣问题虽是小节，却体现了对他人的尊重"。面试时，她还特地提前半小时到达，她说："守约不是大事，却能给人做事严谨的好印象"。

面试由总经理亲自主持，是一对一的交流，齐同学刚开始也很紧张，因为与一起前来应聘的同学比，她的优势并不突出，当面试官要求她介绍一下自己的特点时，她拿实例回答面试官：在学校担任就业工作助理期间，负责协助老师组织招聘会，这对没有任何"关系"

的她是一种挑战，她经常从网上挑选、联系、邀请用人单位，在这个过程中，虽遭遇不少挫折，却在很大程度上锻炼了自己较强的抗挫折能力。

面试结束时，她把椅子轻轻移回原位。这时，主持面试的总经理脸上产生了微妙的变化，并热情地说再见。因为这个细节，她成为唯一被录用的应届毕业生。人事经理后来告诉她，面试时，面试官都会观察应聘者是否迟到，衣着是否整齐，是否有不良习惯等。那天她没有迟到，并且是应聘人员中唯一一个把椅子移回原位的应聘者。这个小小的举动为她最后胜出奠定了基础。

7.1　准备求职材料

任务分析

任务描述

杨同学在确定好目标单位和目标岗位后，接下来他所要做就是准备求职材料。如求职信和简历等。一份针对性强的求职信和简历是提高其求职成功率的关键。如何撰写求职信和准备好一份有特色的简历是大学毕业生的必修功课。

任务要领

1. 掌握求职信的格式。
2. 学会制作个人简历。
3. 准备其他求职材料。

知识储备

在确定应聘单位后，多方面多渠道了解该单位的全面信息，包括单位性质、单位规模、企业文化等，尤其要关注招聘要求的相关内容；学习求职信和求职简历的制作方法；理解普通简历和优秀简历的区别；掌握一定的求职技巧与方法。

求职信是毕业生针对招聘单位制作的，用于向用人单位自我推荐的书面材料。求职信一般集介绍、自我推荐和行动计划于一体，在自身背景材料中，需要重点突出与目标职位联系最密切的内容，明确表达与求职职位的关联性，以便提高求职的成功率。一份好的求职信能够充分展现出求职者清晰的思路、良好的表达能力以及自身具备的基本素质与能力。

7.1.1　求职信

1. 求职信的内容和格式

求职信的重点在于"荐"，在内容的安排上具有一定的逻辑顺序，一般写作思路是"为何荐？"——"凭何荐？"——"怎样荐？"求职信的书写有着比较固定的规范内容，包括标题、称谓、正文、结尾和落款。

（1）标题。标题是求职信的身份标识。求职信的标题通常只有文种名称，即在第一行中间写上"求职信"三个字，目的在于直观表现信函的类别与主题。字体通常采用大号字体，要求简洁、醒目、美观。

（2）称谓。称谓是对招聘单位受信人的称呼，写在第二行，要顶格写受信者单位名称或个人姓名。单位名称后可加"负责同志"；个人姓名后可加"先生""女士""同志"等；在称谓后写冒号。

求职信不同于一般私人书信，受信人未曾见过面，所以称谓要恰当、准确，郑重其事，一般以职务或职位（职称）相称。若写给国家机关或事业单位的人事部门负责人，可用"尊敬的××处长"；若写给企业人力资源部，则用"尊敬的××经理"；若写给科研院所或高校人事部门，可称"尊敬的××教授（处长、老师）"等。忌用"前辈、叔叔、师兄"等称呼。在不了解用人单位招聘人员职位的时候，也可以在求职信中称呼为"××领导"。

（3）正文。正文是求职信的核心部分，主要内容包括求职原因、自我能力展现、对所谋求职位的看法和希望。其写作形式和风格多种多样，重点在于言简意赅、亮点突出。

撰写正文内容时应注意以下几点：

1）简单自我介绍。简要介绍求职者的自然情况，如姓名、年龄、性别、政治面貌、毕业学校、学历、专业等。对于应届毕业生来说，在信件的开头用一两句话说明自己的毕业学校、学历、专业等基本信息即可。例如，"我是××大学管理学院电子商务专业 2020 届毕业生"。

2）说明求职信息来源。直截了当地说明从何渠道得到有关信息以及写此信的目的。一般在求职信的开头用一句话带过。例如，"本人在×年×月×日的《××网》上得知贵单位正在进行招聘活动，因此投信前来应聘"。

3）说明应聘职位。在求职信的开头，应该说明所要应聘的职位。例如，"本人欲应聘网络维护一职"或"相信本人能胜任报社记者一职，故前来应聘"等。如果职位有编号，应当写上编号，如"网络维护（013 号）"等。

4）说明能胜任某职位的理由。写对所谋求的职位的看法以及对自己的能力作出客观公允的评价，这是求职信的关键部分。主要是向用人单位展示自己的专业知识和工作经验，与所应聘职位有关的一些成绩和技能，以及与该职位相匹配的性格、特长、兴趣爱好和其他情况。要着重介绍自己应聘的有利条件，要特别突出自己的优势和"闪光点"，以使对方信服。写这段内容，语言要中肯，恰到好处；态度要谦虚诚恳，不卑不亢，达到见字如见其人的效果；要给受信者留下深刻印象，进而相信求职者有能力胜任此项工作。这段文字要有说服力。

需要注意的是，在说明能胜任某职位的理由时，要突出自身适合该职位的能力水平和个性特征的关键要素，而不是简单罗列或堆砌自身的经验与成绩，尤其要避免写与招聘要求与条件毫不相关的信息与内容。例如，用人招聘的是"营销人员"，求职者却展示自己"内向、文静"的性格特征，这样往往会导致求职失败。

5）暗示发展前途及潜力。在求职信中不仅要向用人单位说明自己现在的能力，还要说明自己具有可塑性、发展潜力和培养价值。例如，担任过学生干部的毕业生可以向用人单位介绍自己在担任学生干部时所取得的成绩，展示自己在管理人员、组织活动方面的才能和潜力。

6）向收信者提出希望和要求。这段属于信的内容的收尾阶段，要适可而止，不要啰唆，不要苛求对方。

（4）结尾。求职信的结尾分两行写表示敬祝的话。这两行均不点标点符号，不必过多寒暄，以免"画蛇添足"。

一般包括两方面的内容：一是盼回复，二是祝词。通常，表达希望对方答复的措辞几乎已成定式，如"我热切盼望您的回复"或者"我希望能获得与您面谈的机会"等；祝词可用"顺致安康""祝贵公司兴旺发达"等，也可用"此致敬礼"之类的敬语。

（5）落款。落款应署名并注明日期。写信人的姓名和成文日期写在信的右下方。姓名写在上面，成文日期写在姓名下面。姓名前面不必加任何谦称的限定语，以免有阿谀之感。成文日期要年、月、日俱全。

署名应与信首的"称谓"相呼应，如果在信首称对方"××老师"，则署名应为"学生××"，也可以直接签上自己的名字。需要注意的是，不管求职信是打印的还是手写的，署名都要手写，并注明自己的联系方式。

2. 求职信的写作技巧

写求职信的目的是向招聘单位推销自己，争取面试机会。毕业生在写求职信时应掌握一些技巧，具体如下。

（1）确保言简意赅。招聘者的工作量很大，时间宝贵，若求职信的篇幅过长，则会大大降低招聘工作的效率。哈佛人力资源研究所曾在一份测试报告中指出：阅读者只会对 1/4 的内容留下印象。即一封求职信如果内容超过 400 个词汇，则其效度也只有 25%，即 100 个词汇左右。

求职信的功用只是为自己争取一个参加面试的机会，所以其内容必须言简意赅，简单明了。

（2）突出重点内容。求职信一定要突出自己能给用人单位带来的价值，切忌面面俱到。例如，毕业生应聘销售员职位时，在简历中重点阐述与销售技能有关的实践经验，同时略写其他相关技能。

（3）力求有针对性。写求职信应有的放矢，力求有针对性。应根据不同的职位，用不同的表达形式，突出与职位相匹配的技能优势，这样才能吸引招聘者的注意力。有些大学毕业生面对成千上万的职位，使用同一封求职信，漫天撒网式到处投递，这种求职信的命中率很低。原因很简单，这种求职信没有任何针对性，通常无法引起招聘者的注意。

（4）切忌夸大其词。写求职信一定要实事求是，用事实说话，有什么就写什么，恰如其分地介绍自己的经验、成绩与能力。既不能过多地堆砌华丽的修饰语，也不能夸大其词，不着边际。

（5）避免文字错误。一份好的求职信不仅能体现求职者清晰的思路和良好的文字表达能力，还能体现求职者的性格特征和做事态度。毕业生写求职信时一定要注意文从字顺，切忌出现错字、别字、病句及文理欠通顺等现象。写完之后，要多通读几遍，及时修改文中出现的各种错误。

3. 求职信的基本格式及典型范例

（1）求职信的基本格式。

求职信（标题，居中）

尊敬的 ××：（顶格写受信者单位名称或个人姓名）

正文（正文要另起一行，空两格开始写求职信的内容。正文内容较多，要分段写。具体内容包括求职的原因、对所谋求职位的看法以及对自己的能力作出客观公允的评价、提出希望和要求。）

热切盼望您的回复

诚祝事业蒸蒸日上（结尾要另起一行，空两格，写表示敬祝的话。）

求职人：×××（署名，写右下角）

××××年××月××日（日期要年、月、日俱全，写在右下角）

附件：（在信的结尾处注明。将附件的复印件单独订在一起随信寄出。）

（2）典型范例。

求职信

尊敬的 ×× 经理：

您好！

我是一名 ×× 职业技术学院 ×× 系 ×× 专业的应届毕业生，从《人才网》上得知贵公司 ×× 职位空缺，我想申请这一职位。

作为一名 ×× 专业的学生，我热爱我的专业并为之投入了巨大的精力和热情。经过 3 年的刻苦学习，我在英语的听、说、读、写、译等方面有了长足的进步，并通过了英语专业四级考试；还选修了日语作为第二外语，可用日语进行日常对话。

我知道计算机和网络是我们生活、工作不可缺少的工具，所以我在学好本专业知识的基础上，能熟练使用办公软件及 python 程序开发工具。

此外，在校期间我多次获得校级奖学金，还担任过班长、团支书等学生干部职务，这些经历增强了我的组织协调能力。

感谢您拨冗阅读我的求职材料。

此致

敬礼！

张三

20××年×月×日

附件：个人简历

7.1.2　简历

个人简历是一个人对其学历、经历、特长、爱好、成绩等有关情况所作的简要介绍。其目的是让用人单位全面了解自己，从而为自己创造面试的机会。个人简历是用人单位对求职者进行分析、比较、筛选，决定是否录用求职者的主要依据之一。

1. 简历的基本要素

一般来说，简历的内容应该包括个人的基本情况、教育背景、学习成绩、外语和计算机应用水平、实践经验、获奖情况、能力和专长、性格评价、求职意向、联系方式等。

（1）基本情况。个人的基本情况包括姓名、年龄（出生年月）、性别、籍贯、民族、最高学历、政治面貌、毕业学校、专业等。一般来说，个人基本情况应作详细介绍，可以分条逐一介绍，且每条内容不宜过多，用一两个关键词概况说明即可。

（2）教育背景。教育背景主要是指求职者从高中阶段至就业前所获最高学历期间的学习经历，即从某年某月到某年某月在哪所学校就读。一般最近的学习经历应写在最上方，每一段学习经历的起止时间应前后衔接，无缺失。

（3）学习成绩与必备技能。在简历中应具体列出大学阶段所修的课程（包括主修、辅修与选修科目）及相应成绩，并注明外语和计算机应用水平等级。大学期间所修课程众多，不必一一列举，而要有针对性、重点突出地罗列出与自己所谋职位必备技能相关的课程。

（4）实践经验和获奖情况。实践经验和获奖情况是个人简历中的最为重要内容。用人单位大部分都很看重求职者的实践能力与工作经验，因此，大学毕业生应高度重视这部分内容。一定要认真梳理，条理清晰地填写相关内容，主要突出大学期间个人所担任过的职务、获得的各种奖励以及从事各种兼职工作、参与实习和社会实践等情况。如果曾在大型企业实习或者兼职，则一定要在简历中注明，因为拥有大型企业的工作经历，能在一定程度上说明自己得到过较好的锻炼，拥有宝贵的工作经验，这是用人单位很看重的。有过工作经历的研究生，应突出自己在原工作岗位上的业绩。

（5）能力、特长及性格评价。个人能力、特长及性格评价要实事求是、恰如其分，不虚夸。尽可能注明与所谋求职位的特点及要求相关的专长、兴趣和性格特征，必要时可以注明"勤奋肯干，如有需要，愿意服从加班安排"等。

（6）求职意向。求职意向一定要明确具体。一般最好以一份简历对应一个职位为宜。也就是说，每一份简历的制作都应根据自己所应聘的职位来设计，要重点突出自己与所求职位相匹配的某方面的优点，而不是夸夸其谈，将自己说成一个全才。因此，建议毕业生根据不同的求职意向准备多份求职简历，以便有侧重地展示自己的素养与能力。

（7）联系方式。联系方式至关重要，求职期间毕业生应确保自己的联系渠道畅通无误。一定要准确填写自己的电话号码和 E-mail 地址，以便用人单位能随时随地联系到自己。有些大学生经常随意地更换联系方式，这对求职者而言是非常不利的。求职者更换联系方式后，往往无法及时获得用人单位的相关通知信息，从而失去面试的宝贵机会。

2. 简历的制作原则

（1）简短。简历不宜太长，一般应届毕业生的个人简历大约为一页 A4 纸的内容即可。据调查，用人单位花在每份简历上的平均时间不到 1.5 分钟。因此，想要在非常短的时间快速地吸引招聘者的重点注意，制作的简历必须要短小精悍、个性突出。

（2）清晰。简历应一目了然，确保招聘者一眼就能看到他们所关注的重点信息。简历的语言应简明扼要、通俗易懂，不能含糊其词、晦涩不通；尽量不使用缩略语或学生中流行的时髦词汇。打印简历时，应选择有舒适阅读感的字体和字号。

（3）准确。简历的文字表达应做到清楚、准确、规范，这也是简历语言的基本要求。一份简历能够体现出一个人的语言文字功底或做事风格，而招聘者考查求职者的文字能力、细心程度等内容就是从简历开始的。如果简历中出现错别字、语病等现象，会直接影响到招聘者对求职者的第一印象。

（4）整洁。干净整洁的简历总是令人眼前一亮，心生愉悦，从而促使招聘者在看到具体内容之前就心生好感或产生阅读兴趣。因此，大学毕业生在制作简历时，务必注意保持简历的干净、整洁。

（5）真实。要确保简历内容的真实性，客观公正地展现和评价自己。大学毕业生在编写简历内容时，既不能王婆卖瓜——自卖自夸；也不能过分自谦，刻意贬低或消极地评价自己；更不能无中生有，编造虚假信息；而应客观、真实地介绍自己的相关情况与经历。

3. 普通简历与优秀简历的区别

普通简历与优秀简历的区别见表 7-1。

表 7-1　　　　　　　　　　　　　普通简历与优秀简历的区别

区别项目	普通简历特征	优秀简历特征
校徽	大部分有	通常没有
标题	"简历"或"个人简历"	有独特的标题、应聘职位等
照片	形式花哨，千姿百态	真实、美观、规范
个人信息	内容冗长，有的像自传，有的像征婚启事	言简意赅，三行文字即可囊括最主要的信息
求职目标	目标不明确	目标明确
教育背景	没写课程名	由近及远地写毕业院校，写了课程名，并注明了平均成绩及排名
实习经历	将一些经历进行简单罗列，没有轻重之分，也不对经历进行介绍	实习经历有主次之分，关键事件不超过 4 项，并按照 STAR 法则（即按照事情是在什么情况下发生的、自己是如何明确任务的、采取了什么行动、获得了什么样的结果这种顺序阐述一件事）对实习经验进行简要介绍
项目经历	将一些经历进行简单罗列，没有轻重之分	严格按照 STAR 法则（即按照事情是在什么情况下发生的、自己是如何明确任务的、采取了什么行动、获得了什么样的结果这种顺序阐述一件事）简要介绍与应聘职位相关的项目经验
竞赛实践	长篇罗列各种类型的竞赛，包括与应聘职位无关的竞赛	简要介绍与应聘职位相关的竞赛
校内工作	大篇幅书写与应聘职位无关的学习、实践经验	简要介绍与应聘职位相关的实践经验
获奖情况	没有获奖情况或罗列较多获奖情况，没有分类，也没有主次之分	分类描述获奖情况，同时对各种奖项进行简要介绍

区别项目	普通简历特征	优秀简历特征
个人技能	罗列较多技能（包括自己并未熟练掌握的技能），没有突出自己的独特之处	列出了与应聘职位相关的技能，且对相关技能的应用达到一定水准
性格特点或爱好	具体描述性格特征或爱好，包括与应聘职位不匹配的特征	选择性填写与应聘职位相匹配的性格特征或爱好
简历篇幅	篇幅较大，通常为 3 页甚至更多	篇幅较小，通常为 1 页
低级错误	低级错误较多，包括拼写、语法、标点符号、字体字号等方面的错误	没有低级错误
真实度	常艺术性地夸大所取得的成绩	不造假，但有表达技巧
精确度	较少用数据证明事实，精确度较低	善于用数据证明事实，精确度较高
排版	不讲究版面布局	版面美观，布局合理
文字风格	平铺直叙，大段描述	言简意赅，分条介绍
主观印象	杂乱无章，无主次之分	精美，条理清晰，主次分明

拓展资源 8

4. 简历的基本格式及典型范例

求职简历的基本格式与典型范例可参考拓展资源 8。

7.1.3　其他材料

除了求职信和个人简历外，毕业生还应提前准备以下材料：

（1）毕业证书、学位证书（如有）。

（2）各种荣誉证书，包括奖学金证书和各类活动证书。

（3）英语、计算机、普通话等级证书。

（4）各类资格证书，如电工证、特种作业证书等。

（5）学校正式开具的、盖有印章的成绩单、推荐材料、实习鉴定材料等。

（6）在正式出版物上发表的文学作品、科研论文、美术设计作品、音像作品、摄像作品，以及各类小制作、小发明、小创作的图像资料。

如果以纸质资料的形式发送简历，则求职材料的摆放顺序为求职信、个人简历、其他资料；如果以电子邮件的形式发送简历，则将求职信写在正文部分，将简历与其他资料打包后上传至附件，并且将附件写上标题，如"××应聘××岗位的求职材料"。

7.1.4　案例分析

1. 案例描述

某高校毕业生小刘希望毕业后能留在东部地区工作，但东部地区高校林立，就业竞争压力大。小刘在校期间成绩中下，曾有过补考经历，性格内向，没有突出的特长，在就业过程中自信心不足，临毕业时还未找到心仪的工作。

学院就业指导张老师非常关心他的就业情况，让小刘将简历发给他看一看，结果发现小刘的简历只占了一页纸，上面个人基本信息、教育背景、职业技能、求职意向等内容均不完整，简历上的字体格式、大小都不一样，甚至还存在错别字；而且平铺直叙的描述很难让人眼前一亮，完全没有个人特色。

张老师随即和小刘进行了深入的交流，挖掘他的优势特点，为他量身定做了一份简历，在简历中增加了求职信、各类证明、推荐信等内容，增强了他的求职自信心。数月后，小刘顺利地进入浙江一家不错的私营企业工作。

2. 案例评析

小刘开始面试时，求职材料存在信息少、不完整、格式不统一、错别字之类等严重错误。后来求职成功，得益于张老师的耐心指导，补充了必不可少的求职信，制作了完整、规范、具有个人特色的求职简历。同时，补充增加了各类证明（书）、推荐信等求职资料。这不仅全面展现了小刘的素质与能力，大大增强了他的求职自信心，而且也突出了其自身优势特点，提高了招聘单位及面试官的兴趣。所以，大学毕业生在准备求职材料时，一定要做到认真、全面、准确、完整，特别是求职信的撰写要严谨、真诚，个人简历要具有吸引力，其他证明材料必须真实可靠，切忌弄虚作假。

任务实施

7.1.5　模拟训练

1. 内容

根据自己的优势和特点，撰写具有个性特色的求职信和简历，并准备相关的求职材料。

2. 要求

（1）将全班学生分成若干小组，每组 5～6 人，每组设组长一名。

（2）每小组根据所学知识，按照规范要求撰写一份求职信，编制一份简历。

（3）求职材料应具有针对性，内容真实客观，形式赏心悦目。

（4）以纸质材料的形式呈现。

（5）小组代表对求职材料进行评价或提出修改意见。

（6）教师做总结、点评。

7.2　掌握求职技巧

任务分析

任务描述

杨同学有针对性地投出的求职信和简历，因为与众不同，各项指标也符合招聘单位的条件，引起了单位招聘主管的重视，招聘主管给予了他进入下一轮环节——笔试和面试的机会。如何在笔试和面试的环节胜出成了他当下面对的主要问题。

任务要领

1. 熟悉笔试的形式与技巧。

2. 掌握面试的技巧与礼仪。

知识储备

在筛选好就业信息（招聘单位）的基础上，详细了解该单位笔试的种类和要求，熟悉笔试之前必须做好的准备工作，掌握笔试的一些必备技巧与方法。了解面试的具体形式和主要内容，熟悉面试之前的相关准备工作；熟练掌握面试的相关技巧和礼仪。

微课 7-1
笔试的
种类

7.2.1 掌握笔试技巧

1. 笔试的种类

（1）专业考试。专业考试主要用于考查应聘者的专业知识水平和相关的专业技能。一般情况下，用人单位在接收毕业生时主要通过学校提供的推荐表、成绩单及毕业生的自荐材料来了解毕业生的基本情况。同时，一些用人单位采用笔试的方式对应聘者进行匹配职位的专业知识再考核。例如，外资企业招聘职员需要考核外语知识，金融单位招聘职员需要考核金融专业知识，公检法机关录用职员需要考核法律相关知识。

（2）智商和心理测试。智商测试是一种数量化的、对智力的标准测量，主要考查应聘者的记忆力、观察能力、综合分析能力、思维反应能力、学习能力等。智商测试包括常识、理解、算术、类同、记忆、字词、图像、积木、排列、拼图、符号等测验方法。例如图形测验考察应聘者的辨识力：通过提供几种图形，让应聘者指出其相似点和不同点。算术测验则主要测试应聘者对数字的敏感程度及基本的计算能力：通过提供一组数据，让应聘者根据不同的要求算出平均值等。

心理测试是指通过一系列手段，将应聘者的某些心理特征数量化，来衡量个体心理因素水平和个体心理差异的一种科学测量方法。一般要求应聘者填写事先编制好的标准化量表或问卷，然后根据标准化量表或问卷的填写情况来判定应聘者职业心理水平或个性差异。一些用人单位常常用这种方法来测试应聘者的态度、兴趣、动机、智力、个性等心理素质，然后根据任职要求决定取舍。

（3）技能测验。技能测验主要对应聘者处理问题的速度与质量的测试，检验其对知识和智力运用的程度与能力。重点考查应聘者的实践能力和实际操作能力，包括操作和使用计算机的能力、英语会话和阅读的能力，以及在财会、法律、驾驶等方面的实际操作能力等。

（4）综合能力测试。综合能力测试考的范围比较广，要求应聘者有宽广的知识面。测试要求也更高，主要考查应聘者的文字表达能力、逻辑思维能力、分析和解决问题的能力等。例如，IT、电子、通信、机械重工等行业的企业在招聘技术人员时，就会着重考查应聘者的逻辑推理能力、数字计算能力及行业相关的综合知识，如要求应聘者在规定的时间内对一组数据、一组资料进行分析，找出其合理之处和存在的问题，并设计出解决问题的方案。

2. 笔试的准备

（1）了解笔试内容，做到心中有数。笔试的主要内容是基础知识和专业技能知识，其次是与用人单位有关的某些知识。不同类型的笔试有不同的考核内容，应聘者在考前应进行详细的了解，针对不同的情况做相应的准备。一般情况下，应聘者可以通过各种渠道和方式了解企业历年笔试试题的题型与考核内容，并进行一些模拟试题训练。一方面，可以检测自己对知识的掌握程度及熟练程度，以便查漏补缺，解决知识盲点；另一方面，可以有的放矢，加强知识训练，积累和总结笔试经验，做到手中有粮心不慌，从容面对笔试。

（2）了解笔试重点，进行认真复习。用人单位比较重视应聘者对所学知识的应用能力。应聘者在了解笔试重点之后，应该根据知识考查范围进行延伸复习。在复习的过程中，应聘者要理论联系实际，学以致用，并对与招聘职位相关的知识进行认真梳理和总结；要广泛阅读相关资料，扩大知识面，提高阅读能力，以便应试时应对自如。同时，应聘者还应加强训练快速阅读、快速思维和快速应答的能力。

实际上，在校园招聘中，企业招聘的笔试内容一般大部分都是大学课堂上学习过的基础知识及专业知识。所以，毕业生在参加笔试前，应将相关的知识点再复习一遍，有助于从容应对笔试。

（3）明确笔试要求，准备考试用具。用人单位对应聘者进行笔试测试时，不仅要考查通用知识和专业知识，还要考查心理素质、办事效率、工作态度、修养水平和思维方式等。因此，应聘者在参加笔试时，要认真审题，明确试题要求，领会考题暗含的主旨，将自己的认知水平、知识水平和能力水平通过笔试较好地展示出来。同时，要按照考试的要求提前准备好必备的考试用具。

（4）熟悉考试环境，做到有备无患。熟悉考试环境主要是指了解与自己相关的考场内外部基本情况，比如考场交通线路、交通工具、自身考室空间位置、自己座号具体位置、卫生间位置以及随身物品存放处等。同时，应熟记考场规则，将每场考试的起止时间、作答要求等重要事项牢记于心。

（5）确保充足睡眠，保持良好状态。参加笔试前，应聘者应保持良好的生理和心理状态。可以适当参加一些文娱活动，使高度紧张的大脑得到放松，适度调整心理状态，维持稳定的心理情绪；确保充足的睡眠，避免考试时出现精神不振、精力难集中等现象。

3. 笔试的技巧

（1）增强自信。笔试怯场大多是缺乏自信所致，应聘者应对自己进行正确评估，克服自卑心理，增强自信心。应聘者在考试过程中，要调适好自己的心态，做到不慌不忙、不骄不躁，相信自己一定能够发挥出应有水平，认真答好每一道试题。同时，要专注于自己的考试，不受同考场内其他人的影响，比如因有人提前交卷等而影响到自己的答题节奏。

微课 7-2
笔试的
技巧

（2）科学答卷。

1）浏览全卷。应聘者拿到试卷后，首先要将试卷浏览一遍，大致了解试题的题量和难易程度，以便掌握答题的速度与节奏。

2）先易后难。根据先易后难的原则安排答题的顺序，先解答相对简单的题目，后解答难题。这样就不会因攻克难题而浪费太多时间，从而失去做简单的题的机会。遇到试卷中特殊的试题，千万不要因慌张而失去信心，要相信大家水平相近，认真分析作答。

3）精心审题。笔试时应逐字逐句地审题，要理解题意，弄清题旨，然后按要求答题。

对于论述题或作文题，落笔更要谨慎，可以先思考后，列出简要提纲或者关键词语，再进行具体阐述。切忌下笔千言，离题万里。

4）把握主次。因为考试时间有限，答题一定要掌握主次、轻重之分。要将主要精力和时间放在重点题目和重点内容上，而不要反其道而行之，否则成绩必然受到影响。

5）融会贯通。笔试试卷中的论述题和应用题主要用于考查应聘者运用所学知识分析问题、解决问题的能力，答案灵活多变，具有不唯一性。因此应聘者在答题时要积极思考，广泛联想，学以致用，将已学过的知识与题目信息联系起来，多角度灵活答题。

6）字迹工整。答题应注意字迹工整、卷面整洁。因为有些招聘单位并不特别在意应聘者考试成绩的稍许差异，而对应聘者的认真态度、细致作风更为关注，往往通过卷面联想应聘者的思想、品质、作风等。字迹潦草、卷面不整的人，通常会被认为对该考试不重视或工作态度可能不端正；而那些字迹端正、答题一丝不苟的人，通常会被认为态度认真，做事细致，从而更受招聘单位青睐。

7.2.2　掌握面试技巧

1. 面试的形式

（1）个人面试。个人面试（也称单独面试）是最常见的一种面试形式，即面试考官采用与应聘者单独谈话的形式进行面试。这是最常见的一种面试形式。个人面试有一对一面试和主试团面试两种形式。顾名思义，一对一面试是指面试时只有一位面试考官的面试形式，多用于小规模招聘及针对普通职位员工的招聘。主试团面试是指由多位面试考官组成面试团队，面试团队成员轮流与一位应聘者交谈，以便从不同角度对应聘者进行考查，进而对其做出全面客观的评价。

（2）小组面试。小组面试又称"同时面试"或"多人面试"，是指面试考官同时对若干个应聘者进行面试的形式。应聘者较多时，面试考官将其分为若干小组，让各小组成员就一些问题展开讨论，面试考官在一旁就应聘者的领导能力、逻辑思维能力、语言表达能力、人际关系处理能力、环境控制能力、领导能力等进行观察、评价，以便选出合适的人才。

（3）结构化面试。结构化面试又称"标准化面试"，是指按照事先确定的面试程序、面试试题和面试评分标准进行面试的一种形式。结构化面试是相对于传统的经验型面试而言的，具有程序结构化、题目结构化和评分结构化的特点。

在结构化面试中，面试考官根据事先拟定的面试提纲对应聘者进行测试，不能随意变动提纲内容，对面试各个要素的评判，也必须按照事先拟定的评价标准进行。在结构化面试中，面试的程序、内容及评分方式等的标准化程度都比较高，这使得面试结构严谨、层次清晰，面试操作比较方便，面试结果也相对客观、公平、有效。

（4）非结构化面试。非结构化面试是指事先没有拟定面试的框架结构，也不使用有确定答案的提问，而根据具体情况灵活提问的一种面试方式。这种面试不拘泥于场合和时间，十分灵活，简单易行。在非结构化面试过程中，面试考官会与应聘者自由地交谈，双方可以各抒己见，气氛轻松活跃，面试考官通过观察应聘者的谈吐、举止、气质、风度等，对

微课7-3
面试的技巧

其综合素质进行全方位的考查。

（5）压力式面试。压力式面试是指面试考官有意制造紧张气氛，用穷追不舍的方式对某一主题内容进行提问，以了解应聘者如何应对压力的一种面试方式。在这种面试中，面试考官故意提出犀利的问题而使应聘者感受到压力，并针对某一事项"打破砂锅问到底"，直至应聘者无法回答。其目的是测评应聘者对压力的承受能力，以及在面对压力时的应变能力和人际关系处理能力。压力式面试要求应聘者具有敏捷的思维、稳定的情绪和良好的控制能力。这种方式常用于测评高级管理人员。

（6）情景式面试。情景式面试是指设置一定的模拟情景，要求应聘者扮演某种角色，进入设定情景并处理各种事务或问题，面试考官根据应聘者在情景中分析问题、解决问题的表现来测评其素质技能，进而判断其是否能适应或胜任某项工作。

（7）隐蔽式面试。隐蔽式面试是指面试考官主要通过暗中观察应聘者的言行举止来获取相关信息，进而对应聘者做出评价。这种方式具有隐蔽性，面试考官可以了解应聘者在自然状态下的真实表现，而应聘者常常因这种面试的隐蔽性而放松警惕，有时甚至面试失败了也懵然不知。

（8）综合式面试。综合式面试是指面试考官通过多种方式考查应聘者的综合能力和素质。例如，面试考官用外语与应聘者交流，要求应聘者即时作文、即席演讲或操作计算机等，以考查其外语水平、文字能力、书面及口头表达能力、实操能力等。

（9）无领导小组讨论。无领导小组讨论又称无领导小组测试，是一种测评技术。所谓无领导小组，是指在小组讨论的过程中，组织者不会为该小组规定领导人，而是让大家自由发言。这种面试用于考查应聘者的个人能力和团队合作能力。因此，应聘者要把握好个人表现与小组表现的平衡，切忌以自我为中心。

2. 面试的技巧

（1）谦虚谨慎。在面试过程中，毕业生在回答一些有深度的问题时，应谦虚谨慎，切不可不懂装懂。对于自己缺乏了解的问题或不清楚的问题，应虚心请教或坦白地表示"自己不懂"，这样才会给面试考官留下诚实的好印象。

（2）机智应变。在面试过程中，毕业生可能会遇到各种各样的突发情况，比如未听清面试考官的提问，或者听清了问题但一时不能作答，或者回答问题时出现失误等，这些情况都可能使应聘者处于尴尬的境地，需要应聘者随机应变，机智应对。对于未听清的问题，可以请求面试考官重复一遍或解释一下；对于一时不能作答的问题，可以请求面试考官接着问下一个问题，等自己考虑成熟后再回答先前的那个问题；偶然出现失误时，不必耿耿于怀，而应冷静、沉着，理顺思路，继续作答。

（3）扬长避短。毕业生应当清楚地认识到，无论是在性格方面还是在专业方面，每个人都有自己的长处和不足。所以，在面试过程中，一定要注意扬己所长、避己所短，尽量将自己的优点充分展现出来。必要时可以委婉地说出自己的不足，并说明自己将采用相应的方法弥补自身的不足。

（4）展示潜能。面试的时间通常很短，毕业生不可能在短时间内展示自己的全部才华。

因此，要抓住一切时机，巧妙地展示潜能。需要注意的是，展示潜能时要实事求是、简短、自然、巧妙，否则会弄巧成拙。

3. 面试的礼仪

应聘者的仪容仪表和言行举止往往会影响招聘者对应聘者的第一印象。在面试环节中，应聘者应遵循一些必要的礼仪规范。

（1）面试仪容。面试前，应聘者应整理好仪容，保持头发整洁干净，不可留怪异的发型，也不可染发、烫发等。男生应确保头发长短适中，前不遮眉，侧不掩耳，后不及衣领、不可留鬓角、胡须，也不可留长发或剃光头。对于女生而言，如果是短发，则长度不宜过肩；如果是长发，则应将头发扎起来或者挽起、盘起，不得披头散发。此外，女生的刘海不能遮住眉毛。

应聘者无论男女，都应保持面部清洁，眼角、鼻孔及耳部无分泌物，口腔无异味。面试之前，女生可化淡妆，以示尊重，但不可浓妆艳抹，也不可使用浓烈的香水。

（2）面试举止。举止是无声的语言，主要通过人的表情、姿势、动作等表现出来。它能够展示一个人的内在修养。应聘者面试时应注意以下基本礼仪。

1）敲门进入。进入面试室前，应先轻轻敲门，得到许可后方可进入，不可直接推门而入。敲门时，应力度适中，不可用力过大。进入面试室时，应体态端正、仪表大方，不可在进门前先伸头张望。进门后，应转过身轻轻地关上门。

2）主动问候。进入面试室后，应主动向面试官行点头礼或鞠躬礼，并向其问好，如"上午好""下午好""各位领导好"等。若面试官没有主动伸手与自己握手，则应聘者无须主动与之握手。进入面试室后，不能随便落座，而应待面试官说"请坐"时才能入座，并且应坐到面试官指定的座位上。

3）态度恭谦。应聘者在面试过程中回答问题时，应精神集中、态度恭谦，给面试官留下诚恳、自信、乐观、不卑不亢的印象。要如实地回答面试官的提问，切忌含糊其词。

4）注重仪态。坐姿。应聘者落座后，应保持端正的坐姿。正确的坐姿是，坐满椅子的 2/3，上身自然挺直并略向前倾，双脚双膝并拢，双手自然放于腿上。需要注意的是，不能坐满整个椅面，否则显得太随意；也不能坐到椅子边沿上，否则显得太过拘谨。

5）注意聆听。聆听是有礼貌、有修养的表现。在面试过程中，应聘者一定要仔细聆听面试官的讲话并适时以"嗯""对""是的""我想是的"等话语予以回应，这样能够给面试官留下良好的印象。若随意打断面试官的讲话或抢着发言，则可能给面试官留下急躁、不够稳重、缺乏修养的印象。

6）谈吐文雅。面试官一般比较欣赏谈吐优雅、表达清晰、逻辑性强的应聘者。应聘者在与面试官交谈时，应语言简洁、吐辞清楚、条理清晰。同时，应多用敬语，如提到面试官时要用"您"，提到应聘的公司时要用"贵公司"等。

与面试官交谈时不要发生争论，不要抢话头，不要连珠炮式地发问，也不要乱开玩笑。当对方谈兴正浓时，不要轻易转移话题。在表达自己的观点时，根据自己的实际情况谈自己的看法，也可以使用"我很同意您的观点"之类的话来回应。在面试过程中，可以真诚地表达自己的意愿，如可以直接表达"我真心想得到这份工作"等意愿，然后运用恰当的语言说明自己能够胜任所应聘职位的理由。

需要注意的是，在交谈过程中切勿过多使用"呢""啦""吧""啊"等语气词，也不要使用口头禅，否则会影响表达效果，并给面试官留下不良印象。

7）适时告辞。当面试官示意面试结束时，应聘者应微笑着起立，感谢用人单位给予面试的机会，然后道"再见"，最后从容地走出房间并轻轻地关上门。如果进入面试室时有人接待或引导，则离开面试室时应向其致谢、告辞。

7.2.3 案例分析

1. 案例描述

李军是某高校市场营销专业的一名应届毕业生，他看中了一家合资公司的销售经理职位，经过两轮笔试后，顺利进入最后的面试。为此，李军进行了精心的准备，还特意买了一套西服。面试时，考官对李军的表现比较满意，表示想看看他的实习鉴定材料，由于事先没有准备求职材料，李军一时没有找到实习鉴定材料，心里一慌，手里的材料散落了一地；好不容易找到了实习鉴定材料，李军慌乱中又将考官的茶杯碰倒了，他心中一急，一句脏话就随口而出，这时，主考官面露愠色。

总算挨到面试结束，李军长吁了一口气。由于离开时过于匆忙，竟将毕业证书遗落在考场，李军慌慌张张地返回考场，拿回了自己的毕业证。可想而知，李军的这次面试必然失败了。

2. 案例评析

李军之所以面试失败，主要是因为没有做好面试准备，在面试过程中犯了大忌，如粗心、慌乱、说脏话等，这些都会给面试官留下了不良印象，从而导致面试失败。

面试是每个求职者都要面对的。在求职过程中，每个人都应为求职做好充足的准备，并使用一定的求职技巧和方法，以提高求职的成功率。例如，参加招聘单位的笔试之前，主动了解笔试内容、笔试题型、笔试要求，熟悉笔试环境，确保充足睡眠，掌握笔试的答题技巧，这些准备有助于提高笔试的胜出概率。参加招聘单位的面试之前，了解各种面试形式及其特点，熟悉面试的内容，了解招聘单位，准备求职材料和自我介绍，进行模拟面试训练，掌握面试过程中的各种应对技巧，都有利于提高面试的成功率。

任务实施

7.2.4 模拟训练

1. 内容

分角色扮演应聘者和面试考官，进行面试过程中的互动训练，并拍摄模拟训练的视频。

2. 要求

（1）分组开展模拟训练。将全班学生分成若干个8～10人的小组，每个小组设组长一名，统筹组织本次训练。

（2）由组长组织本组成员分角色扮演单位行政专员、应聘者、面试考官、摄影记者等，各成员相互配合，共同完成模拟训练任务。

（3）各角色扮演者各司其职：① 招聘单位行政专员确定招聘要求，发布招聘信息，收集求职简历，发送笔试通知和面试通知等；② 应聘者根据招聘信息准备求职材料、投送求职简历，参加笔试和面试；③ 面试考官确定面试方式和面试内容，拟定面试试题，明确评价标准，对应聘者进行面试；④ 摄影记者对面试现场进行摄影、录像，并对获取的第一手资料进行剪辑（时长不超过 5 分钟）。

（4）模拟面试现场的互动过程限制在半小时之内。

（5）模拟面试活动结束后，由老师对各组成员的表现进行点评。

练习与思考

1. 请结合自身情况（专业、性格、兴趣、价值观）准备一份求职材料。

2. 如何针对面试考核的内容，发现自己的不足？你将如何弥补自身不足，提升自身素质？

3. 面试时，在言行举止方面有哪些需要特别注意或禁忌的地方？

4. 如何制作出一份令人眼睛一亮的简历？

5. 求职遇到挫折时，要怎样调适自己的心理？

6. 如何防范求职陷阱，避免不必要的损失与伤害？

本章总结

本章主要阐释了求职资料准备及求职技巧的重要性，全面介绍了求职必须掌握的礼仪、技巧及方法，重点分析了求职信写作技巧、简历制作方法、笔试技巧、面试技巧与礼仪等重要的必备技能，有助于大学生熟练掌握必要的求职技巧，进而提高求职择业的成功率。

延伸阅读 7：15 个经典面试问题及其答题思路

延伸阅读 7

第8章 保护就业权益

导 言

高校毕业生就业权益的保护事关毕业生自我价值的实现和社会的和谐稳定发展。从实际情况看，即将步入社会的大学毕业生，往往将注意力集中在简历制作、招聘信息收集、准备面试与笔试等方面，忽视了对与就业有关的法律法规的学习和了解，再加上社会经验不足、自我保护意识较差、就业竞争激烈、就业市场不够规范等多种原因，一部分毕业生在求职择业的道路上遭遇了一些阻碍和陷阱。毕业生要积极主动了解相关法律法规和常见"套路"，时刻保持清醒头脑，学会运用法律武器维护自己的合法权益不受侵害。

随着我国平台经济的快速发展，新就业形态已成为劳动者就业增收的重要渠道。国务院第141次常务会议审议通过了（人社部发〔2021〕56号）《关于维护新就业形态劳动者劳动保障权益的指导意见》并公开发布，明确了劳动者权益保障责任，聚焦新就业形态劳动者权益保障面临的突出问题，健全了相关机制，强化了职业伤害保障。

学习目标

知识目标：了解就业过程中的基本权益与常见的侵权行为。

能力目标：掌握就业权益保护的方法与渠道。

素质目标：树立正确的就业权益观，维护个人合法权益。

专题故事

李某系大四学生，于2021年10月12日入职某媒体公司从事全职工作，岗位是媒体后期，双方未签订任何书面协议。后李某申请劳动仲裁，认为双方系劳动关系，要求某媒体公司支付拖欠的工资等。某媒体公司认为双方系劳务关系。劳动仲裁委不予受理后，李某诉至法院。

法院经审理认为，不能因在校生或实习生的身份而一律否认劳动关系的建立。大学毕业生以就业为目的进入用人单位，不同于在校生以学习为目的的假期实习、社会实践及勤工助学等情形，双方用工关系符合劳动关系特征的，应认定为劳动关系。本案中，李某作为应届毕业生以就业为目的至某媒体公司工作，向公司提供了劳动，并接受公司的管理，公司向其发放了报酬，存在建立劳动关系的合意。双方存在人身上、组织上及经济上的从属性，构成劳动关系，故判决支持了李某的诉讼请求。

8.1　防范就业风险

任务分析

任务描述

杨同学作为刚走出校门的大学生，面对参差不齐的就业单位和良莠不齐的就业广告，如何避免上当受骗，对于涉世不深的他无疑是一场大的考验。因此，大学毕业都应该辨识在就业过程中可能遇到的就业风险，提高就业风险防范意识和防范能力。

任务要领

1. 能明晰就业基本权利和基本义务。
2. 能够在寻找就业机会的过程中辨识各种陷阱。

知识储备

8.1.1　毕业生就业的基本权利

根据《中华人民共和国宪法》《中华人民共和国劳动法》《普通高等学校毕业生就业工作暂行规定》等法律、法规和政策，毕业生主要享有平等就业权、接受就业指导权、获取信息权、公平待遇权、违约求偿权等多个方面的基本权利。

8.1.2　毕业生就业的基本义务

毕业生就业的基本义务包括：执行国家就业方针、政策和规定的义务，履行特定的义务，如实推荐自己的义务，遵守就业协议的义务，按时到工作单位报到的义务，等等。

8.1.3　毕业生就业权益被侵犯的表现

随着网络科技发展，线上招聘蔚然成风，就业侵权行为也不断变化。这些"流行坑"你听说过吗？

"黑中介"：是指某些非法机构以介绍工作为名向求职者变相收取各种名目费用。求职者要核实中介机构营业执照的经营范围是否包括职业介绍业务，是否具备人力资源服务许可证。

"乱收费"：是指用人单位或者中介机构以工作为名收取报名费、服装费、体检费、培训费、押金、岗位稳定金、资料审核费等费用。求职者谨记，应聘工作本身并不需要任何费用，对于将提前收取报名费、培训费等作为条件的招聘面试都要谨慎对待。入职体检通常都是要求求职者自行到二甲以上医院进行，正规单位不会代收体检费用。

"扣证件"：是指用人单位或中介机构借保管或经办社会保险、申办工资卡等业务名义扣押求职者身份证、毕业证、学位证等个人证件原件。任何单位和个人都没有权力扣留他人证件原件，求职者不要将证件原件交付他人，如有需要，仅向有关人员出示即可；需要提供证件复印或者影印件的，要在合适位置注明具体用途。

"培训贷"：是指某些培训机构将高薪就业作为诱饵向求职人员承诺培训后包就业，但须向指定借贷机构贷款支付培训费用。求职者要增强辨别和防范意识，参加培训前一要看培训机构是否具备培训资质，二要看经营范围是否包含培训内容，三要看承诺薪资是否与社会同等岗位条件薪资水平大体一致。同时，要注意保留足够的材料，一旦发现被骗，请立即向有关部门报案。

刷单兼职：是指某些诈骗人员打着高薪兼职、点击鼠标就赚钱、刷单返现等幌子进行金融诈骗。求职者不要轻信既轻松又赚钱的"好差事"，应树立正确的求职观、就业观。同时，要注意保护个人信息，不要轻易泄露银行卡、网银和支付宝密码等信息，不要随意打开陌生网址链接。

非法传销：是指组织者或经营者通过发展人员要求其缴纳费用或者以购买商品等方式取得加入或发展他人的资格牟取非法利益的行为。求职者要了解国家有关禁止传销的法规规定，掌握识别传销的基本知识；自觉抵制各种诱惑，坚信"天上不会掉馅饼"，树立勤劳致富、拒绝传销的防范意识。

就业侵权的主要表现在以下方面：

（1）就业歧视。包括性别歧视、生理歧视、健康歧视、经验歧视、户籍歧视等。

（2）传销。以推销商品、提供服务等经营活动为名，要求参加者以缴纳费用或者购买商品、服务等方式获得加入资格，并按照一定顺序组成层级，直接或者间接以发展人员的数量作为计酬或者返利依据，引诱、胁迫参加者继续发展他人参加，牟取非法利益，扰乱经济秩序，影响社会稳定的行为。传销是国家明令禁止和打击的行为，情节严重的应当追究刑事责任。

（3）扣押证件或收取费用。一些用人单位往往要求劳动者，特别是非本地户口的劳动者提供财物担保才能予以录用，或交纳培训费、服装费、体检费等，都是违法的。

（4）非法获取、传播或利用毕业生的个人隐私。要求提供诸如身高、体重、女性三围、病历、生活经历、财产状况、个人日记、家庭电话号码、档案材料、计算机储存的个人资料等。

（5）窃取劳动成果。有些公司由于自身缺乏足够和优秀的创意，另行聘请高水平的工作人员又需要较大代价，便想出借招聘新人来获取新鲜创意的点子或者劳动成果。

任务实施

要防范就业风险，除要了解就业相关权利义务外，还要能够识别就业中的一些陷阱，采取措施进行有针对性的防范工作，同时对侵害自己合法权益的行为要进行坚决的斗争。

8.1.4 识别就业陷阱

如何识别哪些招聘行为可能是就业陷阱呢？请根据你所学知识和社会阅历，判断以下情景是否存在就业陷阱。

（1）某用工单位要招聘 10 名员工，委托某中介机构代为招聘，中介机构推荐几十名甚至上百名求职者前去面试，然后收取报名费、中介费、车辆使用费等费用。

（2）中介组织与求职者约定，推荐求职者到单位面试，如果因为求职者自身原因无法录用的话，只退中介费不退报名费。

（3）在介绍就业单位时，中介机构声称单位招聘的是比较好的工作岗位，如文员、销售人员等，但当求职者真正被录用后，单位所安排的岗位不是中介机构所说的岗位，工资或待遇也与所承诺的不同。

（4）中介机构采取会员制的经营方式，求职者可以一次性缴纳会费 300 元，授予求职者会员资格。然后在 6 个月内给予免费的职业介绍服务，如果求职者到推荐单位面试不成功或非本人原因被辞退，在双方约定的"服务期"内中介机构免费继续推荐。

（5）要求求职者先缴报名费、保证金、服装费、体检费等。

（6）某毕业生为争取能留在公司工作，起早贪黑地干了近一个月，公司评价"你干得不错，但专业知识不足，公司需要对你进行培训"，请先交 3000 元培训费。

（7）企业在招聘员工时要求求职者以身份证、毕业证等作抵押，因为如果毕业生违约将对招聘企业造成严重影响。

（8）用人单位效益好，薪水高，月薪可达 10 万元，但对应聘者的学历、经验等要求不高。

（9）某大型厂商、酒店、公司招聘，在某酒店前台实行隐性招聘，并要求缴纳建档费、违约金押金等。

（10）某小型广告公司招聘广告设计人员，或某企业招聘翻译人员，要求先设计一个广告产品或翻译一些资料，然后根据工作成果的评判结果来决定是否符合招聘条件。

（11）一个很要好的朋友来电话，说所在单位在国外，赚钱很容易，自己现在可以一年拿到 100 万元收入，邀请你去一起发展，可以事先交纳一定的会员费入会，也可以人去了再说。

（12）某公司向你发来短信说，虽然没有向公司投送过简历，但有朋友向公司推荐了你，请前去面试。

（13）某公司与你约定，试用期 3 个月，试用期内月工资 2000 元（当地最低工资标准为每月 2500 元），工作日由公司提供工作午餐，试用合格即签订劳动合同。

（14）某大型公司因招聘业务较多，约你在某天晚上 9:00 于某星级酒店 1508 房间面试。

其中第 1~4 项是有些中介机构弄虚作假的常用手段，主要目的是收费；第 5~6 项是典型的为了收费，第 7 项为扣押证件，第 8~9 项可能是诈骗，第 10 项可能是窃取劳动成果，第 11~12 项可能是传销或诈骗，第 13 项是试用期陷阱，第 11、14 项存在面试安全风险。上述现象中，有许多是不合理、不合法的，或至少存在较大的就业风险，求职者只有在寻找就业机会的过程中小心应对，才能避免落入就业陷阱。

8.1.5　预防就业风险

1. 保持平实的求职心态

在求职过程中，面对不需经验、学历，工资高、福利好、挣钱快的招聘信息，首先要保持平实的心态。所谓"一分耕耘，一分收获"，不要随便相信广告，要坚信天上不会掉下馅饼，世上没有免费的午餐，相信通过自己的努力和学校的帮助，一定会找到一份工作。要客观求实，脚踏实地，不要好高骛远，这山望着那山高；不要过分相信他人的甜言蜜语和夸大的不实之词；从自身实际条件出发，不要自诩社会精英。刻苦学习，艰苦锻炼，夯实基础。只有在平时通过一点点地积累，一点点地提高，在知识、能力、素质等各方面打下了良好的基础，才能更好地就业。

微课 8-1
预防就业
风险

2. 防范黑中介

通过中介机构求职，为防止就业陷阱，可根据具体情况采取以下行动：打电话询问当地工商行政管理部门、人事部门和劳动管理部门，或登录相关机构查询网站核实该中介机构的真实性。因为《就业促进法》规定，设立职业中介机构，应当依法办理行政许可。经许可的职业中介机构，应当向工商行政部门办理登记。未经依法许可和登记的机构，不得从事职业中介活动。

进行资信、资质等相关调查。一般要求交纳保证金或押金的中介机构都不太可靠。当遇到此类中介机构时一定要对该机构的相关资质进行调查。采用名片、街头张贴及公众BBS 发布就业信息的中介机构基本上都是假的多、真的少，不要轻信。

在信息未核实前不可贸然只身前往，如果确实想去，最好邀约 2～3 人同行。

面试时如果涉及劳动成果的归属问题，一定要先说明该成果的所有权归属，最好是签订相关书面确权材料。

3. 注意面试安全

在面试过程中，要想办法保证自己的人身安全和财产安全，可根据不同情况采取不同行动。正式面试之前要通过多方途径对招聘单位资料进行确认，如通过上网查询，拨打当地114 电话核实对方公司的联系电话与地址，到工商登记、税务登记、人事、劳动等主管部门了解该企业性质情况，必要时到公司所在地明察暗访等，了解公司背景资料、职责范围或行业，落实单位资信情况和信誉等。注意该公司是否正当经营、正常运作，面试时是否草率轻易录取或只需填写简单资料；面试时请朋友、家人陪同或前往时打电话告知亲友欲前往面试之地点；在接到招聘单位的面试通知时记下对方公司地址、电话及联系人等相关信息。

面试时注意观察面试人员的形态、特征等，特别是女性应试者更要谨慎。如果主试者说话轻浮、眼神不正并要求更换面试地点或夜间面试，或面试地点偏僻隐秘等，感觉不安全、不对劲，就应马上以借口迅速离去；面试时不食用该公司所提供之饮食，并详记该公司主试者基本数据及特征；不缴交任何用途之费用，不购买公司以何名目要求购买之有形、无形之产品；不应面试单位之要求而当场办理银行卡、签署任何文件、契约；不将证件及银行卡交给求职公司保管，等等。

8.1.6　化解就业风险

1. 留存就业有关证据

在就业过程中涉及的合同签订、金钱交付等事项一定要保存好相关证据。比如，商家发布的招聘信息、招聘过程中双方人员的交流等，这就要求求职者有留存证据的意识。

就业协议签订后，毕业生应自己妥善保管一份；在支付款项时要求收款方提供收款凭证并核对凭证上的印鉴、金额是否准确、一致，印鉴是否清晰；也可以对就业的一些过程通过手机录像、照相等形式固定一些证据，但要注意录像、照相要能完整反映该事件，如能确认是在什么地方拍的，拍的是什么人、什么事，照片之间要有连续性，能形成一个紧密的链条，不能断环。

在面试和实习期间，求职者要保存好下列文件：用人单位向求职者发放的工作证、服务证、培训证等能够证明身份的证件、求职者填写的用人单位招工招聘登记表、报名表等招聘记录、考勤记录、其他人员的证言等。

2. 依法维权

要维护自己的就业权益，真正地保护自己，就要具有强烈的维权意识，在碰到问题时能够拿起法律武器积极主张权利。只有养成了维权意识，才能够敢于与用人单位据理力争，切实保障自己的合法权益。

求职者一旦发觉上当受骗，要及时向招聘单位所在地的人力资源和社会保障部门或公安局派出所报案，寻求法律保护。但由于劳务诈骗往往涉及公安、工商、劳动人事等部门，求职者应该根据情况选择最有效的投诉部门，若被投诉对象为合法机构，求职者可以找人力资源和社会保障部门或工商部门；若求职受骗情况特别严重、诈骗金额大（一般为 2000元左右），可以到公安部门报案。

在签订就业协议或劳动合同时约定违约条款；在求职过程中当自己的合法权益受到侵犯时，可以申请学校出面调解，可以向劳动监察部门申诉、举报，可以向劳动仲裁机构申请仲裁，甚至向人民法院提起诉讼等。

8.2　签 订 协 议 合 同

任 务 分 析

任务描述

杨同学经过了初筛、考试、面试、体检等层层选拔，终于可以和心仪的就业单位签订就业协议或劳动合同了。但在签订协议或合同时，他应该注意哪些事项，确保自己的合法权利得到保障呢？

任务要领

1. 能认知就业协议与劳动合同的区别。

2. 能把握签订就业协议和劳动合同的基本技巧和方法。

3. 能坚持诚信为本、诚信签约、严格履约。

知 识 储 备

8.2.1　就业协议

就业协议是普通高等学校毕业生和用人单位在正式确立劳动人事关系前，经双向选择，在规定期限内确立就业关系、明确双方权利和义务而达成的书面协议。协议在毕业生到单位报到、用人单位正式接收后自行终止。就业协议一般由国家教育部或各省、市、自治区就业主管部门统一制表。

1. 就业协议的内容

高校毕业生基本情况，应包括：姓名、性别、身份证号、专业、学制、毕业时间、学历、联系方式等。

用人单位基本情况，应包括：单位名称、组织机构代码、单位性质、联系人及联系方式、档案接收地等。

高校毕业生和用人单位约定的有关内容，可包括：工作地点及工作岗位，户口迁入地，违约责任，协议自动失效条款、协议终止条款，双方约定的其他事宜等。

各方应严格履行协议，任何一方若违反协议，应承担违约责任。

2. 就业协议签订原则

主体合法原则。对毕业生而言，就是必须要取得毕业资格，如果学生在派遣时未取得毕业资格，用人单位可以不予接收而无须承担法律责任。对用人单位而言，用人单位必须具有从事各项经营或管理活动的能力，单位应有录用毕业生计划和录用自主权，否则毕业生可解除协议而无须承担违约责任。

平等协商原则。就业协议的双方在签订就业协议时的法律地位是平等的，一方不得将自己的意志强加给另一方。学校也不得采用行政手段要求毕业生到指定单位就业（不包括有特殊情况的毕业生），用人单位亦不应在签订就业协议时要求毕业生交纳过高数额的风险金、保证金。双方当事人的权利义务应是一致的。

3. 就业协议签订步骤

就业协议的订立一般要经过两个步骤，即要约和承诺。

要约。毕业生持学校统一印制的就业推荐表或复印件参加各地供需洽谈会（人才市场），进行双向选择。毕业生向用人单位寄发书面材料，为要约邀请；用人单位收到毕业生材料，对毕业生进行考察后，表示同意接收并将回执寄到高校毕业生就业工作部门或毕业生本人，应为要约。

承诺。毕业生收到用人单位回执或通过其他方式得到用人单位答复后，从中做出选择并到学校毕业生就业工作部门领取就业协议书，与用人单位签订协议，即为承诺。

4. 违约后果

毕业生与用人单位签订了《就业协议书》后，毕业生和用人单位都应认真履行协议。

倘若毕业生因特殊原因要求违约，应承担违约责任。已签订《就业协议书》的毕业生，如要违约，需办理解约手续，并承担违约责任，支付违约金。

毕业生违约，还会造成其他不良的后果，主要表现在：

对用人单位而言，用人单位往往为录用毕业生做了大量的工作，有的甚至对毕业生将要从事的具体工作也有所安排。一旦毕业生违约，势必给用人单位工作造成被动。

对学校而言，用人单位往往将毕业生违约行为认为是学校的行为，从而影响学校和用人单位的长期合作关系。从历年就业情况来看，一旦毕业生违约，该用人单位在几年之内不愿到该学校来挑选毕业生。

对其他毕业生而言，该生的违约导致当初希望到该用人单位工作的其他毕业生无法被录用，影响其他毕业生就业。

8.2.2　劳动合同

劳动合同，是劳动者与用人单位之间确立劳动关系，明确双方权利和义务的书面协议。

1. 劳动合同的内容

劳动合同的内容可以分为法定条款和约定条款两部分，前者是法律规定的劳动合同必须具备的内容，后者是由当事人自由协商确定的合同内容。

法定条款。劳动合同应当具备以下条款：用人单位的名称、住所和法定代表人或者主要负责人，劳动者的姓名、住址和居民身份证或者其他有效身份证件号码，劳动合同期限，工作内容和工作地点，工作时间和休息休假，劳动报酬，社会保险，劳动保护、劳动条件和职业危害防护，法律、法规规定应当纳入劳动合同的其他事项。

约定条款。劳动合同除前款规定的法定条款外，用人单位与劳动者可以约定试用期、培训、保守秘密、补充保险和福利待遇等其他事项。其中常见的有试用期条款、保密条款、违约金条款等。

2. 劳动合同期限

劳动合同期限分为固定期限、无固定期限和以完成一定工作任务为期限三种。固定期限劳动合同，是指用人单位与劳动者约定合同终止时间的劳动合同。无固定期限劳动合同，是指用人单位与劳动者约定无确定终止时间的劳动合同。以完成一定工作任务为期限的劳动合同，是指用人单位与劳动者约定以某项工作的完成为合同期限的劳动合同。

用人单位与劳动者协商一致，可以订立无固定期限劳动合同。有下列情形之一，劳动者提出或者同意续订、订立劳动合同的，除劳动者提出订立固定期限劳动合同外，应当订立无固定期限劳动合同：劳动者在该用人单位连续工作满十年的；连续订立二次固定期限劳动合同，且劳动者没有《劳动合同》第三十九条和第四十条第一项、第二项规定的情形（即因劳动者单方原因被解除合同的情形），续订劳动合同的。

用人单位自用工之日起满一年不与劳动者订立书面劳动合同的，视为用人单位与劳动者已订立无固定期限劳动合同。

3. 试用期条款

劳动合同期限三个月以上不满一年的，试用期不得超过一个月；劳动合同期限一年以上不满三年的，试用期不得超过二个月；三年以上固定期限和无固定期限的劳动合同，试用期不得超过六个月。同一用人单位与同一劳动者只能约定一次试用期。以完成一定工作任务为期限的劳动合同或者劳动合同期限不满三个月的，不得约定试用期。试用期包含在劳动合同期限内。劳动合同仅约定试用期的，试用期不成立，该期限为劳动合同期限。

劳动者在试用期的工资不得低于本单位相同岗位最低档工资或者劳动合同约定工资的百分之八十，并不得低于用人单位所在地的最低工资标准。

在试用期内，除劳动者有《劳动合同法》第三十九条和第四十条第一项、第二项规定的情形外，用人单位不得解除劳动合同。用人单位在试用期解除劳动合同的，应当向劳动者说明理由。《劳动合同法》第三十九条规定，【用人单位单方解除劳动合同（过失性辞退）】劳动者有下列情形之一的，用人单位可以解除劳动合同：① 在试用期间被证明不符合录用条件的；② 严重违反用人单位的规章制度的；③ 严重失职，营私舞弊，给用人单位造成重大损害的；④ 劳动者同时与其他用人单位建立劳动关系，对完成本单位的工作任务造成严重影响，或者经用人单位提出，拒不改正的；⑤ 因本法第二十六条第一款第一项规定的情形致使劳动合同无效的；⑥ 被依法追究刑事责任的。《劳动合同法》第四十条规定，【无过失性辞退】有下列情形之一的，用人单位提前三十日以书面形式通知劳动者本人或者额外支付劳动者一个月工资后，可以解除劳动合同：① 劳动者患病或者非因工负伤，在规定的医疗期满后不能从事原工作，也不能从事由用人单位另行安排的工作的；② 劳动者不能胜任工作，经过培训或者调整工作岗位，仍不能胜任工作的；③ 劳动合同订立时所依据的客观情况发生重大变化，致使劳动合同无法履行，经用人单位与劳动者协商，未能就变更劳动合同内容达成协议的。

4. 保密条款

《劳动合同法》第二十三条规定，用人单位与劳动者可以在劳动合同中约定保守用人单位的商业秘密和与知识产权相关的保密事项。

对负有保密义务的劳动者，用人单位可以在劳动合同或者保密协议中与劳动者约定竞业限制条款，并约定在解除或者终止劳动合同后，在竞业限制期限内按月给予劳动者经济补偿。劳动者违反竞业限制约定的，应当按照约定向用人单位支付违约金。

竞业限制的人员限于用人单位的高级管理人员、高级技术人员和其他负有保密义务的人员。竞业限制的范围、地域、期限由用人单位与劳动者约定，竞业限制的约定不得违反法律、法规的规定。在解除或者终止劳动合同后，前款规定的人员到与本单位生产或者经营同类产品、从事同类业务的有竞争关系的其他用人单位，或者自己开业生产或者经营同类产品、从事同类业务的竞业限制期限，不得超过 2 年。

5. 违约金条款

除劳动者违反保密条款或服务期约定外，不得与劳动者约定由劳动者承担违约金。

用人单位为劳动者提供专项培训费用，对其进行专业技术培训的，可以与该劳动者订立协议，约定服务期。劳动者违反服务期约定的，应当按照约定向用人单位支付违约金。违约金的数额不得超过用人单位提供的培训费用。用人单位要求劳动者支付的违约金不得超过服务期尚未履行部分所应分摊的培训费用。用人单位与劳动者约定服务期的，不影响按照正常的工资调整机制提高劳动者在服务期期间的劳动报酬。

8.2.3　就业协议与劳动合同的区别

就业协议和劳动合同都是毕业生与用人单位签订的书面协议，都具有法律效力，但两者签订于就业过程中的两个不同阶段，有着不同的主体、签订时间、法律效力、内容与法律适用也各不相同。主要区别如下：

（1）主体不同。就业协议是毕业生与用人单位达成就业意向时签订的协议，明确毕业生、用人单位和学校在毕业生就业中的权利和义务，签订主体是学生、用人单位和学校，缺少任何一方，协议均无效。劳动合同是毕业生与用人单位确定劳动关系时签订的书面协议，签订主体只有毕业生和用人单位。

（2）签订时间不同。一般来说，就业协议签订在先，劳动合同签订在后，毕业生与用人单位达成就业意向签订就业协议时，通常发生在毕业前。毕业生到用人单位报到并建立劳动关系时，签订劳动合同。

（3）时效不同。就业协议的法律效力始于协议签订之日，终于毕业生与用人单位签订劳动合同之时。劳动合同签订后，就业协议失效。劳动合同的有效期，由劳动者与用人单位以合同形式确定，除法律规定的情形外，双方不得随意变更、中止或解除。

（4）内容不同。就业协议主要内容为毕业生愿意到用人单位工作，用人单位愿意接收该毕业生，学校同意签订等。劳动合同的内容更为翔实，包括合同必备条款和可选条款，还可以就试用期、保守秘密、福利待遇、社会保险等其他事项进行约定。

（5）适用的法律不同。就业协议主要适用民法、合同法等相关法律法规，受民事法律约束；劳动合同主要依据《劳动合同法》制订，受劳动法律法规约束。

（6）纠纷解决方式不同。因就业协议发生纠纷，任何一方均可以向人民法院提起诉讼，不能提请劳动争议仲裁。因劳动合同发生纠纷，任何一方均可向当地的劳动争议仲裁委员会申请仲裁，当事人对仲裁裁决不服的，可以向人民法院提请诉讼；仲裁是劳动争议诉讼的前置程序，如当事人就劳动争议直接向人民法院起诉的，人民法院不予受理。

8.2.4　社会保险

根据《中华人民共和国社会保险法》第十条　职工应当参加基本养老保险，由用人单位和职工共同缴纳基本养老保险费。无雇工的个体工商户、未在用人单位参加基本养老保险的非全日制从业人员以及其他灵活就业人员可以参加基本养老保险，由个人缴纳基本养老保险费。第三十三条　职工应当参加工伤保险，由用人单位缴纳工伤保险费，职工不缴纳工伤保险费。根据《社会保险费征缴暂行条例》规定，用人单位应当在成立之日起 30 日内，持营业执照或者登记证书等有关证件，到当地社会保险经办机构申请办理社会保险登记。社会保险经办机构审核后，发给社会保险登记证件。用人单位的社会保险登记事项发生变更或者用人单位依法终止的，应当自变更或者终止之日起 30 日内，到社会保险经办机构办理变更或者注销社会保险登记手续。用人单位必须按月向社会保险经办机构申报应缴纳的社会保险费数额，经社会保险经办机构审核后，在规定的期限内缴纳社会保险费。职工个人应当缴纳的社会保险费，由所在单位从其本人工资中代扣代缴。社会保险经办机构应当按规定建立和记录个人账户。

基本养老保险、基本医疗保险、工伤保险、失业保险、生育保险就是人们常说的"五险"，保障公民在年老、疾病、工伤、失业、生育等情况下依法从国家和社会获得物质帮助的权利。

任务实施

8.2.5 诚信求职

求职材料应客观真实，不弄虚作假。面试时应实事求是，不虚夸业绩。求职心态应平和，不喜新厌旧、恶意毁约。

8.2.6 慎重签约

1. 就业协议签订技巧

毕业生到所在学校就业部门领取具有唯一编号的《就业协议书》原件，认真如实填写。每个毕业生只有一套就业协议书文本，一式三份，复印无效。所填写的专业（名称）应为入学时所学专业全称，不得简写、误写。家庭地址应为毕业生入学前生源所在地，如有变动以生源地为准。不应漏填毕业生签名和日期。

毕业生和用人单位达成协议并在就业协议书上签名盖章。如有其他约定，应以文字形式在协议"备注"栏注明。应聘意见一般应写明本人意愿，如："愿意到××单位工作"等字样。

用人单位如果有上级主管部门的，必须由上级主管部门批准盖章。

及时与学校就业部门联系，将自己签订的就业协议交学校就业工作部门，或确认用人单位已将盖章的就业协议书送达学校就业工作部门。用人单位必须在与毕业生签订协议书起的十五日内将协议书送学校毕业生就业工作部门。

2. 签订劳动合同的技巧

最首要的方法就是认真学习《中华人民共和国劳动法》《劳动合同法》及相关法律法规，仔细审查合同条款。如试用期条款、合同权利义务条款等，如有不清楚或对自己不利的地方，不要立即签约，可以要求带走合同仔细研究。

正确识别就业信息，从正规渠道吸取有用信息。比如：学校、地方教育部门和人事部门提供的信息比较可靠，而小广告和部分网络信息，可信度较低。

在签订劳动合同时，应仔细察看企业是否经过工商部门登记以及企业注册的有效期限；留意工作范围是否与广告或面试所述相符；注意劳动合同期限及试用期期限的关系；注意防范薪酬陷阱；合同要尽量明确规定工资多少及支付方式、社会保险购买情况等；注意解除劳动合同的赔偿问题，要明确合同双方的平等地位；劳动合同中空白处，应注明空白或画斜线，防止有人擅自修改；不要与用人单位签订"双面合同"，即有一份假合同，内容按照劳动部门的要求签订，以对外应付有关部门的检查，但在实际执行过程中却以真合同约束劳动者。

如果在签订劳动合同时有向劳动者收取押金、风险金、培训费、保证金等行为的，一定要慎重考虑。

8.2.7　严格履约

《中华人民共和国民法典》第五百零九条"当事人应当按照约定全面履行自己的义务。当事人应当遵循诚信原则，根据合同的性质、目的和交易习惯履行通知、协助、保密等义务。"虽然不同类型的合同有不同的特点，但此条规定了合同履行的一般原则中的两项原则和要求。严格履行合同义务是市场经济的基点。

8.2.8　违约担责

违约担责可能出现两种情况，即求职者（劳动者）违约或就业单位违约。无论哪一方在履行就业协议或劳动合同过程中有违约行为，必须按协议或合同约定，承担违约责任。当事人双方都违反合同的，应当各自承担相应的责任。如果双方违约行为产生的违约责任是同种责任，双方可以在法律规定范围内将各自承担的责任抵消。

8.2.9　毕业离校工作

拓展资源
9/10

大学生完成就业协议或劳动合同签订后，可以正常毕业离校了。需要注意和强调的是，作为毕业生还需要进行毕业去向登记和完成就业信息上报工作。具体流程和要求参考拓展资源 9 毕业生就业信息上报流程和拓展资源 10 全国高校毕业生毕业去向登记系统操作指南。

练习与思考

A 公司在招聘平台发布"文员"职位招聘信息，声称"可在家办公，日结高薪，月入过万，工作轻松自由"。你在网上向 A 公司投递简历后，很快被告知进入工作试用期了，并被要求下载一款 App 从事"刷单"工作。这项工作需要你在各大电商平台购买指定商品，商品大多为充值卡、网络服务等虚拟产品。你只需在购买商品后，通过付款截图和订单号联系 A 公司即可获得返利收益。你会去这家公司吗？为什么？如果去了，其间要注意什么来减少权益被损害？

本章总结

在当前法治社会，仍存在着不同程度不同类型的求职者合法权益被侵害现象，初出社会的部分大学生由于社会经验不足、法律意识不强，又急于找工作，在求职或就业过程中合法权益被侵害却不懂如何维权。通过学习就业风险的防范、协议合同的签订等知识，强化维权意识和技巧，防范就业风险。

延伸阅读 8：毕业季求职十大典型陷阱

延伸阅读 8

第三篇

创新与创业

第 9 章 培养创新能力

导 言

创新是以新思维、新发明和新描述为特征的一种概念化过程。英文中 innovation（创新）一词起源于拉丁语，原意有三层含义：第一，更新；第二，创造新的东西；第三，改变。创新是人类特有的认识能力和实践能力，是人类主观能动性的高级表现形式，是推动民族进步和社会发展的不竭动力。一个民族要想走在时代前列，就一刻也不能没有理论思维，一刻也不能停止理论创新。创新意识是善于独立思考、敢于标新立异，提出新观点、新方法，解决新问题和创造新事物的意识，它是创新思维和创新活动的基本前提和条件，它直接决定创新活动的产生和创新能力的发挥。

学习目标

知识目标：使学生了解创新的概念和种类，了解创新思维的概念和种类，了解创新思维的障碍，掌握培养创新思维的方法，了解创新方法的定义和特点，掌握不同类型的创新方法，了解创新意识的概念，了解思维定式的弊端，掌握激发创新潜能的方法。

能力目标：通过练习，掌握培养创新思维的方法，能使用恰当的方法培养创新思维，能运用适当方式增强创新意识。

素质目标：培养科学的创新思维，提高社会责任感，促进学生全面发展，做对国家有贡献的人。

专题故事

有 17 个发明专利的 "Youth 独食俱乐部"

朱婷婷团队此次的参赛项目 "Youth 独食俱乐部" 是一个怎样的项目？

面对记者采访，朱婷婷首先提到了她的一次日本之旅。在日本，她看到 "一人独食"

的模式。同时，她发现美团《2020外卖行业报告》中说："90后"快餐单人用餐笔数占比超过65%，55%的人有独立在外用餐习惯，"一人食"现象普遍。于是，她提出了"一人一位一份暖心精致餐品，独享空间与轻社交完美结合，赋予餐饮好心情"的饮食理念。

"为了我的客户群体，我要为这群人打造一个独享空间，从空间、服务到菜品，营造一种轻松的氛围。"基于这样的判断，朱婷婷开始了研发之路。

为了让顾客得到真正的"独食"体验，整店的设计她都考虑在内。她在创业的过程中一点点尝试，在尝试的同时也发明了一个个专利。这些发明专利包括各种火锅配方、蘸料配方，还有炒料机、一种独立餐桌、一种可调节的面对面餐桌等。

以"一种冬阴功汤味方便火锅底料配方及制作方法"这项发明专利为例，她当时为了调配出适合中国人口味的冬阴功汤，专门去泰国学习了泰式冬阴功汤的制作方法。因为语言不通，她又去补习班学习了泰语。在带回泰式冬阴功汤的同时，她竟然学会了泰语。

回国后，她和团队经过多次试验，降低了汤里的香茅、柠檬叶的比例，增加了椰奶的比例，推出了新的冬阴功汤味方便火锅底料，一经推出，就受到国内青年人的喜爱。为了开独食火锅店铺，朱婷婷已经发明了17项专利并全部获批。

2019年4月，朱婷婷在成都做了"半米屋台"独食火锅品牌，主打粉丝经济，得到年轻人群体广泛关注和认可，品牌抖音粉丝增长到12万，如图9-1所示。

朱婷婷回到学校后，同校友和老师们一起备战2020年的中国国际"互联网＋"大学生创新创业大赛。

图9-1　一人独享空间

9.1　培养创新思维

👤 **任务分析**

🔲 **任务描述**

李同学是某校学生会文艺部部长，计划要在五四青年节的时候举行一场文艺活动，学校希望能举办一场别开生面的活动，摆在李同学面前的问题集中在如何创新。创新思维是一切创新活动的开始，是创新活动的灵魂和核心。可以通过哪些训练来提升自己的创新思维，以达到举办一场创新型文艺演出的目的。

◼ 任务要领

1. 主动思考和理解创新的本质。

2. 自觉进行创新思维的训练，以提升创新能力，更好地适应多变的市场环境和行业发展的要求。

📝 知 识 储 备

时代是思想之母，实践是理论之源。当代中国正经历着我国历史上最为广泛而深刻的社会变革，也正在进行着人类历史上最为宏大而独特的实践创新。

习近平总书记曾反复强调，创新是民族进步的灵魂，是一个国家兴旺发达的不竭源泉，也是中华民族最深沉的民族禀赋。如何迎接与融入"大众创业、万众创新"的新时代，是每一位大学生都应该认真思考的问题。

9.1.1　认识创新

1. 创新的概念

创新是指人们为了满足自身的需要，不断拓展对客观世界及自身的认知与行为，从而产生有价值的新思想、新举措、新事物的实践活动。

创新往往突破常规和原有的思维定式，是一种新的变革，能够产生新的发明，带来新的改变。并不是只有重大的发明创造才是创新，对各种产品、工作方法、商业模式、服务方式等的改进都属于创新。

2. 创新的类型

创新主要分为产品创新、技术创新、制度创新、职能创新和结构创新。

（1）产品创新。

产品创新是指研发和生产出性能更好，外观更美，使用更便捷、更安全，更符合环境保护要求的产品，以更好地满足人们的需求。产品创新可从以下三个层面来实现：

1）开发具有新功能的产品。例如，3D 打印行业的翘楚——3D Systems 发布的 Cube 3D 打印机，具有打印平台自动找平功能，采用了全新的彩色触摸屏，具有直观的用户界面，打印时拥有漂亮的 LED 高亮显示效果，且其打印支撑结构更容易拆除。正因为有了这些创新，Cube 3D 打印机堪称 3D Systems 的杀手级产品。

2）优化产品结构。例如，企业通过优化电子产品的结构，使产品变得轻、巧、小、薄，更加节能环保。

3）改进产品外观。例如，苹果公司曾推出彩壳流线型 PC 机（个人计算机），以提高市场占有率。

（2）技术创新。

技术创新是指采用新的生产方法或新的原料生产产品，以达到提升质量、降低成本、保护环境，或使生产过程更加安全和省力的效果。技术创新可从以下四个层面来实现：

微课 9-1
创新的
类型

　　1）革新工艺路线。例如，机械制造业普遍运用数字化工艺技术，大幅度提高了生产效率、降低了生产成本，从而提高了工厂的生产能力。

　　2）替代和重组材料。例如，最近几年汽车生产中碳钢、铁和锌等压铸件的用量显著减少，而高强度的钢、铝、铜（主要是电子元件）和塑料用量大大增加。

　　3）革新工艺装备。例如，造纸过程中使用蒸汽发生器，既节能环保，又节省空间，同时还能节约人力。

　　4）革新操作方法。例如，现在有些商业银行取钱可以使用 App 直接扫码，提供了便利。

　　（3）制度创新。

　　制度创新是指从社会经济角度对企业的生产方式、经营方式分配方式、经营观念等进行调整和变革，以推动企业发展和社会进步。制度是组织运行方式的原则性规定。制度的创新通常表现为产权制度、经营制度和管理制度的调整和优化。

　　一般来说，一定的产权制度决定了相应的经营制度。在产权制度不变的情况下，企业具体的经营方式可以不断进行调整。同样，在经营制度不变的情况下，具体的管理制度也可以不断改进。但是，当管理制度的改进发展到一定程度时，经营制度就必须进行相应的调整，而经营制度的不断调整也必然会引起产权制度的变革。

　　（4）职能创新。

　　职能创新是指在计划、组织、控制、协调等管理职能方面采用更有效的新方法和新手段。其常见形式如下：

　　1）计划形式的创新。例如，某企业在购电、电网运行和用电方面创造性地采用了目标规划方案，结果每年节约电费 2000 万元以上。

　　2）控制方式的创新。例如，丰田汽车公司首创准时生产制，显著降低了生产成本。

　　3）用人方面的创新。例如，国家电网公司创新地推出了终身学习机制，通过各种专业培训、线上线下课程、提供国网学堂学习平台等方式，让员工提高自身的专业素质，增强工作能力。

　　4）激励方式的创新。例如，某企业实行"自助餐式"奖励制度，即员工可以从企业提供的列有多种福利项目的"菜单"中选择自己所需要的福利，这种创新型激励方式使企业在付出同等成本的情况下获得了更好的激励效果。

　　5）协调方式的创新。例如，某市政府试行科技特派员制度，市政府工作人员先通过调查了解村镇农业大户所需要的技术支持，同时将全市 3500 名农业科学技术人员按专长分类并公布，然后将两者对接起来，让双方实行双向选择。经过这种协调方式的创新，农户和农业科学技术人员的收入都得到了大幅提升。

　　（5）结构创新。

　　结构创新是指设计和应用更有效率的新组织结构的一种创新。按影响范围的不同，结构创新可分为技术结构的创新和经济与社会结构的创新。

　　1）技术结构的创新。例如，福特汽车公司在 20 世纪 20 年代首创了流水线生产方式，让工人分工完成流水线上的简单工序，大大提高了生产率，从而开创了大规模生产标准产品的工业经济时代。

2）经济与社会结构的创新，即通过调整人们的责、权、利关系来提高组织效能。例如，通用汽车公司在 20 世纪 20 年代通过采用事业部制，化解了统一领导与分散经营之间的矛盾，使规模经营与市场适应得到了很好的统一，从而极大地增强了公司的市场竞争力。

9.1.2 创新思维的概念

创新思维是一种有创见的思维，即人脑对客观事物的未知成分进行探索的活动，是人脑发现和提出新问题，设计新方法，开创新途径，解决新问题的活动。

9.1.3 创新思维的种类

创新思维有很多种，以下是几种常见的创新思维。

1. 逆向思维

逆向思维也叫求异思维、反向思维它是对司空见惯的、似乎已成定论的事物或观点反过来思考的一种思维方式。在日常生活中，一些常规思维难以解决的问题，通过逆向思维却可能轻松化解。例如，当小伙伴落入水缸急需救助时，常规的思维方式是"救人离水"，而少年时期的司马光面对险情，却运用了逆向思维，果断地用石头把缸砸破"让水离人"，从而挽救了小伙伴的性命。

逆向思维的思维方法主要有以下 3 种：

（1）反转型逆向思维法指从常规思路的相反方向进行思考的一种思维方法。

（2）转换型逆向思维法指由于解决问题的常规手段受阻而转换成另一种手段，或者转换思考问题的角度，以使问题得到解决的一种思维方法。

（3）缺点型逆向思维法指将事物的缺点变为可利用的特点，化被动为主动，化不利为有利的一种思维方法。

2. 发散思维

发散思维又称辐射思维、放射思维、扩散思维，是指在对事物或问题的研究保持思想活跃和开放状态的一种思维方式。

俗话说："条条大路通罗马"。人的思维也是一样，面对一个问题应从多个角度进行思考，产生大量不同的设想，不论方案是否可行，求多、求新、求独创、求前所未有，以便为随后的集中思维提供尽可能的解决方案。

发散思维没有固定的方向，也没有固定的范围，它不墨守成规，不拘于传统，它使得思维由单向思考转为多向思考或者立体思考。从一定程度上说，人与人之间创新能力的差别就体现在发散思维能力上。

要想熟练地运用发散思维，应勤于实践，有意识地训练自己的思维，使自己的思维处于异常活跃的状态。每当遇到问题时，应当摆脱旧有观念的束缚，尽可能地赋予所涉及人、事、物以新的性质，从多种维度发散自己的思维，如进行一题多解、一事多写、一物多用等方式的练习。按照这个思路进行思维方法训练，往往能够达到触类旁通、推陈出新的效果，不仅能使自己逐渐具有多方位、多角度、多方法思考的良好习惯，还会获得极其丰富、

微课 9-2
创新思维的种类

143

多样和有创见的观点或思路。

3. 集中思维

集中思维又称聚敛思维，是指在发散思维的基础上，将获得的若干信息或思路加以重新组织，使之指向一个正确的答案、结论或方案的一种思维方式。具体说来，集中思维就是对发散思维提出的多种设想进行整理、分析，再从中选出最有可能、最经济、最有价值的设想，并加以深化和完善，从而获得一个最佳的方案。

集中思维是与发散思维相对而言的，两者具有互补性。从某种程度上来说，创造性思维活动实际上就是发散思维和集中思维有机结合、循环往复而构成的思维活动。教学实践证明：只有既重视学生发散思维的培养，又重视学生集中思维的培养，才能更好地促进学生的思维发展，提高学生的学习能力，从而培养出高素质的人才。

4. 联想思维

联想思维是指在原先并不相关的事物之间搭起一座桥梁，将其联系起来的一种思维方式。人们常说的由此及彼、由表及里、举一反三等就是联想思维的体现。联想思维可以使人们扩展思路、升华认识、把握规律，联想思维能力越强，越能把跨度很大的不同事物联系起来，从而使构思的格局变得更加广阔。

联想思维的形式一般分为以下 3 种：

（1）接近联想。接近联想是指由一个事物联想到与其在时间、空间或某种联系上接近的另一个事物。例如，由"桃花"想到"阳春三月"，由"蝉声"想到"盛暑"，由"大雁南去"想到"秋天到来"，由"天安门"想到"人民大会堂"等。

（2）类比联想。类比联想是指由一个事物联想到另一个与其在性质、形态上接近或相似的另一个事物。例如，由"大海"想到"海浪""鱼群""海底电缆"等；又如，文艺作品中用"暴风雨"比喻"革命"，用"雄鹰"比喻"战士"等。

（3）对比联想。对比联想是指由一个事物联想到与其具有相反特点的另一个事物。例如，由"白"想到"黑"，由"高"想到"矮"，由"胖"想到"瘦"，由"高兴"想到"忧伤"，由"自由"想到"禁锢"，由"朋友"想到"敌人"，由"战争"想到"和平"等。对比联想使人容易看到事物的对立面，对于认识和分析事物有重要的作用。

5. 逻辑思维

逻辑思维又称抽象思维，是指人们在认识事物的过程中借助于概念、判断、推理等思维形式，能动地反映客观现实的一种思维方式。只有经过逻辑思维，人们才能把握事物的本质和规律，它是人类认识的高级阶段，即理性认识阶段。例如，不论采用哪种创新思维方法，都有可能提出多种新的设想。这时，就要根据可行性和可能产生的社会效益和经济效益来进行筛选。这个筛选的过程就是逻辑思维的运用过程。

⚙ **任 务 实 施**

9.1.4　创新思维训练

创新能力不是与生俱来的，而是在后天的不断学习和训练中逐步提高和增强的。当代大学生应该继续发扬中华民族自强不息、艰苦奋斗的精神，进行创新思维训练，不断提高自己的创新能力，把提升创新能力作为一种责任、一种精神追求。

1. 逆向思维训练

（1）哭笑娃娃。

1）游戏目的：在迅速反应中训练思维的逆向性和流畅性。

2）游戏玩法：一起玩"石头、剪刀、布"，但要求每局中赢的一方做"哭"的动作，输的一方做"笑"的动作，谁先做错谁就被淘汰。

（2）反口令。

1）游戏目的：在迅速反应中训练思维的逆向性和敏捷性。

2）游戏玩法：2 人一组，根据"口令"做相反的动作，如一方说"起立"，对方就要坐着不动；一方说"举左手"，对方就要举右手；一方说"向前走"，对方就要往后退……总而言之，口令和动作要反着来。谁先做错就算谁输。

2. 发散思维训练

（1）编故事。

用"古怪""台风""一棵树""杂货店""天使"这 5 个关键词编故事，故事长短不限，关键词先后次序不限，但要求要用到所有的关键词，最后比一比谁的思维最发散，故事编得最好。

（2）改良雨伞。

雨伞存在的问题：容易刺伤人、拿伞的那只手不能再派上其他用途、乘车时伞会弄湿其他乘客的衣物、伞骨容易折断、伞布透水、开伞、收伞不够方便、样式单调，花色太少、晴雨两用伞在使用时不能兼顾、伞具携带、收藏不够方便。

请用发散思维的方法改进雨伞。

3. 集中思维训练

（1）下列两组词中，哪一个词语与同组的其他词语不同？

1）房屋　冰屋　平房　办公室　茅舍

2）沙丁鱼　鲸鱼　鳕鱼　鲨鱼　鳗鱼

（2）请分别为下面二组填上缺失的数字或字母。

1）2　　5　　8　　11　　＿＿

2）2　　5　　7

　　4　　7　　5

　　3　　6　　＿＿

（3）假如你是一家钟表商店的经理，门前要挂两个大的钟表模型，你认为时针和分针摆在什么位置最好？请先发散你的思维，设想尽可能多的方案，然后从中选出最佳方案。

（4）假设三个孩子中有一个人偷吃了苹果，一个人说了真话，请根据下列对话找出偷吃苹果的孩子，并说明理由。

小明：我向来守规矩，没有偷吃苹果。

小兵：不，小明撒谎。

小刚：小兵胡说。

4. 联想思维训练

（1）请分别列出下列各组中的事物之间存在的某种联系，越多越好。

1）桌子和椅子；

2）人才市场和商品市场；

3）工厂和学校。

（2）如果遇到交通堵塞，车辆排起了长龙，你会产生哪些联想？

（3）看到新生入学的场景，你会联想到哪些相近的事物？

（4）"举头望明月，低头思故乡"是诗人身处异乡触景生情、思念家乡的思维活动。请问，诗人运用了联想思维的哪些形式？

（5）木头和皮球是两个风马牛不相及的物品，但我们可以通过联想作媒介，使它们发生联系，如：木头—树林—田野—足球场—皮球。那么，请同学想一想：

1）天空和茶有什么联系？

2）钢笔和月亮有什么联系？

5. 逻辑思维训练

（1）在 8 个同样大小的杯中，有 7 杯盛的是凉开水，1 杯盛的是白糖水。你能否只尝 3 次，就找出盛白糖水的杯子来？

（2）假设有一个池塘，里面有无穷多的水。现在有 2 个空水壶，容积分别为 5 升和 6 升。请问，如何用这 2 个水壶从池塘里取得 3 升的水？

（3）一个人花 8 块钱买了一只鸡，9 块钱卖掉了，然后他觉得不划算，花 10 块钱又买回来了，11 块卖给另外一个人，请问，他赚了多少？

（4）假设烧 1 根不均匀的绳子要用 1 个小时，请问，如何用它来判断半个小时的时间？

9.2　运用创新方法

任务分析

任务描述

某校组织部全体成员开会商讨迎新活动的流程和组织，到底该以什么形式来欢迎新生效果会最好，以达到营造一个上进、温馨、有爱的校园生活氛围的目的。如何突破条条框框的既定模式束缚，采取更新颖的形式？通过类似的这些训练来提升创新能力。

任务要领

1. 了解创新方法的定义和特点

2. 掌握典型创新方法的练习方式，以提升创新技巧的运用能力，可以更有效地增强创新能力。

知 识 储 备

9.2.1 创新方法的定义

在日常的生活、学习、工作中，人们进行了大量的创新活动。例如，把世界上第一架载人动力飞机送上天的美国人莱特兄弟未上过大学；发明火车的乔治·史蒂文森是一个煤矿的小办事员；发明轮船的美国人罗伯特·富尔顿是一个画匠；发明蒸汽纺纱机的英国人理查德·阿克莱特是个理发师；发明蒸汽织布机的爱德华·卡特莱特是个牧师；发明显微镜的荷兰人列文·胡克是绸布店的售货员；发明发电机的迈克尔·法拉第是书店的装订工；发明电话的格雷厄姆·贝尔是聋哑学校的教师；发明照相机的法国人路易·达盖尔是画家；发明坦克的欧内斯特·斯文顿是一名英国记者；发明方便面的吴百福是在日本做生意的中国台湾商人。

由此可见，每个人都具有创新的潜力。然而仅有创新的潜力、创新的意识，没有创新的方法，创新就永远只能停留在"点子"阶段。好的创意出现后，需要以某种方法或技巧为先导，经过反复的实践和探索，才能取得创新的成功。因此，那些平凡而伟大的发明家、创新者最大的创新不仅是其发明成果，更重要的是他们实现创新的方法。

不同的人往往采用不同的方法进行创新，同一个人在开展不同的创新活动时也常运用不同的技巧。这些规范化、程序化、普适化的方法或技巧都属于创新方法。

所谓创新方法，就是指专家以创新思维的基本规律为基础，通过对大量创新的成功经验归纳、分析、总结而得出的创新、创造与发明的原理、技巧和方法。可以说，创新方法就是创新经验、创新技巧及创新方式的总称。它是一种人们根据创新原理解决创新问题的创意，是促使创新活动取得成效的具体方法和实施技巧，是创新原理、技巧和方法融会贯通以及具体运用的结果。

在不同的国家，学者又把创新方法称为创造方法、创新方式、发明方法和创造工程等。在创新活动中，创新方法起着重要的作用。它可以启发人们的创造性思维，拓展创新思维的深度和广度；它能够缩短创新探索的过程，直接产生创新成果；它还能培养和提高人们的创造力和创新能力，促进创新、创造成果的实现和转化。

9.2.2 创新方法的特点

1. 应用性

应用性是指创新方法具有一定的引导性和可操作性。创新方法大多数比较具体，不是一般意义上相对模糊、笼统的方法。有步骤、有技巧地运用创新方法，能够有效地引导创新思维进一步深入，也能够把创新理论和创新实践对接，指导实践，从而促使创新思维向创新成果转化。

2. 技巧性

技巧属于方法的范畴之一，主要指对一种生活或工作方法的熟练和灵活运用，是一种与学习训练有关的活动。创新方法在运用时需要丰富的经验与技巧等因素的参与。因此，创新方法的掌握需要多实践、多运用、多练习。一般来说，原理是解决问题的基础，方法

微课 9-3
创新方法
的特点

是解决问题的前提，技巧是解决问题的保证。

尽管创新方法主要运用于创新的过程，不拘泥于以往旧的模式，但是作为一种方法、技巧，必须遵循一定的程序、遵守一定的规则，具有明确的实施步骤。部分从创造发明中凝练出来的方法须因人、因地和因时制宜，必须以探索的观点来运用创新方法，了解创新规律，引导创新活动。因此，创新方法的种类越来越丰富、越来越多。

9.2.3 典型的创新方法

伴随着技术创新的逐步发展，创新方法也逐渐丰富。这里主要介绍几种典型的创新方法，如头脑风暴法、奥斯本检核表法、5W2H 法、组合创造法、分析列举法等。

1. 头脑风暴法

头脑风暴法又称智力激励法、自由思考法、畅谈法、集思法，是指无限制地进行自由联想和讨论的方法，其目的在于产生新观念或激发创新设想。

（1）头脑风暴法的实施原则。

实施头脑风暴法时，群体讨论的方式十分关键，即群体能否进行充分、非评价性和无偏见的交流。因此，实施头脑风暴法应遵守如下原则。

1）自由畅谈原则：即应创造一种自由、活跃的气氛，使参加者不受任何条条框框的限制思想，从不同角度、不同层次、不同方位大胆地展开想象，从而尽可能地提出标新立异、与众不同的想法。

2）延迟评判原则：即当场不对任何设想作出评价，既不肯定或否定某个设想，也不对某个设想发表评论性的意见，一切评价和判断都要延迟到会议结束后才能进行。

3）禁止批评原则：即每个人都不得对别人的设想提出批评意见，因为批评对创造性思维会产生抑制作用。即使自己认为是幼稚的、错误的，甚至是荒诞离奇的设想，亦不得予以驳斥。

4）追求数量原则：即尽可能多地提出设想。参加会议的每个人都要抓紧时间多思考，多提方案。至于设想的质量问题，自可留到会后的设想处理阶段去解决。

（2）头脑风暴法的操作程序。

1）准备阶段：① 主持人应事先对所议问题进行一定的研究，弄清问题的实质，找到问题的关键，设定解决问题所要达到的目标；② 选定与会人员，一般以 5～10 人为宜，不宜太多；③ 确定会议的时间、地点；④ 准备好纸、记录笔等工具；⑤ 布置场所。

2）头脑风暴阶段：① 主持人简明扼要地介绍有待解决的问题；② 与会人员畅所欲言；③ 记录人员记录参加者的想法；④ 结束会议。

3）选择评价阶段：① 将与会人员的想法整理成若干方案，再根据相关标准进行筛选；② 经过多次反复比较，优中择优，最后确定 1～3 个最佳方案。

2. 奥斯本检核表法

奥斯本检核表法是利用检核表来完成创意的方法。所谓检核表，是指根据要研究对象的特点列出相关问题，形成列表，创意者通过对问题逐个核对讨论从而发掘出解决问题的

微课 9-4
头脑风
暴法

微课 9-5
奥斯本检
核表法

大量设想，以求得比较周密的思考。

奥斯本检核表法中的问题可归纳为 9 类，即 9 大检核类别。这 9 大检核类分别是：能否他用、能否借用、能否扩大、能否缩小、能否改变、能否代用、能否调整、能否颠倒、能否组合，如表 9-1 所示。

表 9-1   奥 斯 本 检 核 表

序号	检核类别	检核内容
1	能否他用	现有的东西（如发明、材料、方法等）有无其他用途？保持原状不变能否扩大用途？稍加改变，有无别的用途？
2	能否借用	能否从别处得到启发？能否借用别处的经验或发明？外界有无相似的想法，能否借鉴？过去有无类似的东西，有什么东西可供模仿？谁的东西可供模仿？现有的发明能否引入其他的创造性设想之中？
3	能否扩大	现有的东西能否扩大使用范围？能不能增加一些东西？能否添加部件，拉长时间，增加长度，提高强度，延长使用寿命，提高价值，加快转速？
4	能否缩小	缩小一些怎么样？现在的东西能否缩小体积、减轻重量、降低高度、压缩、变薄？能否省略，能否进一步细分？
5	能否改变	现有的东西是否可以做某些改变？改变一下会怎么样？可否改变一下形状、颜色、音响、味道？是否可变一下意义、型号、模具、运动形式？改变之后，效果又将如何？
6	能否代用	可否由别的东西代替，由别人代替？用别的材料、零件代替，用别的方法、工艺代替，用别的能源代替？可否选取其他地点？
7	能否调整	能否调换一下先后顺序？可否调换元件、部件？是否可用其他型号？可否改成另一种安排方式？原因与结果能否对换位置？能否变换一下日程？
8	能否颠倒	倒过来会怎么样？上下是否可以倒过来？左右、前后是否可以调换位置？里外可否调换？正反是否可以调换？可否用否定代替肯定？
9	能否组合	组合起来怎么样？能否装配成一个系统？能否把目的进行组合？能否将各种想法进行综合？能否把各种部件进行组合？

（1）能否他用。对于某种物品，思考"还能有其他什么用途？""还能用其他什么方法使用它？"这类问题能促进思考，使我们的想象力活跃起来。当我们拥有某种材料时，为了扩大它的用途，打开它的市场，就必须善于进行这些思考。

例如，橡胶有什么用处？有人提出了多种设想，如用它制成床毯、浴盆、人行道边饰、衣夹、鸟笼、门扶手、轮胎、防滑垫等。当人们将自己的想象投入到思维"这条宽阔的高速公路"上时，就会以丰富的想象力产生更多的好设想。

（2）能否借用。科学技术的重大进步不仅表现在某些科学技术难题的突破上，也表现在科学技术成果的推广应用上。通过联想借鉴，不仅可以使创新成果得到推广，还可以再次推陈出新，实现二次创新。这样，一种新产品、新工艺、新材料，必将随着它越来越多的新应用而显示出强大的生命力。

例如，电灯起初只用来照明，后来，人们从电灯的光线中得到启发，改变了光线的波长，发明了紫外线灯、红外线加热灯、灭菌灯、浴霸等。

（3）能否扩大。在自我发问的技巧中，研究"扩大"与"放大"这类有关联的成分，不仅能提出大量的构思设想，还能使人们扩大探索的领域。例如：

"能使之加固吗？"——织袜厂通过加固袜头和袜跟，使袜子的销量大增。

"能增加一些功能吗？"——牙膏中加入某种配料，便成为具有某种附加功能的牙膏。

（4）能否缩小。如果说"能否扩大"关注的是使用范围、功能、价值等的增加，"能否缩小"则强调某一功能或某一方面的精细化程度。它尽可能地删去或省略多余的成分，是一种精益求精式的思考方法。例如，笔记本电脑、折叠伞、空气炸锅、焖烧杯等就是"缩小"的产物。

（5）能否改变。通过改变事物的某些性质，可以为思维另辟蹊径，获得意想不到的结果。例如，改小灯泡，加上彩色外衣，就成为了彩色装饰灯串。

（6）能否代用。通过取代、替换的途径，也可以为想象提供广阔的探索领域。例如，用充氩的办法来代替电灯泡中的真空，可以提高钨丝灯泡的亮度。

（7）能否调整。通过重新调整，通常会带来更多的创造性设想，进而实现创新。例如，飞机诞生的初期，桨是安装在飞机头部的，后来，人们将螺旋桨安装在飞机顶部，就发明了直升机；将螺旋桨安装在飞机尾部，就发明了喷气式飞机。

（8）能否颠倒。这是一种反向思维方法，在创造活动中颇为常见和有效。例如，充电式手电筒、蓄电池等产品的诞生。

（9）能否组合。从综合的角度分析问题，有目的地将各个部分组合在一起，也可以带来创造性的成果。例如火箭和飞机的组合就产生了航天飞机。

奥斯本检核表法是一种较为实用的创新方法，表9-2是该方法在改进手电筒方面的运用，同学们可以参考和学习。

表 9-2　　　　　　　　　　手 电 筒 的 创 新 思 路

序号	检核类别	引出的发明
1	能否他用	其他用途：信号灯、装饰灯
2	能否借用	增加功能：加大反光罩，增加灯泡亮度
3	能否扩大	延长使用寿命：使用节电、降压开关
4	能否缩小	缩小体积：1号电池→2号电池→5号电池→7号电池→8号电池→纽扣电池
5	能否改变	改一改：改灯罩、改小电珠和使用彩色电珠等
6	能否代用	代用：用发光二极管代替小电珠
7	能否调整	换型号：两节电池直排、横排、改变式样
8	能否颠倒	反过来想：手电筒可以不用干电池，用磁电机
9	能否组合	与其他组合：带手电的收音机、带手电的钟表等

3. 5W2H分析法

5W2H分析法又称七问分析法。该方法利用5个以字母W开头的问题和2个以字母H

开头的问题进行设问，以发现解决问题的线索，寻找创新思路，进行设计构思，从而产生新的创意。这 7 个问题的内容如下。

（1）WHAT——是什么？目的是什么？做什么工作？

（2）HOW——怎么做？如何提高效率？如何实施？方法怎样？

（3）WHY——为什么？为什么要这么做？理由何在？原因是什么？为什么造成这样的结果？

（4）WHEN——何时？什么时间完成？什么时机最适宜？

（5）WHERE——何处？在哪里做？从哪里入手？

（6）WHO——谁？由谁来承担？谁来完成？谁负责？

（7）HOW MUCH——多少？做到什么程度？数量如何？质量水平如何？费用预算如何？

4. 组合创造法

组合创造法是指从两种或两种以上的实物或产品中，根据原理、材料、工艺、方法、产品、零部件等不同的属性抽取合适的技术要素，进行重新组合，从而获得新的产品、新的材料、新的工艺方法。它包括如下几种类型。

（1）主体附加法。主体附加法就是在某种产品上附加新的部件，使主体产品的功能或性能略有拓展，从而让消者在拥有主体产品的同时获得锦上添花式的附加利益。例如，穿上衣服的玩具娃娃，带指南针功的手表（见图 9-2），能测量温度的奶瓶（见图 9-3）及带照相功能的手机等，都是运用了主体附加法的创新产品。

图 9-2　带指南针的手表　　图 9-3　带温度计的奶瓶

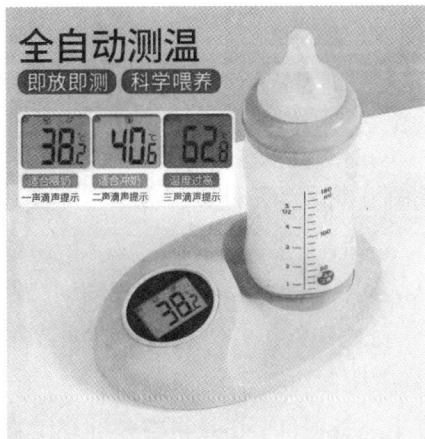

（2）同类组合法。同类组合法是指将两个或两个以上相同或相似的事物进行简单重叠的方法。在同类组合中，参与组合的对象与组合前相比，其基本性能和基本结构一般不会发生根本性的变化。在生活中，运用同类组合法的创新产品如多头铅笔（见图 9-4），自行婴儿车（见图 9-5），等等

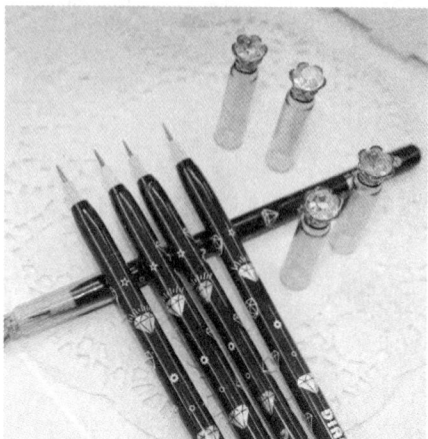

图 9-4 多头铅笔

图 9-5 自行婴儿车

（3）异类组合法。异类组合法是指将来自不同领域的两种或两种以上不同类别的事物进行重叠的方法。在异类组合中，被组合的因子彼此间一般没有明显的主次之分，参与组合的因子可以从意义、原则、构造、成分、功能等任意一方面或多方面互相进行渗透，从而使组合后的整体发生变化。例如，可视电话便是将显示屏和电话进行有机组合而创造出来的。

5. 分析列举法

分析列举法是通过分析，尽可能全面地排列出事物的相关内容，尽可能做到事无巨细、全面无遗，从而形成多种构思方案的方法。它包括如下几种类型：

（1）特性列举法。特性列举法是通过逐一列举创意对象的特征，并进行联想，最终提出解决方案的方法。运用该方法时，首先要仔细分析研究对象，然后探讨能否进行改革或创新。要着手解决的问题越少，越容易获得创新的成功。特性列举法的操作步骤如下：

1）对创新对象的特性进行列举，对象要具体、明确，列举要全面、详细。注意，列举得越全面、详细，越容易找到创新和改进的方面。

2）从名词特性、形容词特性和动词特性三个方面进行列举。名词特性指的是对象的整体、部分、材质和制作方法等，形容词特性是指对象的形状、性质、颜色等，动词特性则是指对象的效用和功能等。

3）在上述各项目下尽量将各种可替代的属性进行置换，以便产生新的设想和方案。

4）提出新的方案并进行讨论和评价，努力按照实际需要再改进。

（2）缺点列举法。缺点列举法是指抓住事物的缺点进行分析，以确定发明目的的方法。缺点列举法的具体步骤如下：

1）尽量列举事物的缺点，需要时可事先广泛调查研究，征集意见。

2）将缺点加以归类整理。

3）针对所列出的缺点逐条分析，研究其改进方案或能否将缺点逆用、化弊为利。

（3）希望点列举法。希望点列举法是从人们的需求和愿望出发，提出构想，从而产生发明创造的方法。例如人们希望像鸟一样飞上天，于是就发明了气球、飞机；人们希望冬暖夏凉，就发明了空调设备，人们希望夜间上下楼梯时，路灯能自动亮、自动灭，于是就发明了声控开关。这些发明都是根据人们的需求和愿望创造出来的。希望点列举法的具体步骤与缺点列举法基本相似，不再赘述。

（4）成对列举法。成对列举法是把任意选择的两个事项结合起来，成对列举其特征，或者对某一范围内的事物一列举，依次成对组合，从而从中寻求创新设想的方法。成对列举法的具体实施步骤如下。

1）列举，把某一范围内所能想到的所有事物依次列举出来。

2）强迫联想，任意地选择其中两项依次组合起来，想象这种组合的意义。

3）对所有的组合做分析筛选。例如，要设计新式多功能家具，可以先列举各种家具及室内用具：床、箱子、桌子、沙发、椅子、茶几、书架、台灯、衣柜、衣架、镜子、花盆架、电视等。然后，两两配对组合：床和沙发、灯和衣架、桌子与书架、床和箱子、床和灯、镜子与柜子、电视与花盆、音响和台灯等。最后，对所有的组合方案进行分析，并将一些可行的方案落地实施，从而发明出新式多功能家具。

现实中，有些方案已经成为产品，如床和沙发组合成的沙发床，镜子和柜子组合成的带穿衣镜的柜子，床和箱子组合成的床底可兼做储物柜的组合床等。

任 务 实 施

9.2.4　创新方法训练

创新方法有很多种，针对目前最常用的创新方法给出一些练习训练，以达到提升创新能力的目的。

1. 头脑风暴法练习

运用头脑风暴法，思考"如何改善城市拥堵的交通状况"和"如何改变城市空气污染"这两个社会问题的解决方案。具体要求如下：

（1）教师将学生分组，每 3～5 人为一组，并选出一个小组活动记录员。

（2）教师提出问题并留给学生 5 分钟左右的时间思考，让学生在放松的状态下进行准备。

（3）小组成员畅所欲言，然后各组派代表汇报结果。

（4）在规定的时间内，提出设想最多的小组获胜。

2. 奥斯本检核表法练习

利用奥斯本检核表法，构思出智能手机的创新思路，填入表 9-3。

3. 5W2H 分析法练习

阅读下列材料，然后根据要求完成题目。

随着奶茶文化的风靡，这几年，"开奶茶店"成为越来越多人的创业契机。许多初来乍到的创业"小白"或是谋求转型的各行各业人士蜂拥而至，带着对暴利的憧憬和想象，一股脑扎入茶饮行业的红海。

表 9-3　　　　　　　　　　　　　　智能手机的创新思路

序号	检核类别	引出的发明
1	能否他用	
2	能否借用	
3	能否扩大	
4	能否缩小	
5	能否改变	
6	能否代用	
7	能否调整	
8	能否颠倒	
9	能否组合	

然而，有调查显示，2020 年全国新增了 28000 家奶茶店，倒闭了 31000 家奶茶店；90% 的奶茶店几乎赚不到钱；开店后能"活"过一年的更是不足两成。

请用 5W2H 分析法对奶茶店倒闭的原因进行分析，并提出茶饮行业发展的合理化建议。

4. 组合创造法练习

（1）请将以下不同领域的物品和概念进行组合，使其成为有意义、有价值的东西。

卧室	自动化
床	运送装置
睡觉的地方	移动
窗帘	加热器
位于浴室附近	不同颜色
让人有安全感	自动门锁

（2）下列各组中的产品都是重新组合而成，请大家看一看，并分析一下它们分别运用了哪种组合创造法。

1）牙膏＋中草药——药物牙膏。

2）手枪＋消音器——无声手枪。

3）毛毯＋电阻丝——电热毯。

4）台秤＋电子计算机——电子秤。

5）飞机＋飞机库＋军舰——航空母舰。

6）收音机＋盒式录音机＋激光唱片——组合音响。

7）洗衣机＋脱水机＋干燥机——全自动洗脱干组合洗衣机。

8）自行车＋电机＋蓄电池——电动自行车。

9）照相机＋电子调焦调光机——全自动照相机。

5. 分析列举法练习

现在有一把旧的长柄弯把雨伞，请你根据缺点列举法的原理，对其提出至少 4 种改进方案。旧雨伞的缺点如下：

1）伞柄太长，不便于携带。

2）把手太大，在拥挤的地方会钩住别人的口袋。

3）撑开和收拢不方便。

4）伞尖容易伤人。

5）伞太重，手臂长时间打伞容易发生酸痛。

6）伞面会遮挡视线，容易发生事故。

7）伞面淋湿后，不易放置。

8）伞的防风能力差，刮大风时伞面会向上翻起成喇叭状。

9）骑自行车时，打伞容易出事故

9.3　培养创新意识

任务分析

任务描述

创新是社会发展的基础和源泉，而创新需要创新意识作为驱动因素，没有创新意识，创新活动根本无从谈起。赵同学很是疑惑：到底是什么限制了我们的创新能力的展现，可以采取什么方式来突破这些束缚呢？

任务要领

1. 突破思维定势的枷锁，培养创新意识。

2. 发挥同学们的想象力，激发同学们的创新意识。

知识储备

9.3.1　创新意识的概念

创新意识是指人们根据社会和个体生活发展的需要，引发创造前所未有的事物或观念的动机，并在创造活动中表现出的意向、愿望和设想。它是人们进行创造活动的出发点和内在动力，是创造性思维和创造力的前提。

9.3.2　创新意识的培养

创新意识是可以培养的，大学生可以从以下几个方面培养创新意识，为以后的创业之路做好准备。

1. 打破思维定式

思维定式是指按照思维活动经验和很多自己默认的前提假设，形成比较稳定的、定型化

微课 9-6
创新意识
的培养

的思维路线、程序或模式。先前积累的知识、经验、习惯等使人经常按照某种方式或默认的前提假设来思考问题，会使人形成思维的固定倾向，从而影响之后对其他问题的分析判断。

（1）从众型思维定式。思维从众倾向比较强烈的人，在认知事物、判断是非时，往往会附和多数人的意见，人云亦云，缺乏自己的独立思考和主见。例如，当你和他人在对某件事情发表看法时，若大家的看法和你的不一样或相反，这时你若怀疑自己的看法，认为自己的看法是错的，最终放弃了自己的观点，这便是一种从众型的思维方式。在创新的过程中，这种容易受到外界群体言行影响的思维方式永远是滞后的，是没有新意的。

（2）权威型思维定式。权威型思维定式是指思维中的权威定势。在思维领域，我们习惯于引证权威的观点，以权威的是非为是非，这就是权威定势。例如，人是教育的产物，来自教育的权威定势使人们对"教育权威"的言论不加思考地盲信盲从，缺少"自我思索、冲破权威、勇于创新"的意识，而一味盲从"教育权威"，大学生的思维就失去了积极主动性。

（3）经验型思维定式。经验是相对稳定的东西，然而，正因为经验具有稳定性，可能导致人们过分依赖甚至崇拜经验，从而形成固定的思维模式，结果就会因循守旧，限制头脑的想象力，造成思维能力的下降。此外，经验也具有很大的狭隘性，它会束缚人的思维广度，使人不拖沓地完成信息加工的任务，进而形成片面性的结论。创新思维要求大学生必须拓展思路，大胆展开想象，不被以往的条条框框所束缚。

（4）书本型思维定式。书本是千百年来人类经验和体悟的结晶，它为我们呈现的是系统化、理论化的知识，能够带给我们无穷多的好处。但是，由于客观实际是不停变化的，加之前人受当时的知识条件所局限，书本知识与客观实际存在一定的差距，二者并不完全吻合。倘若我们脱离实际，照搬照抄书本知识，就会使自己局限于书本知识之内，从而束缚创新思维的发挥。

（5）自我贬低型思维定式。有的人经历过一些挫折和失败，做事没有信心，总认为"我不行，我做不到"，从来不敢再去尝试，由此形成恶性循环——因没有自信而不去做，因不做而更加没有自信，最终饱受自我批判、自我贬低的折磨。因此，要想创新，任何时候都不要自贬，凡事要持乐观态度，专注自己的长处，勇敢地行动起来。只有积极改变思维和行动方式，从内心深处树立起信心，我们才能发现自己的潜力，才能更好地实现创新。

（6）模式型思维定式。模式型思维定式指固守以往成功经验所总结、固化的一套方式方法。在生产、经营、生活等领域中有很多模式化的东西，如生产流水线、操作规程、实验方法、商业模式等。众多大大小小的模式是经验的总结、优化，对实践有很好的指导作用，很多商业上的成功正是模式的成功。然而，"成也萧何，败也萧何"，很多商业上的失败也是由于模式的失败或原来的成功模式不适应新的变化而导致失败。模式型思维定式的缺陷在于趋于保守、不能主动求变或顺应外界的变化。如果能够打破这种模式的定势，可能带来重大的突破。

对于大学生来说，思维的定式就像一座监狱，只有将守旧观念丢掉，勇于冲破思维的藩篱，才能走进创新的世界。

2. 充分激发创新思维潜能

（1）独立思考，敢于质疑。爱因斯坦说过："提出一个问题往往比解决一个问题更重要。因为解决问题也许仅是一个数学上或实验上的技能而已，而提出新的问题，却需要有创造性的想象力，而且标志着科学的真正进步。"因此，大学生不要盲目地听从他人，而要勇于挑战，敢于质疑；要敢于打破对传统、权威、书本的迷信，走前人没有走过的路，创前人没有开创的新事业。

（2）精通所学，兴趣广泛。放眼人类历史，创新绝不是无本之木、无源之水，都是在常规基础上的综合与提高。因此，唯有打牢基础知识，才有可能实现创新。因此，大学生应精通所学课程，培养广泛的兴趣爱好，以扎实、系统的专业知识，开阔的视野和丰富的技能，促使自己"灵感乍现"。

（3）留心观察，善于发现。在生活中，只要留心观察，就能从一些细小的地方或平常的事情中获得知识。这些知识如同一粒粒沙子，经过日积月累，就能够堆成一座座沙丘，从而为创新奠定基础。历史上有不少科学家就是通过留心观察生活中一些极其普通的现象而萌发奇想，并以其大胆地思考而改变了世界。例如，瓦特因留心茶壶盖在烧开后的跳动而发明了蒸汽机；牛顿因留心树上苹果会落地而发现了地球的万有引力等。大学生不应局限于在课堂和书本上学习知识，而应在生活中处处留心，仔细观察，以丰富自己的知识和阅历，从而为实现创新打下基础。

（4）刨根问底，坚持不懈。生命的长河是永无止境的，人的学习也一样。大学生要实现创新，就要把刨根问底、坚持不懈的精神运用到学习和生活中，探究各种事物的本源及实质，不断钻研，锲而不舍，一步步地找寻正确的结果。只要拥有坚定的意志，对待事情精益求精，不懈探索，这种执着便会成为创新的推动器，最终帮助你实现梦想。

3. 投身社会实践

古人云："读万卷书，行万里路"。意思是说我们要努力读书，让自己的才识过人，同时还要学以致用，将理论与生活实际结合起来。纵观现实中的每项发明，无论是成功或失败，都是无数次的创新思维和实践过程的结合。

大学生要培养创新意识，提高创新能力，就必须投身社会实践。我们不应成为书本的奴隶，而应该活学活用，不仅要精通理论，还要利用理论去改进实践。只有在实践中能找出"想"与"做"的差距，才能让我们的创新理念变为现实。

任务实施

9.3.3　创新意识实践

创新意识游戏——穿越沼泽

（1）游戏标签：团队的磨合与熔炼、创新、创新意识、个人及团队成长、团建活动。

（2）参加人数：全体学生，人数不限。

（3）游戏时间：30 分钟左右。

（4）所需材料：无。

（5）场地要求：可容纳所有学生的场地。

（6）游戏目的：

1）培养学生密切合作、克服困难的团队精神。

2）让学生学会善用资源来解决问题。

3）培养学生在一个团队中的计划、组织、协调能力。

（7）操作程序：

1）教师在地上画一个长 7 米左右、宽 3 米左右的矩形区域，作为沼泽区。

2）将学生平均分成两组。

3）教师告知两组学员各自的任务："你们要穿过一片沼泽，而这片沼泽不能步行通过。你们的任务就是要组装出一个可行的交通工具，使全组人的脚不接触地面而穿越沼泽区。"

4）游戏规则：

● 交通工具形式不限，可就地取材，自行制作。

● 不许用纸板或木板等物品搭桥或铺路。

● 队伍穿越过程中，一旦有人身体接触地面，则该组所有人都需回到起点，并等待一分钟才可再次前进。

● 行进中若交通工具发生损坏或故障，必须在原地修复，在教师许可后才可以继续行进。此时组员可以接触地面但不能阻挡他组行进的路线，否则将被取消比赛资格。

● 游戏时间限定 20 分钟，最先完成任务的小组获胜。

5）请每一位学员分享一下自己在活动中的感受和感悟。

（8）相关讨论：

1）在着手解决问题之前有计划吗？

2）最初对组装的交通工具是否进行过测试，团队在出发前是否进行过练习？

3）当发现不能用原先设想的方法获得成功时，为什么不寻求其他的思路和方法？

4）是不是每个学员都有机会讲出自己的观点和看法？

5）为什么有人会在行进过程中踩到地面上？

🎓　练习与思考

1. 一位青年去拜访德国著名画家门采尔，并向他请教："为什么我画一幅画只需一天工夫，卖掉它却需要一年的时间？""你倒过来试试，花一年的时间画一幅画，兴许一天就能卖掉。"门采尔如是说，结果果然如此。

请分析门采尔的话中蕴含着哪些观点？

从门采尔的话蕴含的道理出发，当代大学生该如何在生活中培养自己的创新思维。

2. 请用生活中的事例说明创新方法的实际应用。

3. 如何利用 5 美元在 2 小时内赚取更多财富？

（1）活动目的。

使学生认识到思维定式是束缚创新思维的枷锁，开发学生的创新思维潜能。

（2）背景资料。

斯坦福大学有一个称为"斯坦福科技创业计划"的项目，在该项目的课堂上，蒂娜·齐莉格（tinaseelig）教授做了这样一个测试：她把自己的学生分成了 14 个小组，并为每组发放了一个带有"种子基金"的信封，里面有 5 美元的启动基金。她要求每个小组在 2 小时之内，运用这 5 美元尽可能地赚到更多的钱，然后在周日晚上将各自的成果整理成文档发给她，并在周一早上用 3 分钟的时间在全班同学面前进行展示。当学生们打开信封，就代表任务启动。学生们有 4 天的时间去思考如何完成任务。

大多数学生认为：要想完成这项任务，必须最大化地利用这 5 美元。他们当中比较普遍的方案是先用这 5 美元去购买材料，然后帮别人洗车或者摆个果汁摊。这些方案确实不错，赚点小钱是没问题的。但有 3 个小组打破常规，想到了更好的办法。他们认真地构思了多种创意方案，创造出了惊人的财富。他们是如何做到的呢？

第一个小组看到了大学城里的某些热门餐馆在周六晚上总是排长队，由此发现了一个商机。于是，他们向餐馆提前预订了座位，然后在周六临近的时候将每个座位以最高 20 美元的价格出售给那些不想等待的顾客。同时，他们还发现了一个有趣的现象：小组中的女同学卖出的座位要比男同学卖出的多。他们认为这可能是由于女性更具有亲和力，因此又调整了方案，让男同学负责联系餐馆预订座位，女同学负责销售这些座位的使用权。果然，他们的销量大好，最终获得了一笔不菲的收入。

第二个小组在学生会旁边摆了一个小摊，为路过的同学测量自行车轮胎气压。如果轮胎气压压力不足，同学们可以花费 1 美元在他们的摊点充气。事实证明：这个方案虽然很简单，但可行性较高。虽然同学们可以去附近的加油站免费充气，但大部分人都乐于享受他们所提供的服务。此外，为了获得更多收益，这个小组在摊子摆了 1 个小时之后，调整了他们的赚钱方式——不再对充气服务收费，而是在充气之后请求同学们支持他们的项目，并为项目进行捐款。就这样，他们的收入骤然增加了！和前面第一个小组一样，这个小组也是在方案实施的过程中观察客户的反应和需求，然后对方案进行优化，从而大幅提升了收入。

第三个小组认为他们最宝贵的资源既不是那 5 美元，也不是 2 个小时的赚钱时间，而是他们周一课堂上的 3 分钟展示。他们意识到：把眼光局限于这 5 美元会减少很多可能性。于是他们将眼光投放到这 5 美元之外，构思了各种"白手起家"的方案。要知道，斯坦福大学可是世界名校，许多公司都想在这儿招聘人才。于是，他们把这 3 分钟展示时间卖给了一家想在这里招聘的公司，让他们在课堂上播放招聘广告。就这样，这个小组轻松地在 3 分钟内赚取了 650 美元的利润，使得 5 美元的平均回报率达到了 4000%！无疑，这个小组是挣钱最多的队伍，而且他们几乎都没有用上教授给的启动基金。

（3）思考。

结合案例，谈谈你对创新意识的理解。

若你拥有 5 美元的创业基金，你会如何用它来赚到更多的钱？请大家仿照斯坦福大学的 5 美元创业计划，开启自己的实践活动之旅。

4. 习近平总书记为湖南擘画"三高四新"美好蓝图以来，是湖南创新态势最活跃、创新综合实力提升最快、支撑引领作用最强劲的时期，各项关键科技创新数据争先进位，湖南区域创新综合实力全国排名也由第 12 位跃升至第 8 位。大学生如何搭乘这一发展列车，做好新时代的建设者，我们该如何加强自身的能力？

5. 利用所学知识，参考全国大学生创业服务网（网址：https://cy.ncss.cn）年度竞赛通知要求，参加中国国际创新大赛。

本章总结

本章通过破除常见的创新思维障碍，根据自身特点进行有针对性的创新思维能力提升训练，详细列举了各种创造技法的内容，以期帮助学生掌握创新技法，提高创造力和创新能力，促进创新、创造成果的实现和转化，进一步提升学生对广博知识的学习兴趣和文化素养。

📖 **延伸阅读 9：牛仔裤诞生记**

延伸阅读 9

第10章 保护创新成果

导言

大学生是富有创造力和创新精神的群体，有许多科技创新成果。这些成果可以通过知识产权有关的法律，如《专利法》《专利法实施细则》《著作权法》《著作权法实施条例》《商标法》《商标法实施条例》《计算机软件保护法》《知识产权海关保护条例》等来保护和维护正当权利。

学习目标

知识目标：使学生了解创新成果的概念、特征和类型，了解创新成果转化的概念，掌握创新成果的转化模式，了解创新成果保护的概念，了解知识产权有关的法律知识。

能力目标：掌握创新成果保护的策略，掌握商标注册的流程，掌握专利申请流程。

素质目标：具备与知识产权保护相关的法律意识和法治思维。

专题故事

"互联网＋版权"模式诞生之路

2013 年，18 岁的唐同学考入西安交通大学。进校不久，他便觉得这所名牌院校缺了点"人文气氛"。于是，他和几个谈得来的校友创办了"微品交大"微信公众号，推送有关西安交通大学校史、建筑、校友等内容的文章、图片和视频。很快，"微品交大"就成了全校师生乃至其他高校热议的话题。

但是，2014 年初冬发生的一件事，让唐同学和小伙伴们很是气愤。唐同学说："当时我们组织了摄影师拍摄学校的雪景，还请人为学校的雪写了一首诗，发布在'微品交大'公众号上。"未曾想到，仅短短几个小时，他们的作品就被另一所高校的公众号抄袭了。愤怒的唐同学和小伙伴们找到对方质询，可对方并不回应。无奈之下，同学们又向公众号平台投诉，结果却被平台告知要提供确凿的事实和法律证据。

作品被剽窃，如何保护自己作品的版权成了唐同学的一个心结。当时，版权登记大多依靠人工。在版权局登记一个作品的费用在 400 元左右，完成登记的周期约为一个月，这对于在校大学生来说是无法承受的。同时,他觉得互联网时代的版权侵权问题最终还是要通过互联网技术去解决。于是,唐同学便想到了通过"互联网＋版权"的模式来解决传统版权行业存在的这些问题。

他的想法也得到了陕西省版权局的支持。2016年4月,唐同学顺利拿到了100万元的投资款。一番招兵买马后,唐同学的互联网＋版权公司应运而生。2016年8月,在线版权登记网站"纸贵"正式上线,在这一平台上,版权所有方只需在线提交自己的创作证明、权属证明文件和样本,即可免费由"纸贵"平台利用区块链等技术对作品进行验证、确权并提供数字版权证,还可以在此网站上选择由陕西省版权局提供的有官方存证的登记服务。

如今,"纸贵"已成为一家为用户提供包括版权登记、侵权监测、法律咨询、快速维权、IP孵化等在内的一站式互联网版权服务平台。而"纸贵"的创始人唐凌也在2020年11月入选2020胡润Under30s创业领袖。

10.1 转 化 创 新 成 果

任 务 分 析

任务描述

有了创意、创新想法后,接下来就要考虑如何去实现这些想法,即将这些想法转化为创新成果。因为只有将创意、创新想法转化为创新成果,这些创意、创新想法才能进行应用,进而转化为现实生产力,从而产生经济和社会效益。赵同学通过日常积累所产生的各种创新想法,他该如何将这些想法落地呢,是不是一定要有新的产品、新的技术产生呢?答案肯定是否定的,这些想法都可以产生微创新成果。

任务要领

为了更好地适应新时代激烈的竞争要求,大学生需要发挥想象,群策群力,活用微创新,提升动手能力,提升创新成果的转化能力。

知 识 储 备

10.1.1 创新成果的概念

创新成果是指为了达到一定的目的,遵循事物发展的规律,对事物整体或其中的某些部分进行变革,从而使其得以更新与发展的活动成果。简单地说,创新成果即创新活动的结果。我们这里谈论的创新成果,主要是指推向市场取得商业成效的新成果。

10.1.2 创新成果的特征

创新成果有别于一般的实践成果,它有其自身的独特性,主要表现在以下几点:

(1)目的性。创新活动是一种有特定目的的生产实践。例如,发明电话是为了便于人们通信,发明轮椅是为了便于腿脚不便的人行走,等等。目的性贯穿创新过程的始终。

微课10-1
创新成果
的特征

（2）新颖性，简单理解就是前所未有。其包含两种含义：一是指创新成果是具有创造性的，之前没有过类似的东西；二是指虽然已有类似的东西，但通过创新使其在某些方面有了新的突破。新颖性是创新成果最鲜明、最根本的特征。

（3）时效性。求新是创新活动的内在要求，当创新成果运用一段时间后，它必将被更新的成果所替代，这就使创新成果永远处于更替状态，每一次创新的成果都不是最终结果。

（4）价值性。创新活动具有很强的价值。创新实践的成果一般都会满足某些主体的某些需要，其满足主体需要的程度越大，价值也就越大。一些有社会价值的创新成果，则会推动社会的进步和人类的发展。

10.1.3 创新成果的特征

创新成果可以按照其性质、存在形态、应用领域和创新对象的不同而有不同的分类方法。从保护和转化的角度来看，主要按照创新对象的标准分为知识创新成果、技术创新成果、产品创新成果和制度创新成果。

（1）知识创新成果。知识创新成果是指通过基础研究和应用研究，获得新的基础科学和技术科学知识成果，为发展提供不竭动力的过程。知识创新为人类认识世界、改造世界提供新理论和新方法，为人类文明进步和社会的发展提供有力的支撑。

（2）技术创新成果。技术创新成果是指通过开发新技术，或者将已有的技术进行应用的实践成果。科学是技术之源，技术是产业之源，技术创新建立在科学道理发现的基础之上，而产业创新主要建立在技术创新基础之上。技术创新的成果对产业来说具有革命性的意义。

（3）产品创新成果。产品创新成果是指通过创造某种新产品或对某一新（旧）产品的功能进行改造而产生的成果。一般来说，产品是有形的物品，产品创新直接关系到企业发展的战略选择和定位。

（4）制度创新成果。制度创新成果是创设新的、更能有效激励人们行为的制度、规范体系来促进社会持续发展和变革的创新成果。制度创新成果主要体现在管理制度上的变革，制度创新成果可以影响其他类型的创新成果。

10.1.4 创新成果转化

1. 创新成果转化的概念

创新成果的转化是创新成果转化为现实生产力的表现，是创新成果产生经济和社会效益的具体体现。

创新成果的转化一般是指将创新性的各类成果应用到生产部门，使成果的使用价值和经济价值得到发挥的过程。创新成果的转化能够提高劳动者的素质，促进技术的改造和升级，改进和强化工艺水平，提高劳动效率，提升生活的幸福指数。但从现实的情况来看，创新成果的转化率不高，这里面有创新者的创业意识和知识产权运用的主观原因，也有社会支持和引导力量不足的客观原因，但主要是创新者对转化的相应的法律、政策和技术性因素不熟而导致。掌握相应的法律，从创新成果的技术先进性和产品成熟度出发，推动创新成果产生最大的效益是创新创业者的必备知识。

在当前科技大爆炸的时代背景下，科技成果被赋予相当重要的意义。科技成果具有创新及先进性，其界定需要特定的机关及机构予以认可，《中国科学院科学技术研究成果管理办法》中明确指出，由科技成果行政部门认可的科技成果才称之为科技成果，并且该成果必须具备一定的经济价值及学术价值，是无形资产中最为重要的组成部分。

2. 创新成果转化模式

（1）自主创业。自主创业模式是指个人、科研院所、大专院校、企业等创新者的创新成果在内部进行的一种成果化转化模式。其特点是创新成果的成果源与吸收体融为一体，将市场交易内部消化，消除了中介，转化交易成本较低，转化效率较高。

（2）许可使用。创新成果的许可使用，是指产权人授权他人在一定时期和范围内，以一定的方式行使创新成果的使用权并获得相应报酬的行为。"许可是在不转让财产所有权的条件下让渡财产中的权利"，这包含了以下几点含义：创新成果产权中的人身权利不得许可使用；许可使用不导致产权所有权的主体发生变化；许可使用不得超出许可人自身所拥有的权限；被许可人不得超出合同约定范围行使权利。著作权、专利实施和商标都可以进行许可使用。

1）著作权的许可使用。著作权许可使用指著作权人授权他人在一定的地域、期限内，以一定方式创新成果的使用权并获得报酬的行为。著作权许可使用是最常见的著作权贸易方式，是著作权人实现其著作财权的主要方式。

2）专利实施的许可使用。专利实施许可是指专利权人授权他人在一定地域、期限内，以一定方式（包括使用、制造、销售）实施其所拥有专利并获得报酬的行为，专利实施许可是最常见的专利贸易形式，是专利权人获得经济价值的主要途径之一。

3）商标的许可使用。商标许可使用是指注册商标所有人授权他人在一定地域、期限内，以一定方式使用其注册商标并获得报酬的行为。商标许可使用是现代商标法的主要内容，是商标注册人实现其商标经济价值的主要形式。

（3）产权转让。产权转让是指创新成果的产权所有人依法将其享有的创新成果产权中的财产权利全部或部分转让给他人的行为，包括著作权转让、专利权转让、注册商标转让等。当前许多创新成果正是以产权转让获取利益为主要目的。有偿转让创新成果，是实现其经济价值的主要途径之一。

1）著作权转让。著作权转让是指著作权人依法将其享有的著作财产权的全部或者部分转移给他人的行为，通过著作权转让，受让人成为该作品全部或者部分财产权的权利人，转让人丧失相应权利。

2）专利权转让。专利权转让指专利权人依法将其专利权转移给他人的法律行为。转让人有权依照合同收取转让金；受让人有权受让该项专利权，成为新的权利主体。

3）商标转让。商标转让是指商标权人依法将其注册商标专用权转移给他人的法律行为，商标权人为转让人，接受注册商标专用权方为受让人。

4）技术转让。技术转让是指专有技术的所有人将技术转移给他人，并收取报酬的行为。技术转让，通常是包括专利、商业秘密、商标、版权在内的综合性的知识产权利用行为。专有技术至少由三种技术构成：专利技术、秘密技术、计算机软件技术。商标不属于技术范畴，虽然在知识产权贸易中，技术转让通常附带有商标的转让或是许可使用，商标可以作为技术转让的技术标的之一，但单纯的商标转让不属于技术转让。

🔧 任 务 实 施

10.1.5　展现大学生创新成果

我国大学的专业可分为文科和理科。其中，文科专业包括经济类、管理类、文学类、历史类、教育类、哲学类，艺术类、法学类等专业；理科专业包括土建类、水利类、电工类、电子信息类、化工制药类等专业。

根据文科、理科的专业特点，文科专业大学生的创新成果较多体现为无形的精神成果，如提出一种新的理论、方法、制度、方案等。理科专业大学生的创新成果主要体现为有形的物质成果，如发明一项新技术，制造一种新产品等。

当前我国大学生的创新成果主要是小范围内的微创新，如改进产品、应用信息化手段优化工艺、变化产品包装形式等技术难度不大、研究不需要过于深入的创新。

综合来说，微创新具有以下几个特点：

（1）技术难度不大，但通过采用新的商业模式，取得较好的市场效果。例如 360 杀毒软件就是最为典型的代表，由于其免费且病毒库随时更新（新的商业模式），加之使用方便，其客户呈现爆发式增长。

（2）大部分人都可以参与。由于微创新要求不高、难度不大，因此，大部分人都可以参与微创新。

10.2　创新成果的保护

👤 任 务 分 析

■ 任务描述

党的十八大以来，我国知识产权事业发展取得显著成效，知识产权法规制度体系逐步完善，知识产权保护效果、运用效益和国际影响力显著提升，全社会知识产权意识大幅提高。赵同学是计算机专业的学生，在学校的实验中自己有了一些思考，改良了代码形成了适应电力运行的控制软件，他该如何申请专利以达到保护自己创新成果的目的？

■ 任务要领

1. 熟悉我国保护知识产权的法律法规。
2. 掌握软件著作权的申请流程。

知 识 储 备

10.2.1　创新成果保护概念

创新成果的保护是指主要通过法律手段对取得的创新成果给予法律主体的认定、权利的归属界定、使用的权限划定等过程。当前，我国对创新成果的保护有自主保护、政策保护和法律保护，其中主要是法律保护即知识产权的保护。目前我国保护知识产权的法律法规主要有《中华人民共和国著作权法》及其实施条例、《中华人民共和国专利法》及其实施细则、《中华人民共和国商标法》及其实施条例。

10.2.2　创新成果的保护及策略

我国创新成果保护的法律体系由著作权法律制度、专利权法律制度、商标权法律制度、反不正当竞争法律制度和我国缔结和参加的国际公约构成。下面几项是大学生创新成果保护中需要经常用到并应做到精细掌握的法律。

1. 著作权法保护

微课10-3
著作权法
保护

我国制定并颁布的与著作权有关的法律法规有《中华人民共和国著作权法》《中华人民共和国著作权法实施条例》《实施国际著作权条例的规定》《著作权集体管理条例》《计算机软件保护条例》《计算机软件著作权登记办法》《信息网络传播权保护条例》等。

著作权法要点有：

（1）权利产生和保护的自主性。著作权采取创作保护主义的原则，即作品一经创作产生，不论是否发表，著作权即自动产生，开始受著作权法保护，与须经国家主管机关审查批准方能得到法律保护的专利权、商标权不同。

（2）权利主体多样性。著作权的权利主体可以是自然人、法人、其他组织国家，同时，也不受国籍和行为能力限制，外国人和未成年人均可成为著作权主体。

（3）权利客体广泛性。著作权保护的作品包括：文字作品、口述作品、戏剧作品、音乐作品、舞蹈作品、曲艺作品、美术作品、建筑作品、摄影作品、杂技艺术作品、图形和模型作品、计算机软件等。

（4）权利内容复杂。《中华人民共和国著作权法》列举了4项著作人身权和12项著作财产权，分别为：发表权、修改权、署名权、保护作品完整权和复制权、发行权、出租权、放映权、展览权、表演权、广播权、摄制权、信息网络传播权、改编权、翻译权、汇编权。

《中华人民共和国著作权法》所称的作品，是指文学、艺术和科学领域内具有独创性并能以一定形式表现的智力成果，包括：①文字作品；②口述作品；③音乐、戏剧、曲艺、舞蹈、杂技艺术作品；④美术、建筑作品；⑤摄影作品；⑥视听作品；⑦工程设计图、产品设计图、地图、示意图等图形作品和模型作品；⑧计算机软件；⑨符合作品特征的其他智力成果。

著作权的取得，主要分为自动取得和注册取得两大类。

（1）自动取得是指著作权自作品创作完成时自动产生，不需要履行任何批准或登记手续。

（2）注册取得是指以登记注册为取得著作权的条件，即作品只有登记注册或经批准后才能取得著作权。

2. 专利法保护

我国制定并颁布的与专利权有关的法律法规有《中华人民共和国专利法》《中华人民共和国专利法实施细则》《专利代理条例》等。

专利法的要点有：

（1）专利权具有独占性。独占性也称垄断性或专有性，是指专利权人对其发明创造享有占有、使用、收益和处分的权利。也就是说，任何单位或个人未经专利权人许可，都不得实施其专利，即不得为生产、经营目的制造、使用、许诺销售、销售和进口其专利产品，或者使用其专利方法以及使用、许诺销售、销售、进口依照该专利方法直接获得的产品。

（2）地域性。所谓地域性，是指一个国家依照其本国专利法授予的专利权，仅在该国范围内受到法律保护，在其他国家则不予保护。因此，申请人如果认为其发明创造具有国际市场前景，除申请国内专利外，还应向具有良好市场前景的其他国家和地区申请专利。

（3）时间性。所谓时间性，是指专利权人对其发明创造所拥有的专有权只在法律规定的时间内有效，期限届满或专利权中途丧失，专利权人对其发明创造就不再享有专有权，其发明创造就成了社会的公共财富，任何单位或个人都可以无偿使用。对于专利权的期限，我国现行专利法规定：发明专利保护期限为 20 年，实用新型和外观设计保护期限为 10 年，均自申请日起计算。

3. 商标法保护

我国制定并颁布的与商标权有关的法律法规有《中华人民共和国商标法》《中华人民共和国商标法实施条例》《特殊标志管理条例》和《奥林匹克标志保护条例》等。

（1）商标法的要点。

1）商标权的客体是作为商品标记的商标。商标权的客体是识别商品服务项目的一种标记，而不是智力成果。虽然商标图案的设计、选择算得上是一种智力活动，设计精美的商标图案也确实称得上具有创造性的作品，但商标法所要保护的不是具有创造性的作品而是具有识别作用的商品的标记。所以商标权的客体是作为商品标记的商标。

2）商标权是单一的财产权。著作权、专利权等知识产权都具有人身权和财产权双重内容，而商标权只具有财产内容，不具有人身内容。所以商标权是单一的财产权。

3）商标的专有性是绝对的。商标权的专利性又称独占性或垄断性，是指商标权人对其注册商标享有使用的权利，任何第三者非经商标权人的同意不得使用。商标权人凭借这种垄断权才能实现自己的经济利益，国家才能实施其管理，保护消费者利益。可以说专有性是商标权最根本的属性。

4）商标权的法定时间性是相对的。法定时间性是指商标权的有效期限。注册商标只在规定的期限内有效，超过规定期限，又未办理续展手续的，商标权自行消失。这一特征主要体现在：其一，按照使用取得制度，靠使用建立起来的商标权没有法定有效期，只要其继续使用，权利就不会消灭。其二，采用注册制度的国家，虽然规定了注册商标的期限，但都允许不断续展，一个商标只要信誉好，所有人愿意继续使用，就可以通过不断续展，使之长期有效。

5）商标权具有严格的地域性。商标注册人所享有的商标权一般只能在授予该项权利的国家领域内受到保护，在其他国则不发生法律效力。

（2）不得作为商标使用与注册的标志。

《中华人民共和国商标法》第十条规定，下列标志不得作为商标使用。

1）同中华人民共和国的国家名称、国旗、国徽、国歌、军旗、军徽、军歌、勋章等相同或者近似的，以及同中央国家机关的名称、标志、所在地特定地点的名称或者标志性建筑物的名称、图形相同的。

2）同外国的国家名称、国旗、国徽、军旗等相同或者近似的，但经该国政府同意的除外。

3）同政府间国际组织的名称、旗帜、徽记等相同或者近似的，但经该组织同意或者不易误导公众的除外。

4）与表明实施控制、予以保证的官方标志、检验印记相同或者近似的，但经授权的除外。

5）同"红十字""红新月"的名称、标志相同或者近似的。

6）带有民族歧视性的。

7）带有欺骗性，容易使公众对商品的质量等特点或者产地产生误认的。

8）有害于社会主义道德风尚或者有其他不良影响的。

县级以上行政区域的地名或者公众知晓的外国地名，不得作为商标。但是，地名具有其他含义或者作为集体商标、证明商标组成部分的除外；已经注册的使用地名的商标继续有效。

10.2.3 大学生创新成果的保护策略

大学生创新成果是大学生根据自己的科研水平和创新能力，对现实的有形或无形的产品进行改造、改进和改变等实践行为产生的有价值的成果。一般来说，大学生的创新成果表现为创意、科技产品、竞赛作品等形式。按照大学生创新成果的法律认证情况，有下面几种保护形式：

1. 商标注册

如果创新成果属于某种商品或服务的商标设计，则权利人可以通过申请商标注册来保护自己的创意。

2. 专利申请

如果一个创新成果是基于一项技术发明，并且符合《中华人民共和国专利法》关于申请专利的各项规定，则权利人可以通过申请专利获得保护。

3. 版权保护

很多创新成果往往够不上申请专利的标准，但如果该创意是文学、艺术和科学领域内具有独创性的智力成果，则权利人可以将创意以作品的形式表现出来，通过著作权法寻求保护。

4. 反不正当法保护

如果一个创新成果，既不能申请商标注册，也不能申请专利或形成作品，那么，如果该创意是不为公众所知悉、能为权利人带来经济利益、具有实用性并经权利人采取保密措施的技术信息和经营信息，则权利人可以将其作为商业秘密获得保护。权利人应当采取合理的保密措施，与获悉该创意的单位或个人签订保密协议，要求其不得泄露或擅自使用该商业秘密。《中华人民共和国反不正当竞争法》对商业秘密有具体的规定。

⚙ **任 务 实 施**

10.2.4　软件著作权申请

1. 实名认证

在登录中国版权保护中心网站填报之前首先需要进行的是实名认证，如图 10-2 所示。

2. 填写软件名称及版本号

填写信息如图 10-2 所示。注意：软件全称和简称不能一样，版本号可以是 V1.0 或者直接 1.0。

图 10-1　实名认证　　　　　图 10-2　填写软件名称及版本号

3. 选择权利取得方式

如果是自己开发的就选择原始取得，如果是继受取得就选择继受取得，如图 10-3 所示。

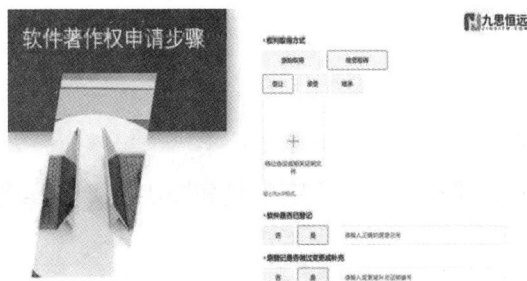

图 10-3　选择权利取得方式

4. 填写软件开发信息

填写软件开发信息如图 10-4 所示。注意：如果需要添加多个作者，需要选择合作开发，上传一份合作开发协议，选择合作开发之后下方的著作权人处就可以添加其他著作权人了，其他著作权人也必须在此网站注册并完成实名认证。

5. 填写软件功能与特点

填写软件功能与特点如图 10-5 所示。注意：软件的主要功能介绍最好在 100 字以上，软件技术特点最好 50 字以上，源程序量如果大于 3000 行，下面上传的源程序文档就必须是 60 页，每页 50 行，如果小于 3000 行，源程序文档可以小于 60 页。

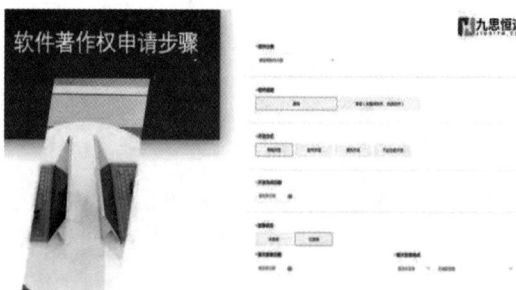

图 10-4　填写软件开发信息

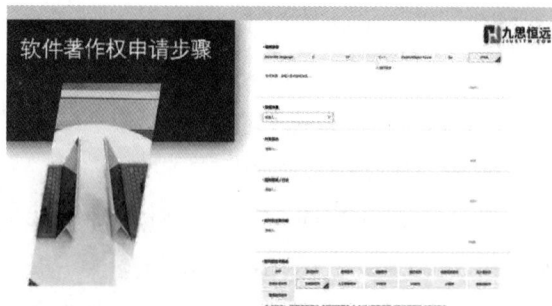

图 10-5　填写软件功能与特点

6. 填写软件的软硬件环境

填写软件的软硬件环境如图 10-6 所示，依据自己的软件的实际情况填写。

图 10-6　填写软件的软硬件环境

7. 提交登记软件文档

提交登记软件的任何一种文档的连续前 30 页和连续后 30 页，每页不少于 30 行。若整个文档不到 60 页，应提交整个文档。文档是指用来描述程序的内容、组成、设计、功能规格、开发情况、测试结果及使用方法的文字资料和图表等，如程序设计说明书、流程图、用户手册等，如图 10-7 所示。

8. 确认信息

最后进入信息确认界面，点击保存提交，并上传签章页。后续工作就是等待版权局的审查结果。审查通过后，在系统里直接下载证书即可。

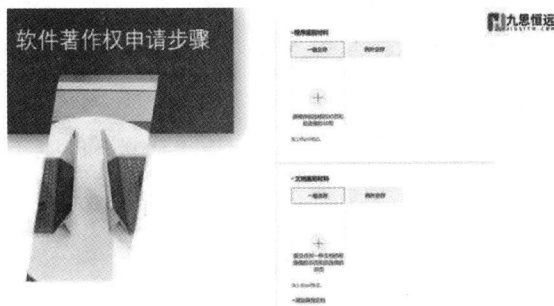

图 10-7　提交登记软件文档

10.2.5　设计商标

1. 活动人数

人数不限。

2. 活动场地及用具

教室、工作坊等场地，准备白纸、绘画笔或计算机、打印机等设备用具。

3. 活动组织

学生自由结组，每组 4～6 人为宜。基于本单元有关商标权知识的学习以及生活中对各类商标的认知，针对某种商品或者服务设计商标。设计的商标作品以小组为单位提交。

4. 活动步骤

（1）各组可结合所学专业运用头脑风暴法确定一种商品或者服务并针对其提出商标设计方案。商标需要由文字、图形、字母、数字、立体标志、颜色组合、声音等要素构成，设计风格及表现形式不限，各团队可自由发挥，要求作品创意独特、构思精巧，文化内涵丰富，视觉冲击力强。

（2）提交参赛商标的矢量文件，同时需提交符合商标图样文件格式的 jpg 图片，图形清晰，图样文件大小小于 200kB，图形像素介于 $400 \times 400 \sim 1500 \times 1500$。如果通过扫描获得商标图样，应按 24 位彩色、RGB 格式、300dpi 分辨率扫描符合《商标法》及其实施条例规定的图形（图形清晰，大于 $5cm \times 5cm$ 且小于 $10cm \times 10cm$）。

（3）在教师指导下，各团队安排三名代表对所有作品进行评审，评出前三名的作品并给予适当奖励。

（4）获奖小组根据商标注册流程，模拟进行商标注册。

5. 活动交流与讨论

（1）商标设计技巧与注意事项有哪些？

（2）商标注册过程中容易忽视的问题有哪些？

6. 活动体验

谈谈你在本次活动中的感悟与收获。

7. 活动点评

通过本次活动，旨在让学生深刻理解商标的意义与重要性，在实践中探索什么样的商标设计才能让消费者更加直观地了解企业的文化内涵、经营理念和产品性能等。

10.3 掌握商标注册流程

任务分析

任务描述

商标是一种无形智能资产，其价值可以通过转让、许可使用或质押等方式实现。赵同学作为新时代的大学生，充满了创造力，有许多产品的设计灵感，他想把它们变成商标。因此他需要熟悉商标注册申请的流程，为今后的进一步创业打下基础。

任务要领

1. 熟悉商标注册流程，能够进行商标注册的操作。

2. 掌握商标检索的方法和技巧，以便提升商标注册申请流程的效率，提升商标注册审核的通过率。

知识储备

要取得商标专用权，商标持有人须依照有关法律法规进行商标注册。商标注册的一般流程如下。

10.3.1 选择注册方式

商标所有人可以自行通过国家知识产权局商标局的网上服务系统在线提交商标注册申请，也可以到国家知识产权局商标局委托的地方市场监督管理局或知识产权局设立的商标受理窗口办理。

10.3.2 准备资料

1. 资料清单

办理商标注册申请，应当提交下列文件：① 商标注册申请书一份。申请人为法人或其他组织的，应当在申请书的指定位置加盖公章；申请人为自然人的，应当由申请人使用钢笔或签字笔在指定位置签字确认。② 申请人身份证明文件及其复印件。③ 商标图样。④ 要求优先权的，应当提交书面声明，并同时提交或在申请之日起 3 个月内提交优先权证明文件。

2. 商标图样注意事项

（1）申请商标注册，应当按照公布的商品和服务分类表填报，每一件商标注册申请应当向商标局提交《商标注册申请书》1 份、商标图样 1 份；以颜色组合或者着色图样申请商标注册的，应当提交着色图样，并提交黑白稿 1 份；不指定颜色的，应当提交黑白图样。

（2）商标图样应当清晰，便于粘贴，用光洁耐用的纸张印制或者用照片代替，长和宽应当不大于 10 厘米、不小于 5 厘米。

（3）以三维标志申请商标注册的，应当在申请书中予以声明，说明商标的使用方式，并提交能够确定三维形状的图样，提交的商标图样应当至少包含三面视图。

（4）以颜色组合申请商标注册的，应当在申请书中予以声明，说明商标的使用方式。

（5）以声音标志申请商标注册的，应当在申请书中予以声明，并在商标图样框里对声音商标进行描述，同时报送符合要求的声音样本。

1）声音商标的描述。应当以五线谱或者简谱对申请用作商标的声音加以描述并附加文字说明；无法以五线谱或者简谱描述的，应当使用文字进行描述。

2）声音样本的要求。通过纸质方式提交声音商标注册申请的，声音样本的音频文件应当储存在只读光盘中，且该光盘内应当只有一个音频文件，通过数据电文方式提交声音商标注册申请的，应按照要求正确上传声音样本。

10.3.3　提出申请

《商标注册用商品和服务国际分类》将商品和服务分成了 45 个大类，其中商品 34 类，服务 11 类。申请注册时，申请人应按商品与服务分类表的分类确定使用商标的商品或服务的类别。同一申请人在不同类别的商品上使用同一商标的，应分别按不同类别提出注册申请。

10.3.4　初步审定

对申请注册的商标，商标局自收到商标注册申请文件之日起 9 个月内审查完毕。对于符合商标注册有关规定的商标，予以初步审定公告。

商标注册采用申请在先原则，这意味着一旦发生有关商标权的纠纷，申请日靠前的商标将受到法律保护。所以，确定申请日十分重要。申请日以商标局收到申请书的日期为准。

10.3.5　领取商标注册证

对初步审定公告的商标，自公告之日起 3 个月内无人提出异议则核准注册，发给商标注册证，并进行公告。

⚙ 任 务 实 施

10.3.6　熟悉商标注册步骤

无论是从事哪个行业的产品或者服务，如果想要打造出唯一或者专属自己的品牌，都是需要提前申请商标并且进行注册的，有了品牌商标，如果能推广，有了一定的影响力之后，对于产品的销售大有益处。商标注册步骤如图 10-8 所示。

办理商标注册的注意事项：

（1）首先需要具备申请商标所要求的手续，以公司名义申请需要有公司执照和公章，以个人名义申请需要提供个人身份证和个体工商户营业执照。

（2）需要准确确定所要使用商标的商品内容或者服务内容。

（3）需要起商标名称，文字、数字、图形、英文、声音均可。

（4）需要判断和检索所起的商标内容是否可以注册，注册通过可能性多大。需要符合《商标法》《商标法实施条例》以及《商标审查审理指南》中的允许注册并且未有相同近似商标已经被在先申请注册的情形，方可注册通过。

（5）经过以上判断和检索，在材料准备齐全后即可递交商标申请。可找有备案资质的代理机构进行代理，如果找代理机构进行代理，第4点则由代理机构进行专业的判断和检索，之后代为递交商标申请，下发任何通知后代理机构会做相应处理和反馈；也可自行到受理处办理商标申请或者网上申请。

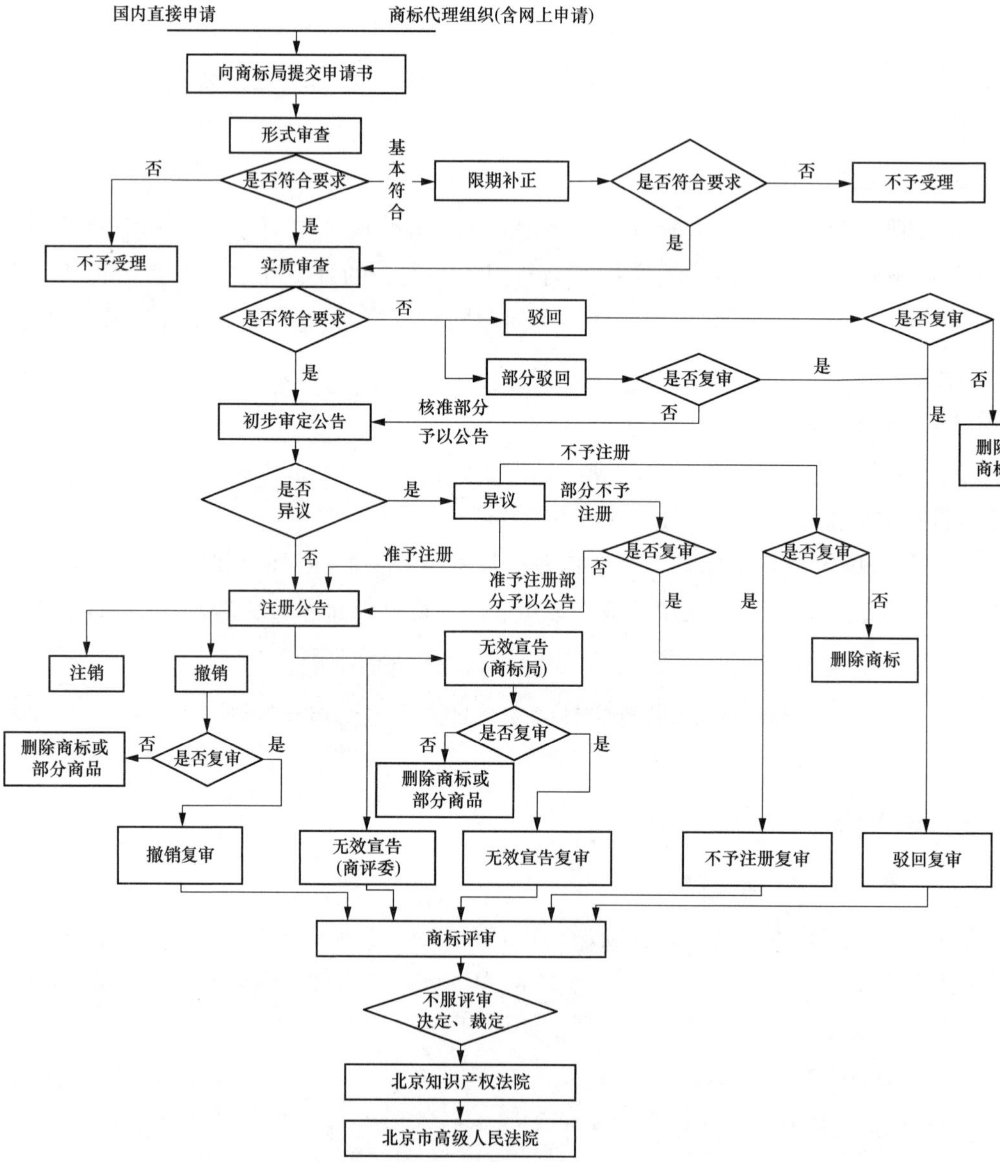

图 10-8 商标注册步骤

10.3.7　判断和检索商标

在向商标局提出商标注册申请之前，还有一项主要工作要做，就是进行商标检索，以确定拟注册商标是否同他人在同一种商品、服务或者类似商品、服务上已经注册的或者初步审定的商标相同或近似，这是申请商标注册的必经程序。如果确定相同或者近似，就不能将该商标提交商标局申请注册，否则，就会遭到商标局的驳回；如果确定不相同或者不相近似，方可以提出注册申请。目前，商标检索工作多由知识产权代理机构的商标代理人或者商标律师负责，因为他们拥有商标检索以及判断商标是否近似的经验。当然，申请人自己也可以进行检索，也可以自己委托工商管理总局设立的通达商标服务中心进行检索。

1. 文字商标查询

您可以登录知识产权局商标局商标网查询商标，具体网址为：http://sbj.cnipa.gov.cn/sbcx/。

进入网址后，可以看到"使用说明"网页，点击"我接受"，进入查询界面，选择"商标综合查询"，如图 10-9 所示。

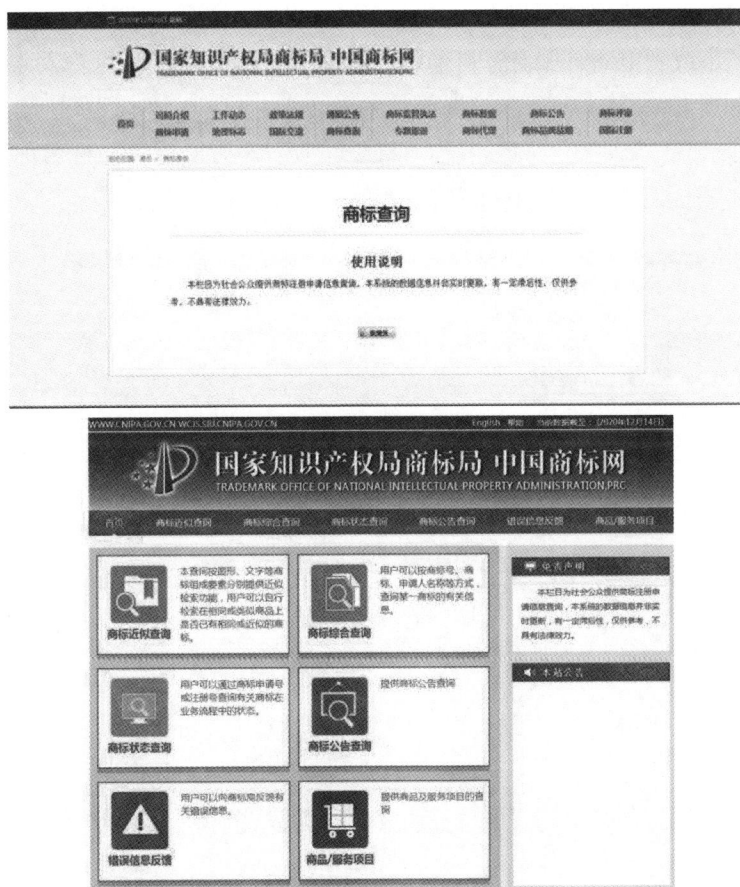

图 10-9　知识产权局商标局商标网

在"商标综合查询"页面，在"商标名称"栏输入商标名称，即可进行检索，如

图 10-10 所示。

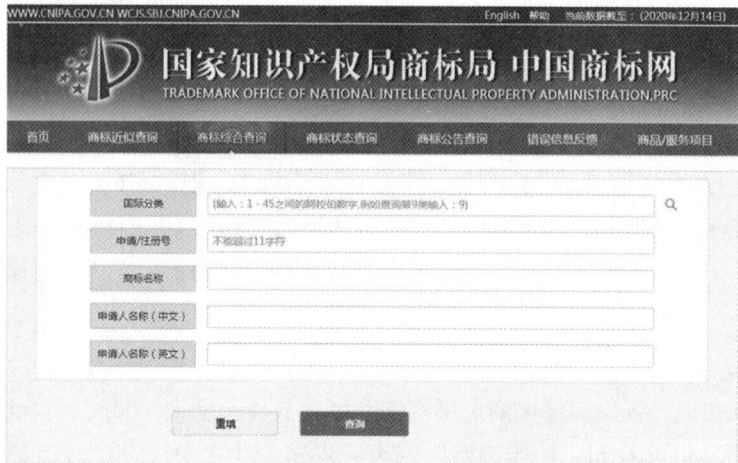

图 10-10　商标综合查询

如果想要缩小显示范围，可以在“国际分类”里输入类别，例如检索服装等商品，可输入 25，检索超市或者电商等服务，可输入 35，检索餐饮等服务，可输入 43。

2. 声音商标查询

查询声音商标，只需要在“商标名称”栏里输入“声音商标 + 商标名称”，其他步骤与查询文字商标的方法相同，如图 10-11 所示。

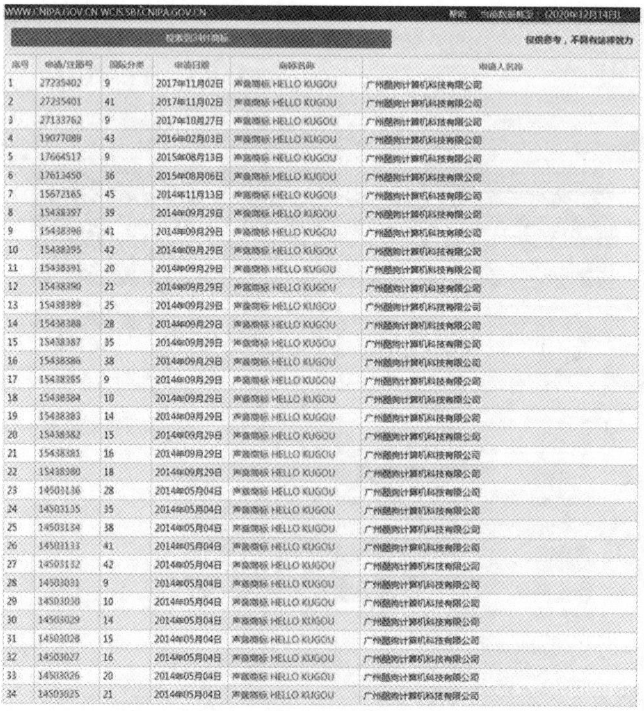

WWW.CNIPA.GOV.CN WCJS.SBJ.CNIPA.GOV.CN　帮助　当前数据截至：(2020年12月14日)

检索到34件商标　仅供参考，不具有法律效力

序号	申请/注册号	国际分类	申请日期	商标名称	申请人名称
1	27235402	9	2017年11月02日	声音商标 HELLO KUGOU	广州酷狗计算机科技有限公司
2	27235401	41	2017年11月02日	声音商标 HELLO KUGOU	广州酷狗计算机科技有限公司
3	27133762	9	2017年10月27日	声音商标 HELLO KUGOU	广州酷狗计算机科技有限公司
4	19077089	43	2016年02月03日	声音商标 HELLO KUGOU	广州酷狗计算机科技有限公司
5	17664517	9	2015年08月13日	声音商标 HELLO KUGOU	广州酷狗计算机科技有限公司
6	17613450	36	2015年08月06日	声音商标 HELLO KUGOU	广州酷狗计算机科技有限公司
7	15672165	45	2014年11月13日	声音商标 HELLO KUGOU	广州酷狗计算机科技有限公司
8	15438397	39	2014年09月29日	声音商标 HELLO KUGOU	广州酷狗计算机科技有限公司
9	15438396	41	2014年09月29日	声音商标 HELLO KUGOU	广州酷狗计算机科技有限公司
10	15438395	42	2014年09月29日	声音商标 HELLO KUGOU	广州酷狗计算机科技有限公司
11	15438391	20	2014年09月29日	声音商标 HELLO KUGOU	广州酷狗计算机科技有限公司
12	15438390	21	2014年09月29日	声音商标 HELLO KUGOU	广州酷狗计算机科技有限公司
13	15438389	25	2014年09月29日	声音商标 HELLO KUGOU	广州酷狗计算机科技有限公司
14	15438388	28	2014年09月29日	声音商标 HELLO KUGOU	广州酷狗计算机科技有限公司
15	15438387	35	2014年09月29日	声音商标 HELLO KUGOU	广州酷狗计算机科技有限公司
16	15438386	38	2014年09月29日	声音商标 HELLO KUGOU	广州酷狗计算机科技有限公司
17	15438385	9	2014年09月29日	声音商标 HELLO KUGOU	广州酷狗计算机科技有限公司
18	15438384	10	2014年09月29日	声音商标 HELLO KUGOU	广州酷狗计算机科技有限公司
19	15438383	14	2014年09月29日	声音商标 HELLO KUGOU	广州酷狗计算机科技有限公司
20	15438382	15	2014年09月29日	声音商标 HELLO KUGOU	广州酷狗计算机科技有限公司
21	15438381	16	2014年09月29日	声音商标 HELLO KUGOU	广州酷狗计算机科技有限公司
22	15438380	18	2014年09月29日	声音商标 HELLO KUGOU	广州酷狗计算机科技有限公司
23	14503136	28	2014年05月04日	声音商标 HELLO KUGOU	广州酷狗计算机科技有限公司
24	14503135	35	2014年05月04日	声音商标 HELLO KUGOU	广州酷狗计算机科技有限公司
25	14503134	38	2014年05月04日	声音商标 HELLO KUGOU	广州酷狗计算机科技有限公司
26	14503133	41	2014年05月04日	声音商标 HELLO KUGOU	广州酷狗计算机科技有限公司
27	14503132	42	2014年05月04日	声音商标 HELLO KUGOU	广州酷狗计算机科技有限公司
28	14503031	9	2014年05月04日	声音商标 HELLO KUGOU	广州酷狗计算机科技有限公司
29	14503030	10	2014年05月04日	声音商标 HELLO KUGOU	广州酷狗计算机科技有限公司
30	14503029	14	2014年05月04日	声音商标 HELLO KUGOU	广州酷狗计算机科技有限公司
31	14503028	15	2014年05月04日	声音商标 HELLO KUGOU	广州酷狗计算机科技有限公司
32	14503027	16	2014年05月04日	声音商标 HELLO KUGOU	广州酷狗计算机科技有限公司
33	14503026	20	2014年05月04日	声音商标 HELLO KUGOU	广州酷狗计算机科技有限公司
34	14503025	21	2014年05月04日	声音商标 HELLO KUGOU	广州酷狗计算机科技有限公司

图 10-11　声音商标查询

3. 图形商标查询

登录知识产权局商标局商标网查询商标，具体网址为 http://sbj.cnipa.gov.cn/sbcx/。

进入网址后，可以看到"使用说明"网页，点击"我接受"，进入查询界面，选择"商标近似查询"。

在"商标近似查询"页面，在"查询方式"栏选择"图形"，如图 10-12 所示。

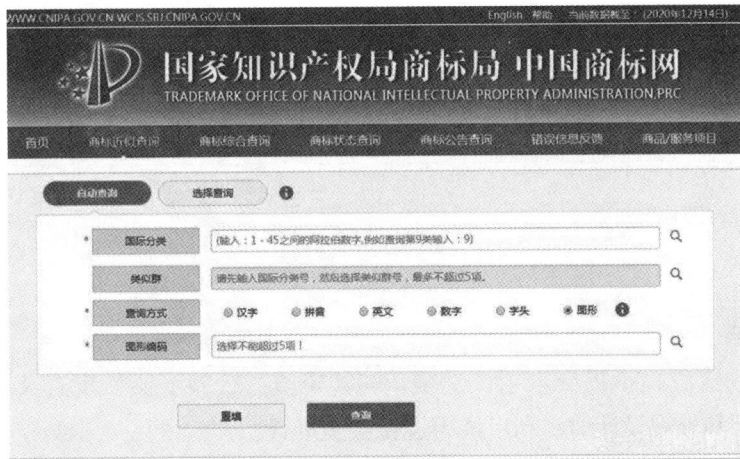

图 10-12　图形商标查询

点击"图形编码"栏后的放大镜图形，图形编码有 29 个大类，例如常见的第 1 类"天体、星星"，第 2 类"人类"，第 3 类"动物"，第 9 类"服装"，第 27 类"数字"，第 29 类"颜色"，如图 10-13 所示。

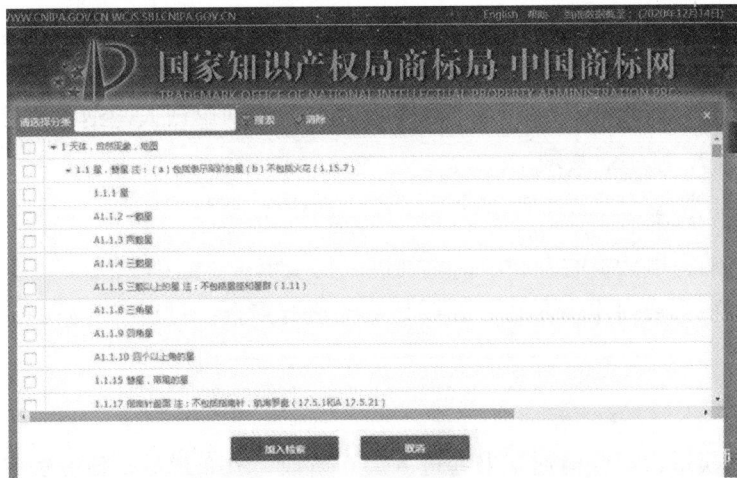

图 10-13　图形编码

选定大类以后，再选择与图形商标近似的小类，点击"加入检索"，在"国际分类"里填写商品或者服务的分类，点击"检索"即可查询图形商标。

10.4　了解专利申请流程

任 务 分 析

■ 任务描述

赵同学在校期间，参与第二十届"岳麓山杯"大学生创新创业大赛，他发明的一种新产品在竞赛中获得了一等奖。他想通过申请专利方式对该产品进行保护。该如何申请专利呢？专利申请的步骤和注意事项有哪些？这些问题都是大学生发明者需要学习和关注的。

■ 任务要领

1. 拟申请的专利类型。
2. 相关文件。

知 识 储 备

专利申请的流程包括提交申请、受理、初步审查、公布、实质审查及授权 6 个阶段。其中，实用新型和外观设计的专利申请不进行实质审查。

10.4.1　提交申请

申请人向国家知识产权局提出专利申请，并提交相关文件。提交的文件必须采用书面形式，并按照规定的格式填写。申请发明或实用新型专利的，应当提交请求书、说明书、权利要求书、说明书附图、说明书摘要等文件；申请外观设计专利的，应当提交请求书、外观设计图片或照片等文件，必要时应提交外观设计简要说明。

10.4.2　受理

国家知识产权局收到专利申请后进行审查，对符合受理条件的专利申请，将确定该专利的专利申请日，并发放申请号和受理通知书，然后通知申请人缴纳申请费；对不符合受理条件的专利申请，则不予受理。

10.4.3　初步审查

按照规定缴纳完申请费的专利申请自动进入初步审查（简称"初审"）阶段。在初审阶段，国家知识产权局要对申请是否存在明显缺陷进行审查。对审查合格的，将发放初审合格通知书。

10.4.4　公布

专利申请从获得初审合格通知书起进入公布阶段。公布以后，该专利申请就获得了临时保护。

10.4.5　实质审查

在实质审查阶段，国家知识产权局将对专利申请是否具有新颖性、创造性、实用性及专利法规定的其他实质性条件进行全面审查。

10.4.6 授权

经实质审查未发现驳回理由的，由国家知识产权局做出授予专利权的决定，并发放专利证书，同时予以登记和公告。专利权自公告之日起生效。

任务实施

10.4.7 专利申请模拟

1. 活动目的

让学生熟悉专利申请的流程，深入理解创新成果保护的重要性。

2. 活动内容

（1）教师对学生进行分组，每组 3～5 人，同时选出一个组长。

（2）组长组织小组成员进行讨论，设定申请专利的情景。

（3）设定好情景后，组内成员分成两方进行角色扮演。一方扮演专利申请人，另一方扮演国家知识产权局的工作人员。

（4）课上展示，教师对每个学生的表现进行点评。

活动结束后，教师可根据表 10-1 进行评分。

表 10-1 活 动 评 价 表

评分标准	满分	实际得分	备注
积极参与活动的全过程	30		
能够准确无误地做好所扮演角色的工作	30		
熟悉专利申请的全过程	40		
总分	100		

练习与思考

1. 案例分析

王选主持研制的华光和方正系统处于国内外领先地位，取得了重大的经济和社会效益，占领国内出版印刷业 80% 以上的市场，并出口到数十个国家和地区，海外的华文报纸绝大多数都采用方正电子出版系统，从而使中国的印刷业告别了"铅"与"火"，迈入"光"与"电"的信息时代。王选也获得了首届国家最高科学技术奖。汉字激光照排系统的出现对我国印刷业产生了巨大的影响，被称为印刷业的第二次革命。

激光照排技术的研发始于 1975 年，到 1993 年取得成功，整整耗时 18 年。在这 18 年里，王选全力以赴，刻苦攻关，苦苦探索实现目标的有效手段。王选选择技术路线时大胆果断地提出跨过第二代机、第三代机，直接研制西方还没有产品的第四代激光照排系统。王选的大胆抉择是建立在锲而不舍的精神上的——只有在创新上做文章才可能成功实现跨越式发展。

18 年的艰苦奋斗印证了王选的一段名言："不论你是什么样的天才，一定要养成自己动手的习惯。只出点子而不动手实现的人，不容易出大成果。一个新思想和新方案的提出者往往也是第一个实现者，这是一个规律。"锲而不舍包含为保持竞争优势而进行持续创新，王选在 1994 年就在方正集团明确提出要持续创新。他说一个新潮流到来之时，领先厂商过去的技术和市场积累可以成为宝贵的财富，也可以成为迎接新潮流的包袱，从而给新兴企业以可乘之机。只有始终充满危机感，才能不被淘汰出局。这一年，王选访问了 IBM Watson 研究中心，IBM 的高级副总裁麦高地说的一段话让王选记忆深刻："不适合当前市场需要的开发，好比一个人不呼吸，几分钟就会死去；不做未来市场需要的研发，好比一个人不吃饭，两个星期之内就会丧命。"王选知道方正集团尚无实力像 IBM 那样研究未来 10 年的市场需求和技术，但是，可以研究未来 5 年的新需求，而且一旦决定启动一个新方向就要有更为长远的打算，并且下定决心在新领域里坚持到底，只有这样才能在高技术领域参与国际竞争。实践表明，自主创新是制胜的法宝，用王选的话说："22 年的经历使我感到，跟着外国人走是不可能赶超、也不可能与外国商品竞争的，事实上要有自己的创新和高招才能克敌制胜。"据此王选提出了"顶天立地"的发展模式。"顶天"就是寻求全球科技最前沿的制高点，在发现已有技术的不足和吸收前人成果的基础上不断追求新突破，以自主创新形成自主知识产权的核心技术；"立地"就是针对市场最迫切的需要，用新方法实现前人所未达到的目标，并迅速实现商品化和产业化，从而占领市场。

问题一：王选提出的"顶天立地"发展模式说明了什么？

问题二：王选取得成功依靠的是什么？

2. 作为一名新时代大学生，我们可以在日常的生活和工作中做一些怎样的微创新？

3. 假如你是一项新技术或新产品的发明人，应该如何利用这项技术或产品成果创业。

4. 自己设计一个文字、声音或者图形商标进行模拟查询。

5. 哪种商标形式最容易注册成功，谈谈你的注册经验。

6. 如果委托专利代理机构进行专利申请，一般流程和注意事项是什么？

7. 近三年，湖南省社会研发经费投入突破 1100 亿元，从全国第 12 位进位至第 9；技术合同成交额占 GDP 比重突破 5%，从全国第 15 位进位至第 7；高新技术企业突破 1.4 万家，保持全国前 10；科技型中小企业近 2 万家，从全国第 11 进位至第 7；高新技术产业增加值连续保持两位数增速，突破 1.1 万亿元。作为新时代大学生该怎样投身于社会建设的队伍中去？

本章总结

本章介绍了创新成果的转化和保护措施，不同的创新成果需要进行针对性的保护设计，详细列举了商标注册和专利申请的步骤，以期帮助学生学会使用法律武器维护自己的合法权益。

📖 延伸阅读 10：建立北斗导航系统的起因

延伸阅读 10

第11章 提升创业能力与素质

🌱 导 言

创业不仅仅需要热情，更需要具备一定的条件，除了资金、技术、场地等客观条件之外，还需要创业者具备心理素质、身体素质等基本的素质和能力，同时还需要创业者具备一定的经营管理能力和领导能力等。

在开启创业道路之前，对自身的能力和素质有一定的了解，才能不至于在创业道路上碰壁。为了做到自知，创业者有必要对个人的能力素质进行一番测评或评估。通过测评了解不足，从而进行有针对性的学习和改进，提升创业能力与素质。

学习目标

知识目标：了解创业者需要的知识和能力需求，掌握当前的创业形势和当地创业支持政策相关的信息。

能力目标：能选择相关的测评工具，客观地对自身能力和素质进行评估，发现自身的优势和不足。

素质目标：培养创业者需要的特有素质。

专题故事

八年从零到世界五百强，小米创始人雷军的创业历程

雷军是中国著名的企业家和投资人，他的创业经历和成功故事被很多人所称道。

2010年，雷军联合另外几位创始人成立了自己的公司——小米科技。当时，移动互联网还没有兴起，国内的智能手机市场也还没有形成。然而，雷军着眼于未来的发展趋势，将小米定位为一家智能手机公司，致力于为中国消费者提供高性价比的智能手机产品。2011年，小米推出了其第一款智能手机，受到了用户的欢迎。2013年，43岁的雷军率领创办仅三年的小米手机达到出货量中国第一、世界第三的水平。

2018年7月，创办仅8年的小米公司在香港上市。2019年7月《财富》世界500强公司排行榜正式公布，榜单上显示的500家企业里有129家来自中国，小米名列其中，正式

位列世界 500 强公司，位居世界 500 强第 468 位。2021 年 3 月，雷军宣布启动造车计划，并声明："我愿意押上我人生所有积累的战绩和荣誉"。2021 年第二季度，小米手机销量超越苹果，位居全球第二。2024 年 3 月 28 日，科技感很强的小米首款汽车作品——小米 SU7 正式上市，引起众多人的关注和追捧。

雷军是一位具有多方面创业者素质的创业家，具体而言，他有以下几个方面的创业者素质：

（1）创新思维和敏锐洞察力：雷军在创办小米时提出了"互联网＋手机"模式，这是一种开创性的商业模式，他敏锐地发现了智能手机市场的巨大商业机会。

（2）远见卓识和战略谋略：雷军清晰地认识到了与苹果、三星等巨头竞争的艰巨性，因此小米选择了不对准"硬件"而是对准"互联网服务"，解决了老牌手机厂商未解决的问题。

（3）团队领导能力：雷军带领小米的团队实现了一个接一个的突破，深耕市场，在中国市场实现了巨大成功。

（4）敢于尝试和革新精神：在小米的初期，雷军大胆尝试和革新了手机销售渠道和服务模式，成功地打造了一支经验丰富、敢于创新和自我挑战的团队。

（5）坚持不懈、执着追求：雷军在小米的初期投入巨大，通过不断调整战略，小米最终成为了中国手机市场的巨头并成功进入印度、东南亚等市场。

这些创业者素质塑造了他出色的组织管理和创业能力，为小米创造卓越的成绩打下坚实的基础。

11.1　了解创业政策

任务分析

任务描述

即将毕业的小王同学，计划利用所学专业（光伏发电技术与应用），实施创业。他也了解到，国家、地方政府近年为鼓励大学生自主创业，出台了不少优惠和扶持政策。为此，他需要对国家、省市出台的创业政策进行了解，以便享受税收减免的优惠，来减少创业之初因资金缺乏、场地不足带来的影响，同时小王同学还需要对新能源行业内的营商环境进行了解，对产业需求进行初步分析。

任务要领

1. 了解到国家近年出台的大学生自主创业支持政策。
2. 了解到地方近年出台的大学生自主创业支持政策。
3. 了解到学校近年出台的大学生自主创业支持政策。
4. 了解创业领域的营商环境。

知识储备

创业的本义是指开创建立基业、事业。当下创业可以解释为创业者对自己拥有的资源或通过努力对能够拥有的资源进行优化整合，从而创造出更大经济或社会价值的过程。大学生创业是大学生利用所学知识或技能，发现商机并加以实际行动，转化为具体的社会形态，获得合法利益，实现自身价值的过程。大学生创业之前，有必要了解一下当前的创业形势以及国家、地方政府、学校出台的创业政策。

11.1.1 创业形势

2015 年国务院政府工作报告将大众创业、万众创新（简称"双创"）作为一项重大工作部署，创新创业在神州大地上产生了很大的反响。

根据国家统计局《2024 年国民经济和社会发展统计公报》和科技部《2024 年中国创业孵化发展报告》：

截至 2024 年底我国市场主体总量突破 1.8 亿户，其中企业超 5800 万户，个体工商户占主导。2024 年新设企业 950 万户，同比增长 4.3%，创业密度持续提升。2025 年一季度新设企业同比增长 5.1%。

2024 年新增就业 1244 万人，创业带动就业比例约 1:3（即 1 个创业者平均带动 3 个岗位）。高校毕业生创业比例达 3.2%，返乡入乡创业人员超 1300 万人。国家级双创示范基地达 212 家（覆盖区域、高校、企业三类）。科技企业孵化器、众创空间超 1.5 万家，服务创业团队超 50 万个。

2024 年政府引导基金规模超 3 万亿元，创投市场融资额超 8000 亿元。小微企业和科技型初创企业年均减税超 2000 亿元。科创板、北交所服务"专精特新"企业 IPO 累计融资超 8000 亿元。

京津冀、长三角、粤港澳三大区域集聚全国 65% 的独角兽企业和 70% 的风险投资。成都、武汉、西安双创指数年增超 10%，国产大飞机、新能源等产业链带动区域创新生态。

随着我国创新创业政策的不断落实、营商环境的持续优化以及经济贸易情况的蓬勃向好，中国面临良好的创新创业机遇和环境。

但是，近年来，受新冠疫情的冲击，全球经济陷入了前所未有的困境。作为想要创业的大学生也不能忽视当前的一些现实情况，需要冷静面对，并做出合理的分析和决策。

11.1.2 应对措施

微课 11-1
应对措施

面对目前的创业形势，创业者可以考虑以下几个方面应对：

（1）寻找新的市场机会。创业者可以通过研究市场需求和趋势，寻找新的市场机会。例如，针对当前国内经济下行压力增大的情况，创业者可以寻找一些新兴行业或领域的机会。

（2）提高自身能力。创业者需要具备多种能力，包括领导力、沟通表达能力、团队协作能力、创新能力、市场分析能力、财务管理能力等。通过不断学习和提升自身能力，创业者可以更好地应对市场挑战。

（3）加强营销和品牌建设。在竞争激烈的市场环境中，良好的营销和品牌建设可以帮助创业者获得更多的客户和市场份额。因此，创业者需要注重产品品质和服务，同时积极开展各种营销活动和品牌推广。

（4）联合创业。联合创业可以分担风险，共享资源，提高效率。创业者可以与其他企业或个人合作，共同开展业务，实现互利共赢。

（5）利用政策扶持。政府对创业者提供了一系列的扶持政策，包括财政补贴、税收优惠、融资支持等。创业者可以积极了解相关政策，并主动申请享受相关扶持措施。

（6）寻找新领域。尽管经济下行压力加大，但并不意味着所有的创业机会都被封锁。相反，一些行业也蕴藏着新的机遇。例如，医疗保健、在线教育、电子商务等行业获得了快速发展。下面是一些值得投入的创业领域：

1）互联网行业。技术和创新是现代创业的两个主要趋势。随着互联网的普及和人们对线上购物的需求增加，互联网行业成为最值得投入的行业之一。在互联网上，创业者可以开拓电子商务、在线教育、社交媒体等多个领域，还可以在移动互联网、云计算、大数据等新兴领域进行投资。互联网行业是一个蓬勃发展的行业，未来依然有很大的空间。因此，投资互联网行业将是一个明智的选择。

2）人工智能技术。人工智能技术正在改变我们的生活。它将带来新的商业模式、工作机会和文化变革。目前人工智能行业的应用范围已经很广泛，包括工业生产、医疗保健、金融、教育等多个领域。人工智能行业的未来也十分广阔，将会吸引越来越多的创业者进入这个领域。

3）社交媒体和数字媒体。由于社交媒体和数字媒体的普及，许多创业企业都开始把他们的业务转移到了这些领域中。这种趋势在未来也会持续下去。

4）环保和可持续发展。越来越多的企业意识到环保和可持续发展对企业的贡献，因此环保和可持续发展已经成为了新时代的创业趋势。

5）生命科学。随着医疗技术的发展，人们对健康的需求也越来越高。生命科学对治疗疾病和延长寿命方面的研究也愈发重要。这个行业包括药品开发、治疗疾病、生物技术等多个领域。随着人口老龄化的加剧，人们对医疗保健的需求将进一步增加，生命科学行业的未来也会有很大的发展空间。

6）游戏行业。游戏行业已经成为一个十分蓬勃的行业。据预计，全球游戏市场价值将会超过 3000 亿美元。创业者可以投资游戏开发、游戏运营等多个领域。游戏行业发展快速，创新性强，很容易吸引坑家的关注。选对了游戏类型和市场，创业者可以获得很高的回报。

7）单身经济行业。初婚年龄普遍推迟，晚婚晚育成为常态；家庭细化严重，年轻人爱独居独处倾向明显；收入增长提高了消费能力；国民自我意识、个性意识的渐趋觉醒；活在当下、快乐至上、品质至上观念日渐流行，是当下的社会现状。在这样的时代背景、社会背景之下，单身经济如宠物经济、上门服务、小量小份产品等领域的生长土壤也渐趋肥沃，可以说单身经济实在是一块香饽饽。

8）老年经济行业。随着人口老龄化趋势的加剧，老年经济行业也越来越受到关注。目前，老年经济行业的创业机会主要集中在以下几个方面：

① 旅游市场：针对老年人的旅游规划还在初级阶段，可以开发一些更适合现代老年人习惯和爱好的旅游方式。

② 生活用品和服装穿着：现代老年人在生活上更加追求品质生活，从而对生活用品和服装穿着都比较重视。

③ 保险行业：健康保险、意外保险等保险产品也是老年经济行业中的一个重要领域。

④ 运动休闲娱乐项目：随着老年人生活水平的提高，他们对于运动休闲娱乐项目的需求也越来越高。

⑤ 家居智能化：智能家居、智能养老等领域是老年经济行业中的一个新兴领域。

⑥ 家政服务：随着家政服务"进商圈""进社区"，家政服务业将迎来新一轮发展。家政服务业与产业链、供应链关联企业融合发展，开发适合老年社区需求的新产品、新服务、新消费。

11.1.3 创业政策

1. 国家、部委层面政策

近年，国家和相关部委为鼓励和支持大学生创新创业，先后出台了不少政策，以下是近几年国务院和教育部出台的几个文件。

（国办发〔2021〕35 号）《国务院办公厅关于进一步支持大学生创新创业的指导意见》在落实大学生创新创业保障政策中指出：落实大学生创业帮扶政策，加大对创业失败大学生的扶持力度，按规定提供就业服务、就业援助和社会救助；加强政府支持引导，发挥市场主渠道作用，鼓励有条件的地方探索建立大学生创业风险救助机制，可采取创业风险补贴、商业险保费补助等方式予以支持，积极研究更加精准、有效的帮扶措施，及时总结经验、适时推广；毕业后创业的大学生可按规定缴纳"五险一金"，减少大学生创业的后顾之忧。在落实落细减税降费政策中指出：高校毕业生在毕业年度内从事个体经营，符合规定条件的，在 3 年内按一定限额依次扣减其当年实际应缴纳的增值税、城市维护建设税、教育费附加、地方教育附加和个人所得税；对月销售额 15 万元以下的小规模纳税人免征增值税，对小微企业和个体工商户按规定减免所得税；对创业投资企业、天使投资人投资于未上市的中小高新技术企业以及种子期、初创期科技型企业的投资额，按规定抵扣所得税应纳税所得额；对国家级、省级科技企业孵化器和大学科技园以及国家备案众创空间按规定免征增值税、房产税、城镇土地使用税；做好纳税服务，建立对接机制，强化精准支持。

2022 年 5 月 5 日颁布的（国办发〔2022〕13 号）《国务院办公厅关于进一步做好高校毕业生等青年就业创业工作的通知》中明确支持高校毕业生自主创业和灵活就业。落实大众创业万众创新相关政策，深化高校创新创业教育改革，健全教育体系和培养机制，汇集优质创新创业培训资源，对高校毕业生开展针对性培训，按规定给予职业培训补贴。支持高校毕业生自主创业，按规定给予一次性创业补贴、创业担保贷款及贴息、税费减免等政策，政府投资开发的创业载体要安排 30% 左右的场地免费向高校毕业生创业者提供。支持高校毕业生发挥专业所长从事灵活就业，对毕业年度和离校 2 年内未就业高校毕业生实现灵活就业的，按规定给予社会保险补贴。

教育部高校学生司（高校毕业生就业服务司）、教育部学生服务与素质发展中心 2022 年 4 月向全国颁布《普通高校学生自主创业政策公告》（内容参考拓展资源 11），对大学生创业提供政策支持。2024 年 11 月教育部发布（教就业〔2024〕5 号）《教育部关于做好 2025 届全国普通高校毕业生就业创业工作的通知》，要求构建高校毕业生高质量就业服务体系，促进高校毕业生高质量充分就业，支持大学生灵活就业和自主创业。

　　2. 省、市层面政策

各省、市为了配合国家和部委的政策，也会出台实施细则，进一步落实上级政策。以下为湖南省和长沙市的相关措施。

湖南省人民政府关于印发（湘政发〔2018〕30 号）《湖南省进一步促进就业工作二十条措施》文件中指出，加强创业担保贷款扶持：符合条件的人员自主创业的，创业担保贷款最高申请额度由 10 万元提高到 15 万元，合伙创业的按合伙创业人数、组织起来共同创业的按共同创业人数，每人最高 15 万元额度，最高贷款额度为 75 万元，贫困地区按规定全额贴息 3 年，其他地区按规定全额贴息 2 年。小微企业当年新招用符合创业担保贷款申请条件的人员数量达到企业现有在职职工人数 25%（超过 100 人的企业达到 15%）并与其签订 1 年以上劳动合同的，按规定可申请最高不超过 300 万元的创业担保贷款。（湘教发〔2021〕63 号）《湖南省 2022 届高校毕业生就业创业工作"一揽子"举措实施方案》、（湘政办发〔2024〕42 号）《湖南省大力支持大学生创业若干政策措施》对大学生创业在政策、基金、孵化、导师、课程、典型、宣传等七个方面出台一批支持政策，为大学生在湖南创新创业提供全面保障。

长沙市制定出台《关于开展 2023 年度长沙市"小荷"青年人才创业项目申报工作的通知》《关于开展 2023 年度长沙市创新创业带动就业项目申报工作的通知》《关于做好 2023 年度初创企业经营场所租金补贴、一次性创业补贴发放工作的通知》等多项优惠政策和扶持政策，精准帮扶一批符合国家产业发展方向、创业带动就业人数较多的初创企业，推动创业创新与就业协调互动发展，打造经济发展新引擎，助力高质量就业。目前，长沙市人民政府也根据（湘政办发〔2024〕42 号）《湖南省大力支持大学生创业若干政策措施》文件要求制定了《长沙市落实支持大学生创业政策责任清单》，一批政策措施将陆续出台。长沙市创业优惠政策主要有以下几类。

一次性创业补贴和经营场地补贴：对于符合条件的高校毕业生自主创业，可以申请一次性创业补贴，补贴金额在 3000 元到 30000 元不等。此外，还可以申请经营场地租金补贴，第一年每月 800 元，第二年每月 600 元。如果实际租金低于补贴标准，则按实际租金额度给予补贴。

创业培训补贴：对于毕业年度高校毕业生（含技师学院高级工班、预备技师班、特殊教育院校职业教育类毕业生）到定点创业培训机构参加创业培训并取得资格证书的，给予一定标准的创业培训补贴。其中，"创办你的企业"（SYB）培训补贴 1000 元 / 人次，"改善你的企业"（IYB）培训补贴 1300 元 / 人次，创业模拟实训不超过 1300 元 / 人次，网络创业培训不超过 1300 元 / 人次。

求职创业补贴：对于长沙市区域内的普通高等学校、特殊教育院校、中等职业学校、技工院校（含技师学院高级工班和预备技师班）中的孤儿、残疾人、城乡低保家庭、在校期间已获得国家助学贷款、特困人员、贫困残疾人家庭、建档立卡贫困家庭的毕业年度毕业生（不包含普通高校自考及成教毕业生），按照每人1500元标准给予一次性补贴，同一发放对象只能享受一次补贴。

长沙市还有一些其他的创业优惠政策，例如高校毕业生个人创业的，可申请不超过30万元的创业担保贷款；合伙创业的，可根据合伙创业人数适当提高创业担保贷款额度，最高不超过400万元；对毕业年度内持《就业创业证》的高校毕业生从事个体经营的，自办理个体工商户登记当月起，在3年内按每户每年24000元的限额依次扣减其当年实际应缴纳的增值税、城市维护建设税、教育费附加、地方教育附加和个人所得税；对毕业学年和离校未就业高校毕业生参加由县级以上公共就业人才服务机构、公共就业培训机构组织的职业技能培训合格的，给予一次培训补贴等。

需要注意的是，这些优惠政策的申请条件和具体内容可能会有所不同，可以在长沙市人力资源和社会保障局等官方网站上查询详细信息，按照政策要求申请相应的补贴或扶持。

3. 高校管理制度或规定

为了支持和鼓励大学生创业，各高校通常也会出台一些措施和办法。

（1）创业教育课程的开设：开设创业教育课程和实践活动，包括创业意识、创业计划、市场营销、融资渠道等方面的知识和技能的培养。

（2）创业实践活动的开展：为学生提供创业实践平台和机会，例如创业实训基地、创业园、孵化器等，帮助学生将创业计划转化为实际创业。

（3）创业扶持：要提供创业扶持政策，包括资金支持、政策优惠、项目推荐等，以帮助毕业生更好地实现创业计划。

（4）开展创业指导：安排创业导师或企业家对学生进行创业指导，提供个性化的创业咨询和支持，帮助学生解决创业中遇到的问题。

（5）举办创新创业大赛：鼓励学生参与创新创业项目比赛，选拔优秀的创业项目并提供资金支持和技术指导。

（6）管理措施上，实行弹性学籍制度，大学生在校期间创业的，可以保留学籍，相关课程学分可以进行折算等。

任 务 实 施

11.1.4　了解创业形势

王同学首先通过国家能源局网站了解光伏电站项目建设相关政策（国能发新能规〔2025〕7号）《分布式光伏发电开发建设管理办法》、（发改价格〔2025〕136号）《关于深化新能源上网电价市场化改革促进新能源高质量发展的通知》，对新能源项目建设、价格政策等进行了适当调整和明确；同时王同学还查询到湖南省发展改革委（湘发改能源〔2025〕86号）《关于依法合规加快推进风电、光伏发电项目建设的通知》等配套办法。通过上述文件了解目前光伏发电项目的创业形势和政策要求。

通过网络进一步查询，王同学获得了以下光伏电站建设补贴政策。

（1）财政补贴。国家对光伏发电行业提供了财政补贴，以鼓励企业和个人投资建设光伏电站。这些补贴通常包括设备补贴、建设补贴和运营补贴等。

（2）税收优惠。国家对光伏发电行业提供了税收优惠政策，以降低企业的经营成本。这些优惠政策包括减免企业所得税、增值税优惠和研发费用加计扣除等。

（3）贷款支持。国家银行和金融机构为光伏发电行业提供了多种贷款支持，包括优惠利率贷款、担保贷款和贴息贷款等。

（4）土地使用。国家对光伏发电项目的土地使用给予了支持，包括土地租赁、土地征用和土地使用证等。

（5）投资限制。国家对光伏发电行业的投资进行了限制，以避免过度投资和产能过剩。这些限制包括禁止新建过剩产能、限制新建项目和鼓励企业兼并重组等。

11.1.5　了解创业政策

1. 向当地政府部门了解财政补贴和税收优惠相关政策

为了在湖南省长沙市创业，王同学到长沙市人力资源和社会保障局部门了解财政补贴和税收优惠等：

（1）最高可获得 20 万元无偿资助；

（2）能凭借三证一簿和工商登记证明到公安部门办理落户手续；

（3）享三年税费减免；

（4）三年内申请专利、商标、软件著作权等无形资产的，由纳税地知识产权部门对申请费用给予全额补贴；

（5）免收登记类、证照类费用，并设立大学生绿色通道；创业遇到重大挫折的大学生，还可在长沙市享受失业保险和社会救助。

2. 向当地政府部门了解行业支持相关政策

为了了解当地政府部门对产业、行业创业支持情况，王同学查询到湖南省发展改革委及物价部门关于《〈分布式光伏发电开发建设管理办法〉问答（2025 年版）》等最新的光伏发电项目政策措施。

针对分布式光伏发电，湖南省给予 0.42 元的补贴，此补贴持续 20 年。对列入国家鼓励类的分布式光伏发电项目，自发自用电量均可享受国家 0.42 元 / 度的补贴；对集中连片光伏扶贫电站所发电量，按上网标杆电价全额收购，同时享受国家可再生能源电价附加资金补助；光伏发电项目实行分类上网指导电价，2018 年起全省范围内所有光伏发电项目实行"一类一策"，同一类项目中优先建设技术水平高、单位投资成本低的项目；光伏扶贫电站项目纳入国家光伏扶贫计划，享受国家扶贫资金补贴。

3. 向当地政府部门了解创业基金和贷款相关申请条件和流程

为了解决创业资金不足问题，王同学向当地政府部门了解创业基金和贷款相关申请条

件和流程:

申请财政贷款贴息,可获得期限一般不超过 2 年、总额度最多 10 万元的年贴息;申请最高 5 万元的小额担保贷款;合伙经营,可申请最高 50 万元的担保贷款;对大学生自主创办的新兴项目,根据企业规模可给予最高为 200 万元的小额担保贷款扶持,财政按贷款基准利率的 50% 给予贴息。

4. 向所在学校和院系了解创新创业平台相关政策

以下为某职业技术学院关于鼓励和扶持学生创业的相关政策:

为了进一步贯彻落实教育部在高等学校开展创新创业教育,积极鼓励学生自主创业,切实落实以创业带动就业,服务于创新型国家建设的重大战略举措,全面推进与扶持大学生创新创业,特制订一系列鼓励和扶持大学生创业的相关优惠政策。

(1)加大创业扶持力度

1)积极推进创业孵化基地建设。学院创业孵化基地为学生创业预留多达 300 平方米的办公场地专门用于大学生创新创业。创业团队可在创业基地申请创业工作室,工作室的面积大小视创业团体的项目、人员规模而定,由素质教育中心统筹安排。

2)实施创办企业优惠政策。为大学生自主创业企业提供绿色办事通道,引进专业财务公司帮助大学生创业企业办理工商注册、验资证明、税务登记等服务,并配合落实市政府鼓励和扶持大学生自主创业各类优惠政策。

3)实行场地租赁补贴政策。对于新创办的大学生创业项目,经评定为具有良好的市场潜力和发展前景的科技型企业,入驻创业基地最高可享受两年内全额房租补贴,第三年减半。创业期间,入驻企业只需承担水电费、电话费、物业管理费、网络费等相关费用。

4)实行场地租金入股政策。对于筹集创业资金确有困难的大学生创业团队,经申请,也可以场地租金入股的形式入驻创业基地。

5)加大创业资助力度。学院将整合各方资源,对大学生创业给予专项支持,积极引导建立"学院学生创业基金"。将鼓励在孵企业与社会风投、创投机构密切合作,为学生搭建创业风投、创投平台,借助社会资源推动学生创业企业的发展。

(2)善创业服务支撑体系

1)加强创业教育与培训,发挥大学生创业孵化基地作用。定期举办以"创业教育"为主题的专题讲座,提高大学生创业素质和能力;引入创业培训第三方咨询服务机构,对学生创业进行专业辅导与培训,旨在提高大学生自主创业的能力。

2)实行创业导师制。学院将专门聘请企业管理、产业经济、系统工程领域的专家教授担任学生创业导师,实行一对一帮扶与指导。创业企业可与创业导师展开交流合作。同时还将聘请各科技园区内优秀企业家、校友优秀企业家及优秀中介机构代表,为学生创业团队提供创业指导,教授创业实务操作技能,全面提升大学生创业素质。

3)定期召开联络会议。联络员是创业基地负责联络大学生创业的工作人员。联络员每季度负责组织创业团队召开一次联络会议,督促检查大学生创业扶持政策的落实情况,研究解决大学生创业过程中出现的困难和问题。

4）组织开展创业计划大赛。通过与院学生处、招生就业处、团委、科技处、教务处等相关单位联手举办创业计划大赛，对参赛大学生进行创业指导，这不仅能培养和激发大学生的创业技能和创业热情，还能提高大学生的创新、实践能力。大赛将对参赛的创业项目进行评选，针对优秀项目给予资金扶助，优先入驻创业孵化基地。

5）完善学生创业公共服务平台建设。学院积极创造条件为学生企业提供政策咨询、各类扶持资金申请、企业登记注册以及商务、融资等方面的"一站式"咨询服务，并为大学生自主创业建立畅通的创业融资、成果转化及项目合作交易渠道；积极与银行、风投、券商等机构以及政府相关部门沟通、合作，拓展学生创业企业和项目的融资渠道。

6）实施弹性学籍管理：鼓励在校学生休学创业。凡创办科技型企业的学生，可视为其参加学习、实训、实践教育的时间，并按相关规定计入学分。在规定时间内，可重返学校完成学业。

（3）附则

1）本优惠政策所称的大学生创业企业，是指全日制普通高校在校生及毕业后两年内的大学生（毕业时间从毕业证书的签发之日算起），以本人名义创办的企业，且符合以下条件：

① 大学生创业企业，主要从事科技成果转化或研发项目，或从事文化创意类项目；

② 大学生创业企业，必须由大学生担任该企业的法定代表人，且大学生创业团队核心成员出资总额不低于注册资本的30%。

2）同一大学生创办多家企业，可享受我院优惠扶持政策的企业只能为1家。

3）同一大学生申报创业投资基金的项目最多为2个。

5. 了解合作加盟相关信息

光伏发电行业中有很多产业联盟和合作机会，可以为学生提供实习、实训和就业机会。王同学可以通过参加光伏发电技术交流会议、展览等活动，与行业内企业和机构建立联系，了解更多机会。

光伏发电作为新能源产业的一员，近年来不断发展壮大，我国光伏发电产业已经形成了"上游多晶硅、中游光伏制造、下游电站开发"的产业链布局。光伏发电产业链主要包括多晶硅、硅片、电池片、组件等环节。从光伏发电系统设计、制造到电站建设、运营和维护等环节，均有企业涉足。上游企业主要从事硅材料、硅片等原材料的生产，这些原材料是制造光伏组件的基础。中游企业则是从事光伏组件的生产和销售。这些企业在生产过程中需要采购光伏电池原材料，并将其组装成光伏组件。同时，中游企业还需要开展市场营销活动，将光伏组件销售给下游企业或最终用户。下游企业则是从事光伏电站的建设、运营和维护。这些企业需要购买光伏组件，并将其安装在光伏电站上，进行电能的发电和销售。同时，下游企业还需要对光伏电站进行维护，保障光伏电站的正常运行。

最终，王同学成立了一家以"光伏发电项目维护服务为主营业务"的小公司，并成功运营。

11.2　测评创业素能

任务分析

■ 任务描述

李同学为了创业，需要全面学习和锻炼，提升自身能力和素质，但是作为大学生创业者，究竟需要哪些能力和素质呢？这是摆在创业者面前的一个首要问题。为此，李同学需要了解并评估一下自身是否具备这些能力和素质。

■ 任务要领

1. 了解创业者必须具备的能力和素质。

2. 测评创业能力和素质。

知识储备

微课11-2
创业者素
质和能力
要求

11.2.1　创业者素质和能力要求

创业是一个艰苦的探索过程，通常没有可以复制的成功模式。因此，创业对创业者的素质和能力要求也很全面。创业者必须具有良好的身心素质、专业的职业素养、基本的创业素质以及经营管理能力、政策研究能力，才能解决好创业面临的各种问题和困难，向成功迈进。

1. 创业者素质要求

（1）身心素质。

首先，良好的身体素质是成功创业的第一大前提。身体是革命的本钱，对于创业者而言，更是如此。在创业之初，受资金、环境等各方面条件的限制，许多事都需要创业者花费很多时间和精力来思考和改进。若无充沛的体力、旺盛的精力，必然会力不从心。

其次，良好的心理素质是创业成功的关键。创业者精神方面要能承受得起比常人更大的压力，尤其是遇到挫折和失败时，更需要创业者具有非常强的心理调控能力，要能够持续保持积极、沉稳、自信、刚强、坚韧及果断的心态，具有处变不惊的健康心理素质。

（2）职业素质。具备某个专业领域或行业的职业能力和素质，是创业者必须具备的条件之一。大学生在校期间应该加强专业知识和技能的学习，了解专业领域或行业的前沿技术，发现其中的不足和找到解决的措施，为创业打下专业基础。同时，大学生应该培养自主学习和探究能力，研究新问题、新动向，主动适应时代发展的需要，积极探索未知领域的技术发展。

（3）创业素质。创业者必须具备自我实现、追求成功的强烈的创业意识和激情，才能克服创业道路上的各种艰难险阻。只有具备了这些素质，才能不断地去挖掘和寻找创业资源（包括资金、技术、团队等），不断地去解决创业过程中遇到的各种问题和困难，并在实践中不断提高创业敏感度、创业适应性，使创业规模不断壮大。

（4）知识素质。知识素质对创业也起着举足轻重的作用。创业者要具有一专多能的知识结构，才能把握好机遇，做出正确决策。通常创业者需要掌握政策法律知识、经营管理知识、市场经济方面的知识，如公司商法知识（公司法、劳动法、税法、商法、环境保护法）、财务营销知识（财务管理、成本管理、市场营销管理、营销策划、商务谈判）、运营管理知识（经营决策、运营管理、人力资源管理、生产管理、绩效管理）等。

2. 创业者能力要求

（1）创业基本能力，包括社会交往能力、环境分析能力、创业机会获取能力、创业资源获取能力、统筹协调能力。创业者要有意识地扩大社交圈、朋友圈，以便掌握更多信息，寻求更大帮助。

（2）运营管理能力，包括经营管理能力、领导决策能力、财务管理能力、组织管理能力等。经营管理能力，是指影响管理者经营效率的心理特征。创业者要学会经营管理，最大化地整合各类资源，形成市场竞争优势。领导决策能力是对某件事拿主意、作决断、定方向的综合性能力，包括经营决策能力、业务决策能力、人事决策能力、战术与战略决策能力等。创业者首先要成为领导决策者，要具有感召力和决策力及统揽全局和明察秋毫的能力。财务管理能力包括财务预测能力、财务决策能力、财务计划能力、财务控制能力和财务分析能力。组织管理能力包括计划管理能力、组织协调能力、人员管理能力、沟通协调能力、决策能力、团队领导能力等。

（3）市场营销能力，包括市场预测能力、市场定位能力、市场营销能力、市场开拓能力、品牌营造能力。其中，市场营销能力包括对于人性的洞察能力，理性思考、感性表达的能力，不断学习的能力，分析判断和数据分析的能力，沟通与团队合作的能力等。创业者需要具备良好的沟通能力，以便更好地与客户沟通和交流。

（4）创业实战能力，包括创业规划能力、创意执行能力、创业实践能力、危机处理能力、资源再生能力。大学生在校期间，要不断通过参与各类创业大赛、创业实践活动，提升创业实战能力，为投身创业做好各项准备。

11.2.2 创业素质和能力测评

每个人的能力和素质是不一样的，人与人之间的差别是客观存在的，差异也是随时间变化的。但在一定时间范围内一个人的能力和素质是相对稳定的。因此，可以通过科学的手段，对一个人某个时期的某方面能力进行评判，为决策提供参考。

微课 11-3
创业素质
和能力
测评

1. 大学生创业素质测评

大学生创业素质测评体系由综合素质、思想与职业品质、发展能力三个测评维度构成。

（1）综合素质维度测评包括大学生心理素质、身体素质与发展素质等维度及测评要素；

（2）思想与职业品质维度测评包括大学生思想品质、职业品质与职业价值取向等维度及测评要素；

（3）发展能力维度测评包括大学生创业能力、创新实践能力与职业能力等维度及测评要素。

2. 大学生创业能力测评

大学生创业能力测评体系由大学生创业综合素质、创业经营管理知识和创业发展能力三个测评维度构成。

（1）大学生创业综合素质测评包括大学生职业素质测评和创业素质测评；

（2）大学生创业经营管理知识测评包括公司商法知识测评、财务营销知识测评和创业运营管理知识测评；

（3）大学生创业发展能力测评包括大学生创业基本能力测评、创业运营管理能力测评、市场营销能力测评和创业实战能力测评。

任务实施

有志创业的大学生，可通过创业素质和能力测评，熟悉测评流程和内容，发现自身的创业发展潜力和不足。创业素质和能力测评的方法和途径有很多种，测评结论的侧重点也有所区别。目前常用的测评方式有两种，一种是量表测评，另一种是网络在线测评。

11.2.3　量表测评

量表测评是同学们填写设计好的量表，并逐一计算得分，对照结果来完成创业素质和能力自我测评。创业综合素质测试题参见表 11-1。

（1）创业素质自我测评。

步骤 1：请完成下面的测试题来测验一下你创业方面的素质。回答"是"或"否"。

表 11-1　　　　　　　　　　　创业综合素质测试题

测试题	你的答案	
	是	否
1. 你父母有过创业的经历吗？	☐	☐
2. 在学校时你学习好吗？	☐	☐
3. 在学校时，你是否喜欢参加群体活动，如俱乐部的活动或集体运动项目？	☐	☐
4. 少年时代，你是否更愿意一个人待着？	☐	☐
5. 你是否参加过学校工作人员的竞选或是自己做生意，如卖柠檬水、办家庭报纸或者出售贺卡？	☐	☐
6. 你小时候是否很倔强？	☐	☐
7. 你小时候是否很谨慎？	☐	☐
8. 你小时候是否很勇敢而且富于冒险精神？	☐	☐
9. 你很在乎别人的意见吗？	☐	☐
10. 改变固定的日常生活模式是否是你开创自己生意的一个动机？	☐	☐
11. 也许你很喜欢工作，但是你是否愿意晚上也工作？	☐	☐
12. 你是否愿意随工作要求而延长工作时间，可以为完成一项工作而只睡一会儿，甚至根本不睡？	☐	☐
13. 在你成功完成一项工作之后，你是否会马上开始另一项工作？	☐	☐

测试题	你的答案	
	是	否
14. 你是否愿意用你的积蓄开创自己的生意？	☐	☐
15. 你是否愿意向别人借东西？	☐	☐
16. 如果你的生意失败了，你是否会立即开始另一个项目？	☐	☐
17.（接上题）或者你是否会立即开始找一个有固定工资的工作？	☐	☐
18. 你是否认为做一个企业家很有风险？	☐	☐
19. 你是否写下了自己长期和短期的目标？	☐	☐
20. 你是否认为自己能够以非常职业的态度对待经手的现金？	☐	☐
21. 你是否很容易烦？	☐	☐
22. 你是否很乐观？	☐	☐

步骤 2：计算你的得分。

1. 是：加 1 分，否：减 1 分

2. 是：减 4 分，否：加 4 分
成功的企业家可能不是学校的好学生。

3. 是：减 1 分，否：加 1 分
统计表明企业家们在学校时，大都不热衷于集体活动。

4. 是：加 1 分，否：减 1 分
研究显示，企业家们在少年时代往往更愿意一个人待着。

5. 是：加 2 分，否：减 2 分
创业主意通常从较早就开始萌芽。

6. 是：加 1 分，否：减 1 分
童年时的倔强似乎可以理解为按照自己的方式行事的坚定决心——成功企业家的典型特征。

7. 是：减 4 分，否：加 4 分
谨慎可能意味着不愿冒险。这对于在新兴领域开创事业可能是个绊脚石。不过，如果你希望创业，这一点不会有什么影响。

8. 是：加 4 分，否：减 2 分

9. 是：减 1 分，否：加 1 分
企业家们往往不在乎别人的意见而坚持开创不同的道路。

10. 是：加 2 分，否：减 2 分
对日常单调生活的厌倦往往可以坚定一个人开创自己事业的决心。

11. 是：加 2 分，否：减 6 分

12. 是：加 4 分，否：减 2 分

13. 是：加 2 分，否：减 2 分
企业家一般都是特别喜爱工作的人。他们会毫不拖延地进行一项接一项的工作。

14. 是：加2分，否：减2分	
成功的企业家都会愿意用积蓄资助一项计划。	
15. 是：加2分，否：减2分	
16. 是：加4分，否：减4分	
17. 是：减1分，否：减2分	
18. 是：减2分，否：加2分	
19. 是：加1分，否：减1分	
许多企业家都把记下自己的目标作为一种习惯。	
20. 是：加2分，否：减2分	
以正确的态度处理经手的现金对企业的成功至关重要。	
21. 是：加2分，否：减2分	
企业家们的个性似乎都是很容易厌倦的。	
22. 是：加2分，否：减2分	
乐观的态度有助于推动你在逆境中取得成功。	

步骤3：将你的得分与结论对照表（表11-2）中的数值进行对比，获取测试结果。

表11-2　　　　　　　　　　　结　论　对　照　表

得分情况	结果说明与建议
35～44分	绝对合适。得35分以上的人士不自己创业，简直是资源浪费！
15～34分	非常合适。如果你得分在15分以上（包括），那你应该说是个"老板坯子"了。
0～14分	很有可能，你的人生其实可以有许多选择，包括选择自己创业还是就做个高级白领。你的智商和情商发展均衡，这意味着你在很多选择中可进可退，可攻可守。
−1～−15分	也许有可能。如果你非要走创业之途，应该说也有属于自己的机会，但首先要克服很多困难，包括环境，也包括你自身的思维方式与性格制约。
−16～−43分	不合适。建议别浪费自己的时间、精力和金钱。你应该仔细考虑自己是否适合创业，因为你的才华可能并不在这方面。也许为别人工作或是掌握某种技术远比做生意更适合你，可以让你更好地享受生活的乐趣并且充分发挥自己的能力，发展自己的兴趣。

（2）创业能力自我测评。创业能力测评表如表11-3所示。

步骤1：请完成下面的测试题来测验一下你创业方面的能力。回答"是"或"否"。

表11-3　　　　　　　　　　创业能力测评表

问　题	你的答案	
	是	否
1. 你决定出售什么产品或提供什么服务？	☐	☐
2. 你知道你的顾客是谁吗？	☐	☐
3. 你了解潜在顾客怎样看待你的产品或服务吗？	☐	☐

续表

问　　题	你的答案	
	是	否
4. 你知道谁是你的主要竞争对手吗？	☐	☐
5. 你知道你的竞争对手的产品或服务的价格吗？	☐	☐
6. 你知道你的竞争对手的长处或短处吗？	☐	☐
7. 你预测过自己的销售吗？	☐	☐
8. 你制订了产品或服务的销售价了吗？	☐	☐
9. 你选择好企业地点了吗？	☐	☐
10. 你决定使用哪种销售方式了吗？	☐	☐
11. 你决定使用促销方式了吗？	☐	☐
12. 你知道自己的促销需要多少钱吗？	☐	☐
13. 你已经选定某种企业法律形态了吗？	☐	☐
14. 你决定需要什么样的雇员了吗？	☐	☐
15. 你知道雇佣员工的法律责任吗？	☐	☐
16. 你知道对你的企业的所有法律要求吗？	☐	☐
17. 你知道你的企业需要什么样的营业执照和哪些许可证吗？	☐	☐
18. 你知道办这些执照和许可证需要多少钱吗？	☐	☐
19. 你决定你的企业需要何种保险了吗？	☐	☐
20. 你知道办保险需要多少钱吗？	☐	☐
21. 你预测了第一年的销售量了吗？	☐	☐
22. 你预测了第一年的销售收入了吗？	☐	☐
23. 你制订了第一年的销售和成本计划了吗？	☐	☐
24. 你的销售和成本计划表明第一年有利润吗？	☐	☐
25. 你制订现金流量计划了吗？	☐	☐
26. 你的现金流量计划是否表明在你营业企业的前 6 个月里不会耗尽现金？	☐	☐
27. 你计算过开办企业所需要的启动资金数额吗？	☐	☐
28. 你为企业筹集到所有的启动资金了吗？	☐	☐
29. 如果你计划申请贷款，你预测过可用于担保的资产价值吗？	☐	☐
30. 你是否对开办自己的企业有足够的信心？	☐	☐

步骤 2：计算你的选择"否"的个数。

步骤 3：将你的选择"否"的个数与结论对照表（表 11-4）中的数值进行对比，获取测试结果。

表 11-4　　　　　　　　　　　　　　结 论 对 照 表

"否"的数量	给你的反馈意见
0	你准备得很好，你可以开办自己的企业。下一步你要做好开办企业的工作计划
1~10 个	你应该回到创办企业的准备步骤中去，并在需要改进的地方下些功夫
10 个以上	在目前阶段开办企业的风险太大。如果仍然很想开办企业，你应该回过头去从创业的最初阶段重新开始

上述测试只是简单地测验了一下你目前的创业素质和能力。测试结论也许不是你未来能否创业成功的依据，但是它或许可以告诉你应该从何处入手以及你需要进一步在哪些方面提高。

11.2.4　网络在线测评

大学生也可以登录全国职业院校学生测评网（http://www.chinazyxscp.org）进行创业素质和能力测评。该系统可为参测者提供科学、准确的量化分析报告和数据分析结论，并可以向参测者颁发相应的测评证书。测评流程如下。

1. 通过注册获得测评用户名、密码

（1）在测评系统首页"会员登录"处"用户类型"选择"学生用户"，然后点击"个人用户注册"按钮，进入用户注册页面。

（2）在用户注册页面，依次输入用户名（即测评账户）、输入密码、重复密码、真实姓名、性别、参测层次（职业院校学生创业）等信息，此处输入的密码为系统登录密码。

（3）输入完毕后，点击"注册"，提示注册成功后确定，进入用户中心界面进行完善个人信息。

（4）个人信息完善后，即可返回首页选择测评项目参与测评。

2. 参与在线测评

（1）在测评系统页，选择用户类型为学生用户，输入用户名、密码、验证码，点击"登录"按钮，登录测评系统。

（2）参与测评。参与大学生创业发展能力综合测评，在测评系统首页选择职业院校学生创业能力测评系统下的职业院校学生创业发展能力综合测评，进入测试页面，如图 11-1 所示。

测试过程大约需要 2 小时。待答题完毕后，点击交卷，系统提示"交卷成功"，点击确定完成测评。

3. 获取测评报告

参测结束后，请进入"会员中心"查询和获取自己的测评成绩证书及测评分析报告。需要注意的是专业的报告书需要缴纳一定的费用才能下载。

以下为某大学生进行的测试结果。测评分析报告由封面、测评结论组成，测评结论由 9个维度标值分析和创业者优势与提高及发展建议组成，具有一定的参考价值。

（1）测评报告封面。测评报告封面上有关于测试人的基本信息、测评日期和报告编号等内容，如图 11-2 所示。

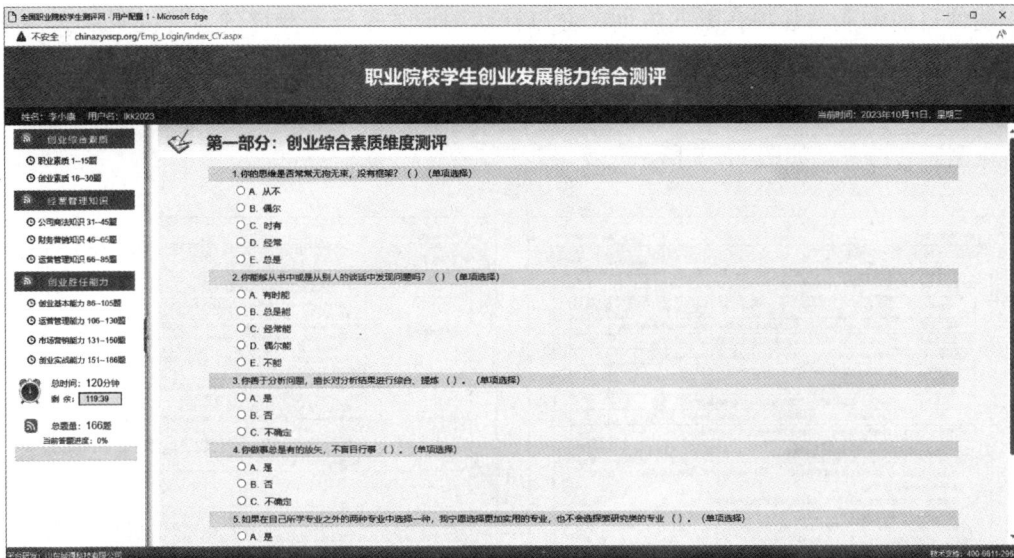

图 11-1 测试页面

（2）测评结论。测评结论是本次测评的核心内容，通过对测试者所回答的 9 个大的要素，34 个分要素、166 个标准题的测试进行综合分析得出。9 个大的要素都有详细得分，并以网状图形式呈现，如图 11-3 所示。

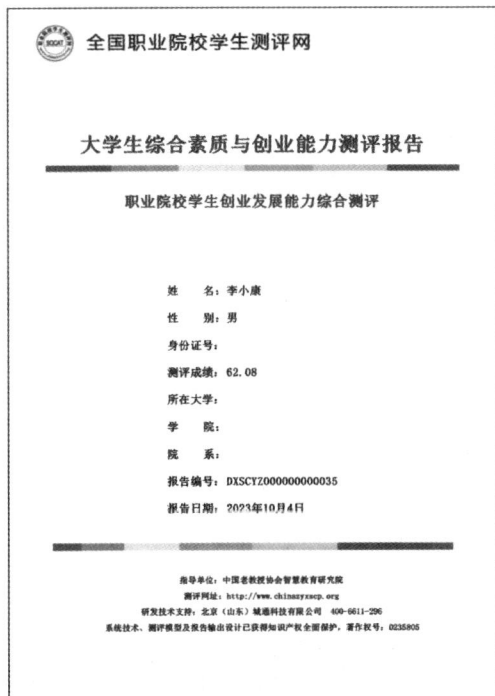

图 11-2 《测试报告》封面

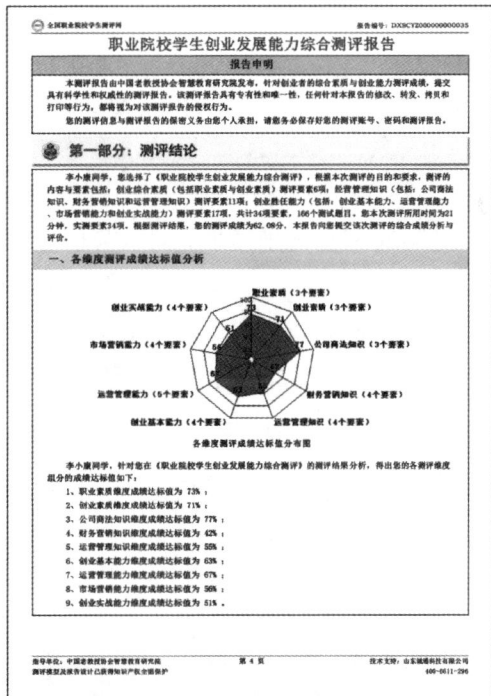

图 11-3 本次测试的测评结论

（3）测评优势和劣势说明。测评的优势和劣势说明是本次测评的关键内容。测评的优势表明你目前的能力强项在哪些方面，并以柱状图形式呈现；测评的劣势说明以文字方式提示你还需要在哪些方面继续努力，如图 11-4 所示。

（4）测评发展建议。测评的发展建议是本次测评的结论部分，给出了详细的建议和意见，供测评者参考，如图 11-5 所示。

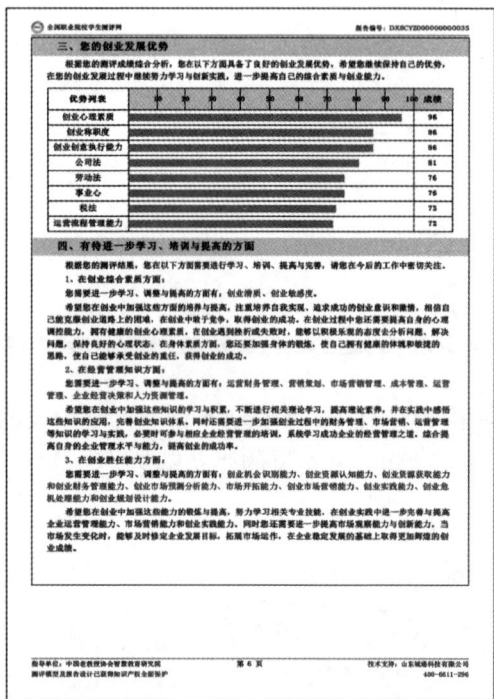

图 11-4　本次测试的优势说明

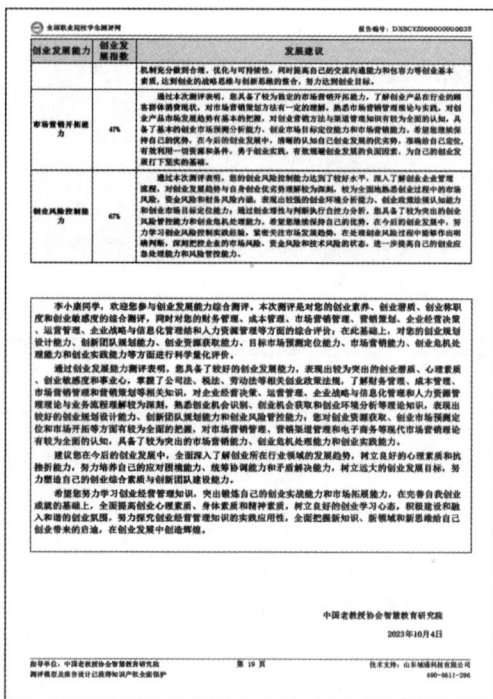

图 11-5　本次测试的发展建议说明

大学生可根据测定结果，对自身创业素质和能力进行客观的认识，并针对目前存在的不足，加强学习和训练，提高综合素质，提升创业能力，为成功创业打下基础。

最终，李同学通过测评，知道了自己的能力短板，在成长过程中不断加强学习，发挥长处的同时弥补自己的不足，使自己最终变得强大。

练习与思考

1. 请结合你的专业进行相关创业政策和行业的信息收集与整理。
2. 为了培养创业能力，大学生在校期间应该做哪些方面的准备？
3. 创业为什么要进行政策和行业、产业分析？

本章总结

本章主要阐述了创业者应具备的能力和素质，以及如何对自身创业能力和素质进行自我客观评价，只有客观地认识自我，才能在创业中掌握主动权。

延伸阅读 11："旺云购"的品牌创立故事

延伸阅读 11

第12章 发现创业机会

🌱 导　言

常言道"机遇只偏爱那种有准备的头脑"，创业机会更是如此。当今社会科技日新月异，人类社会发展也伴随着各种各样的机会，大学生们要多积累知识和经验，培养一双发现机会的慧眼。

智能时代正在到来，各行各业不仅是"互联网＋"，更是"智能＋"。因此当代大学生更应该学习如何把握好属于自己这个时代的机会。

📋 学习目标

知识目标：掌握创业机会的来源，创业机会的识别，市场调查和分析的方法。

能力目标：能选择正确合理的企业组织形式等，掌握新企业的开办流程与相关的政策制度设计。选择好企业的组织形式，为企业今后发展打下良好的基础。

素质目标：树立科学的创业观，提高社会责任感，促进学生全面发展，做对国家有贡献的人。

📚 专题故事

今日头条抖音的创始人张一鸣的创业故事

张一鸣 2001 年进入南开大学，先后就读于微电子和软件工程专业。他在大四时编写的电路板自动化加工软件 PCBS 曾获得过"挑战杯"二等奖。2005 年毕业后，他曾经短暂进入微软，

2005 年大学一毕业，他就组成 3 人团队，开发一款面向企业的 IAM 协同办公系统。但产品的市场定位失误导致了创业失利，当时协同办公在中国根本还没有发展起来。

2006 年 2 月张一鸣进入旅游搜索网站酷讯。作为酷讯的第一个工程师，他全面负责酷讯的搜索研发，一年后成为技术高级经理，手下管理着 40 多人，最终担任技术委员会主席。成为管理者之后，技术出身的张一鸣很想学习大公司的管理方法，于是在 2008 年离开酷讯去了微软。

在酷讯工作时，有件事让张一鸣感受强烈。他想订一张回家的火车票，但那时候去火车站买票很难，网上也不知道何时会出现二手票。酷讯当时已有的搜索是需要用户主动输入信息去搜，实时查询二手票信息。于是，张一鸣在午饭时段花了一个小时写出一个小程序，把他自己的需求用程序固化、存储下来，让网站机器定时自动帮他搜索，一旦有了搜索结果就短信通知他。在写完这个程序不到半小时，张一鸣就收到了短信提示，然后买到了票。不用买黄牛票，也不用在电脑前一直待着，这个小程序对他的价值非常大。

2009 年 10 月，张一鸣开始了第一次独立创业，创办了垂直房产搜索引擎"九九房"。在九九房，张一鸣开始涉足移动开发，6 个月的时间推出掌上租房、掌上买房等 5 款移动应用，在当时的移动互联网环境下实现 150 万用户，是房产类应用的第一名。

2012 年 12 月底，张一鸣也察觉到了移动互联网的发展趋势，"在这个前提下帮用户发现感兴趣、有价值的信息，机会和意义都变得非常大"。为此，他辞去了九九房 CEO 的职务，开始了自己的第五次创业。他成立的这家公司有个很有趣的名字——字节跳动（byte dance），顾名思义，公司产品和数据相关。字节跳动开发出名为"今日头条"的手机应用，成为国内增速最快的新闻客户端。除了"今日头条"，字节跳动旗下还有"内涵段子""搞笑囧途""内漫画""好看图片""今晚必看视频"等多款应用。

12.1　寻找创业机会

任务分析

任务描述

围绕市场上出现的某个新产品，结合职业院校学习的专业知识，通过市场调查和综合分析，寻找新的创业机会。电子技术专业的赵同学平时爱思考和观察，一天他在学校附近某大型商场购物时，抬头望见一块巨型广告屏，这块屏与其他平日见到的屏不一样，是透明的，而且很轻很薄，但是效果很好。他该如何从这个市场上出现的新产品中寻找创业机会？

任务要领

1. 创业机会的来源。
2. 创业机会的识别。
3. 市场调查和分析的方法。

知识储备

12.1.1　创业机会

创业机会指具有较强吸引力的、较为持久的有利于创业的商业机会，创业者据此可以为客户提供有价值的产品或服务，并同时使创业者自身获益。

12.1.2　创业机会的来源

创业机会无处不在，只要细心观察社会及社会生产的方方面面变化，总能于细微处发现可能蕴藏的创业项目。作为大学生发现创业机会的途径，主要有如下几种：

1. 技术变革

任何一项新技术的产生都会对传统行业产生影响，一项重大技术的突破会带动一个产业的发展，每一次技术革命伴随的都是大量新兴创业公司的诞生与成长。大学生创业者应实时观察和发现这些变化和影响，发掘其中存在的无限商机。例如：早期的手机只能打电话，3G 移动互联网的出现，使 QQ、微信等社交媒体快速发展；4G 时代则让基于视频传输的快手、抖音等 App 火爆起来；5G 时代将使物联网、无人驾驶进入日常生活。人工智能时代即将推动新的技术革命，"Chat-AI 机器人"的出现将给各个行业带来革命性的变化，大学生们完全可以利用这一新技术进行创业。

2. 产业结构变革

任何一次产业结构的调整，都将带来新的机会。绿色、低碳、环保是今后产业发展的主色调，大学生创业者应跟随产业变化的大方向，评估其中的变化和影响，发现未来的商机。例如：光伏发电作为清洁绿色能源，也是国家政策扶持的项目，掌握此类技术的大学生们，完全可以进行创业。

3. 社会和人口结构变革

社会和人口结构的变化将带来一些新的问题和趋势，也能够滋生很多新的创业机会。大学生创业者应该认真研究社会和人口的变化对社会需求产生的长远变化和影响，发现其中可能蕴藏的商机。例如：当国家步入老龄化社会，与养老保健相关的"银发市场"会快速增长，各类老年用品、保健品生产企业、各地老年公寓销量开始增长，高质量的居家养老服务则严重缺乏；"二胎""三胎"的开放，促使母婴用品蓬勃发展，月子会所等产后护理机构相继出现；青年人不愿意在家务劳动上花太多时间，为餐饮外卖、家政服务等行业提供了创业机会。

4. 政策和制度的变革

政策和制度的变革往往会产生新的商机。党的二十大报告指出，建设现代化产业体系，坚持把发展经济的着力点放在实体经济上，推进新型工业化，加快建设制造强国、质量强国、航天强国、交通强国、网络强国、数字中国。这些领域是国家发展战略中的重点领域，需要关心和关注。对于住房制度，党的二十大报告中从"增进民生福祉、提高人民生活品质"角度再次阐述加快建立多主体供给、多渠道保障、租购并举的住房制度。对于农村发展，党的二十大报告提出，要坚持农业农村优先发展，坚持城乡融合发展，畅通城乡要素流动。深化农村土地制度改革，赋予农民更加充分的财产权益。保障进城落户农民合法土地权益，鼓励依法自愿有偿转让。这些政策和制度的确立，为今后这些领域的发展指明了方向。

12.1.3　识别创业机会

创业者可以通过多种方法来识别创业机会，通常有以下几种：

1. 系统分析

创业者可以从宏观环境（政治因素、经济因素、社会因素、技术因素等）和微观环境（顾客、竞争对手、供应商等）的变化中识别创业机会，并借助市场调研，验证机会。

随着市场的变化，大环境也会不断地相应变化，变化了的环境就会产生市场需求，如果能寻找到市场的变化所在，并且积极响应市场的变化，利用市场的变化做出相应的方案，这就是创业的源头所在。例如：现在国家正在大力发展农村电子商务，这一环境变化将产生巨大的创业市场。物流快递已深入广大农村，农村来的大学生完全可以在家门口创业。大学生们可以开展农村电子商务业务、直播带货业务，帮助村民将当地的土特产销往全国各地乃至全世界。

2. 问题分析

在创业过程中寻找机会的重要途径就是善于发现问题，把问题转化为创业的机遇。例如：人们出行打车难、搬家运货难的问题在大城市中始终存在。于是有人开发了"T3 打车""曹操出行""快狗打车""货拉拉"等软件，获得了融资，并取得成功。

3. 创新活动

创造一个新事物、新产品或者新思维，能够更好地满足顾客的需求就会相应地带来创业机会，同样地也可以根据一个新发明的事物来发明其销售和推广手段，继而带来商机。例如：啄木鸟家庭维修，即是将家庭维修同互联网结合的一种新服务创新。

4. 补充竞争

在竞争对手的不足之处或是忽略之处能够弥补，也不失为一个良好的创业机会。利用周围市场的空缺，发现更新颖、更前卫、更潮流、更独特的市场所在。例如"嘿哈猫健身"将健身服务建立在社区的家门口，相对于传统大型健身场馆，更为方便快捷。

当然以上方法，创业者也可以组合使用，充分发挥每一种方法的优势。

12.1.4 评估创业机会

一般地，创业机会可以从产品、技术、市场与效益等几个方面进行评估，评估方法通常有定性评价法和定量评价法。

1. 定性评价法

定性评价法是对评价材料作"质"的分析，运用的是分析与综合、抽象与概括、归纳与演绎等逻辑分析方法，分析结果是一种没有量化的描述性资料。这里介绍美国百森商学院 Timmons（杰弗里·蒂蒙斯）教授的创业机会评价模型。

蒂蒙斯的创业机会评价框架（见表 12-1）涉及行业和市场、经济因素、收获条件、竞争优势、管理团队、致命缺陷问题、个人标准、理想与现实的战略差异等八个方面的 53 项指标。通过定性或量化的方式，创业者可以利用这个体系模型对行业和市场问题、竞争优势、财务指标、管理团队和致命缺陷等做出判断，来评价一个创业项目或创业企业的投资价值和机会。

表 12-1 蒂蒙斯创业机会评价框架表

指标类别	具体指标
行业与市场	1. 市场容易识别，可以带来持续收入。 2. 顾客可以接受产品或服务，愿意为此付费。 3. 产品的附加价值高。 4. 产品对市场的影响力高。 5. 将要开发的产品生命长久。 6. 项目所在的行业是新兴行业，竞争不充分。 7. 市场规模大，销售潜力达到 1 千万～10 亿元。 8. 市场成长率在 30%～50% 甚至更高。 9. 现有厂商的生产能力几乎完全饱和。 10. 在五年内能占据市场的领导地位，市场份额达到 20% 以上。 11. 拥有低成本的供货商，具有成本优势
经济价值	1. 达到盈亏平衡点所需要的时间在 1.5～2 年以下。 2. 盈亏平衡点不会逐渐提高。 3. 投资回报率在 25% 以上。 4. 项目对资金的要求不是很高，能够获得融资。 5. 销售额的年增长率高于 15%。 6. 有良好的现金流量，能占到销售额的 20%～30% 以上。 7. 能获得持久的毛利，毛利率要达到 40% 以上。 8. 能获得持久的税后利润，税后利润率要超过 10%。 9. 资产集中程度低。 10. 运营资金不多，需求量是逐渐增加的。 11. 研究开发工作对资金的要求不高
收获条件	1. 项目带来的附加价值具有较高的战略意义。 2. 存在现有的或可预料的退出方式。 3. 资本市场环境有利，可以实现资本的流动
竞争优势	1. 固定成本和可变成本低。 2. 对成本、价格和销售的控制较高。 3. 已经获得或可以获得对专利所有权的保护。 4. 竞争对手尚未觉醒，竞争较弱。 5. 拥有专利或具有某种独占性。 6. 拥有发展良好的网络关系，容易获得合同。 7. 拥有杰出的关键人员和管理团队
管理团队	1. 创业者团队是一个优秀管理者的组合。 2. 行业和技术经验达到了本行业内的最高水平。 3. 管理团队的正直廉洁程度能达到最高水平。 4. 管理团队知道自己缺乏哪方面的知识
致命缺陷	不存在任何致命缺陷
创业家的 个人标准	1. 个人目标与创业活动相符合。 2. 创业家可以做到在有限的风险下实现成功。 3. 创业家能接受薪水减少等损失。 4. 创业家渴望进行创业这种生活方式，而不只是为了赚大钱。 5. 创业家可以承受适当的风险。 6. 创业家在压力下状态依然良好

续表

指标类别	具体指标
理想与现实的战略性差异	1. 理想与现实情况相吻合。 2. 管理团队已经是最好的。 3. 在客户服务管理方面有很好的服务理念。 4. 所创办的事业顺应时代潮流。 5. 所采取的技术具有突破性，不存在许多替代品或竞争对手。 6. 具备灵活的适应能力，能快速地进行取舍。 7. 始终在寻找新的机会。 8. 定价与市场领先者几乎持平。 9. 能够获得销售渠道，或已经拥有现成的网络。 10. 能够允许失败

囿于蒂蒙斯创业机会评价体系的提出背景与局限，创业者在实际进行创业机会评价时，可以参考该指标体系，筛选出符合国情环境、行业特征与评价者特质的精简化的指标体系。以下是清华大学姜彦福的实证研究成果，包含 10 项重要指标序列（见表 12-2）。

表 12-2 创业机会评价体系简化版

指标类别	具体指标
管理团队	创业者团队是一个优秀管理者的结合
竞争优势	拥有优秀的员工和管理团队
行业与市场	顾客愿意接受该产品或服务
致命缺陷	不存在任何致命缺陷
个人标准	创业家在承受压力的状态下心态良好
收获条件	机会带来的附加价值具有较高的战略意义
管理团队	行业和技术经验达到了本行业内的最高水平
经济因素	能获得持久的税后利润，税后利润率要超过 10%
竞争优势	固定成本和可变成本低
个人标准	个人目标与创业活动相符合

2. 定量评价法

定量评价法是依据统计数据，建立数学模型，并用数学模型计算分析对象的各项指标及其数值来评估分析的一种方法。其作用在于揭示和描述社会现象的相互作用和发展趋势。定量评价法有很多，这里介绍标准打分矩阵法。

标准打分矩阵，是指将创业机会评价体系的每个指标设定为三个打分标准，比如最好3分，好2分，一般1分，如此形成打分矩阵表，如表 12-3 所示。在打分后，给出每个指标的加权评价分。

这种方法简单易懂，易操作。该方法主要用于不同创业机会的对比评价，其量化结果可直接用于机会的优劣排序。只用于一个创业机会的评价时，则可采用多人打分后进行加权平均。加权平均分越高，则说明该创业机会越可能获得成功。一般来说，高于 100 分的创业机会可进一步规划，低于 100 分的创业机会，则考虑淘汰。

表 12-3   标准打分矩阵评价表

标准	专家打分			
	最好（3分）	好（2分）	一般（1分）	加权平均分
易操作性				
质量和易维护性				
市场接受性				
增加资本的能力				
投资回报				
专利权状况				
市场大小				
制造的简单性				
口碑的传播能力				
成长潜力				

12.1.5 开展市场调研和分析

市场调查是创业过程中必须进行的重要环节。通过市场调查可以发掘和验证创业项目。对拟创业的项目进行市场前景调查还可以分析其可行性。

1. 市场调查的主要内容

（1）经营环境调查。经营环境调查主要包括宏观经济状况、政策、法律环境、行业环境等方面的调查。

宏观经济状况调查主要调查宏观经济状况是否有利于业务开展；政策、法律环境调查主要调查有关政策、法规对业务是否有限制；行业环境调查主要调查目前同一行业的发展状况、发展趋势、行业规则及行业管理措施等。

（2）市场需求调查。主要调查市场对经营的产品或服务的需求量有多大，目前市场占有率是多少，是否饱和，以及今后需求趋势和发展趋势如何等。

（3）顾客情况调查。主要调查经营的产品或服务的消费者（顾客）的情况。如数量、特点及分布、消费习惯、消费等。通过调查明确目标顾客，掌握他们的相关资料。

（4）竞争对手调查。主要调查市场竞争对手的情况。如竞争对手的数量与规模、分布与构成，竞争对手的优缺点及营销策略等。通过调查，获取信息，制订出有效的竞争策略。

2. 常见的市场调查方法

市场调查方法有多种，根据调查范围和方式不同，可以进行不同的划分。

按调查范围划分可分为市场普查、抽样调查和典型调查三种。

（1）市场普查：即对市场进行一次性全面调查，这种调查量大、面广、费用高、周期长、难度大，但调查结果全面、真实、可靠。

（2）抽样调查：是指按一定比例进行抽样调查，并据此推断总体的状况。有询问，填问卷表等方法。

（3）典型调查：即从调查对象的总体中挑选一些典型个体进行调查分析，据此推算出总体的一般情况。

按调查方式划分可分为访问法、观察法和试销或试营法。

（1）访问法：即事先拟定调查项目，通过当面询问、集体询问、信函询问、电话询问等方式获取所需要的调查资料。这种调查简单易行，但有时不太正规，通常在与人聊天闲谈时，就可以把你的调查内容穿插进去，在不知不觉中进行着市场调查。

（2）观察法：即到销售现场、生产现场、使用现场和服务现场观察。调查人员可亲临顾客购物现场，如商店和交易市场；亲临服务项目现场，如商店内和车站旁等。在现场可直接观察和记录顾客的类别、购买动机和特点、消费方式和习惯、商家的价格与服务水平、经营策略和手段等。

（3）试销或试营法：即对拿不准的业务，可以向市场投放部分产品进行试销，看消费者的反应和市场需求情况，以检验产品的品种、规格、花色款式是否对路，价格是否适中等。

3. 调查数据分析与整理

当现场调查完成后，调查人员手头会拥有大量的数据和资料。对这些数据首先要进行整理和分析，选取一切有关的、重要的数据和资料，剔除没有参考价值的数据和资料。然后对这些数据和资料进行编组或分类，使之成为某种可供备用的形式。把有关数据和资料用适当的表格形式展示出来，以便说明问题或从中发现某种典型的模式。

一般可以使用专业统计分析软件 SPSS 来进行数据分析和数据挖掘。SPSS 软件使用的基本步骤：

（1）安装 SPSS 软件：下载并安装 SPSS 软件，并打开程序。

（2）导入数据：在 SPSS 中，可以通过"文件"菜单中的"导入数据"选项将数据导入软件中。支持导入各种格式的数据文件，如 CSV、Excel 等。

（3）数据清理：导入数据后，需要进行数据清理，包括去除重复数据、处理缺失值、标准化数据等操作。

（4）数据分析：SPSS 支持多种数据分析方法，如描述性统计、方差分析、回归分析、因子分析等。选择适当的方法进行数据分析，以便得出正确的结论。

（5）输出结果：分析完数据后，可以通过"输出"菜单将结果输出到报告或文件中。输出结果包括数据分析结果、图表和统计表格等。

对于拟创业项目，可以通过 SWOT 分析法进行项目的优势（Strenth）、劣势（Weakness）、机会（Opportunity）、威胁（Threats）的分析。将相关因素列入 SWOT 分析表格进行对照（见表 12-4），得出结论。

表 12-4　　　　　　　　　　　　SWOT 分析对照表

	潜在的内部优势（S）	潜在的内部劣势（W）
内部环境	产权技术	技术开发滞后
	成本优势	各项开销大
	竞争优势	竞争劣势
	产品创新	产品单一
	财务资源优势	资金拮据
	人员素质优势	人员流动性大
	品牌优势	品牌地位不明显
	行业领先优势	处于行业低端
	潜在的外部威胁（T）	潜在的外部机会（O）
外部环境	市场增长较慢	市场增长迅速
	竞争压力增大	在同行中具竞争优势
	不利的调控政策	政策扶持或奖励
	新的竞争者加入	新市场形成
	替代产品销量不断增加	扩展产品能满足用户的需要
	用户爱好与需求转变	新用户群出现

4. 调查报告编写

当现场调查分析整理完成后，还要对调查材料进行全面的系统分析，写出调查报告，得出调查结论。

市场调查报告的内容通常由下列几部分组成：

（1）市场调查报告的标题。标题是市场调查报告的题目，一般有两种构成形式：

市场调查报告标题——公文式标题，即由调查对象和内容、文种名称组成。例如《关于 2023 年 ×× 省农村电商销售情况的调查报告》。

市场调查报告标题——文章式标题，即用概括的语言形式直接交代调查的内容或主题。例如《全省城镇居民潜在购买力动向》。通常，这种类型市场调查报告的标题多采用双题（正副题）的结构形式。例如：《市场在哪里——×× 地区太阳能光伏发电项目调查》。

（2）市场调查报告的引言。引言又称导语，是市场调查报告正文的前置部分，要写得简明扼要，精练概括。一般应交代出调查的目的、时间、地点、对象与范围、方法等与调查者自身相关的情况。也可概括市场调查报告的基本观点或结论，以便使读者对全文内容、意义等获得初步了解。然后用一过渡句承上启下，引出主体部分。

（3）市场调查报告的主体。市场调查报告的主体是市场调查报告的核心。需要完整、准确、具体地说明调查的基本情况，进行科学合理的分析预测，在此基础上提出有针对性的对策和建议。具体包括以下三方面内容：

市场调查报告——情况介绍：即对调查所获得的基本情况进行介绍，是全文的基础和主要内容，要用叙述和说明相结合的手法，将调查对象的历史和现实情况包括市场占有情况，生产与消费的关系，产品、产量及价格情况等表述清楚。

市场调查报告——分析预测：即在对调查所获基本情况进行分析的基础上对市场发展趋势做出预测，分析预测直接影响到有关部门和企业领导的决策行为。

市场调查报告——结论建议：这层内容是市场调查报告写作目的和宗旨的体现，要在上文调查情况和分析预测的基础上，提出具体的建议和措施，供决策者参考。要注意建议的针对性和可行性，能够切实解决问题。

（4）附件。附件应包括本次调研的市场调查问卷、数据分析技术细节说明等其他内容。

任务实施

12.1.6　了解新产品的基本信息

赵同学对于在大型商场看到的透明屏作入手，深入了解产品性能和用途，根据屏上的广告，生产厂商为上海"全璟数玻传媒（PDGMedia）"。通过网络及公众号搜索了该生产厂商及产品的一些相关信息，了解到全璟数玻传媒是一家服务全国大型商场中庭大屏的开创者和领航者。厂商采用拥有专利的透明大屏（OLED）技术，创建了广告媒体的崭新形态。公司项目已覆盖北京、上海、广州、深圳、杭州、南京、成都等一线及新一线城市。

12.1.7　分析创业途径

1. 列举出可能创业的机会或途径

赵同学通过前边学到的创业知识和自己的专业知识，针对该透明屏产品，按照相关产业链，将可能产生机会的所有领域列举出来，形成一些初步设想。赵同学从销售、制造、服务及其附属产品中，列举出可能创业的机会或途径，如图 12-1 所示。

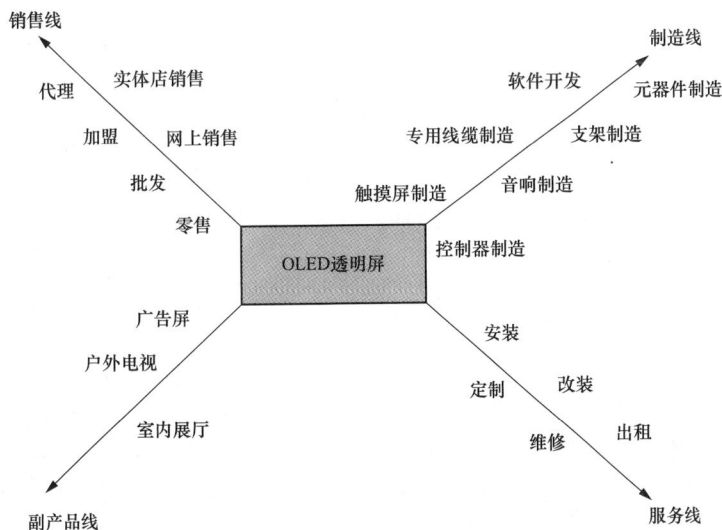

图 12-1　与 OLED 透明屏相关的创业领域

2. 筛选感兴趣的创业项目

通过上述方式，可以找到许多的创业设想。再针对自己的兴趣、爱好、特长，结合自己的专业技能，筛选出感兴趣的创业项目。赵同学从服务线上筛选出安装和维修（护）及租赁服务作为创业项目。

3. 评估项目

选择好创业项目后，创业者还需要通过项目市场调查完成项目可行性评估。

市场调查可以针对经营环境、市场需求、顾客情况、竞争对手、现有的产品及服务等展开。市场需求、顾客情况调查可以通过问卷调查方式开展。问卷调查前根据调查目的设计好调查问卷的内容。针对特定的消费者，选择调查时间和地点，开展调查。

关于 OLED 透明屏及各类大屏安装和维修、维护服务项目的市场调查参考问卷

（1）您单位今年是否有 OLED 透明屏及各类大屏安装需求？

☐ 是

☐ 否

（2）您单位今年是否有 OLED 透明屏及各类大屏维修（护）需求？

☐ 是

☐ 否

（3）您单位今年是否有 OLED 透明屏及各类大屏租赁的需求？

☐ 是

☐ 否

（4）目前您单位 OLED 透明屏及各类大屏的数量？

☐ 5 台以下

☐ 5～10 台

☐ 10 台以上

（5）您单位 OLED 透明屏及各类大屏是否大部分都过了保修期？

☐ 是

☐ 否

（6）您单位 OLED 透明屏及各类大屏维修经常遇到哪些问题？

☐ 找不到专业的师傅

☐ 维修价格不透明

☐ 没有上门维修服务或上门服务

☐ 维修质量差

☐ 维修种类的单一

（7）您单位 OLED 透明屏及各类大屏维修时最希望获得何种保障？

☐ 快速的上门服务

☐ 专业的维修技师

□ 多种类全方位的维保服务

□ 及时热情地与客户沟通

□ 透明的收费

□ 回访服务

（8）您以前是通过什么方式联系维修人员的？

□ 自己上门

□ 朋友介绍

□ 上网查询

□ 广告寻找

（9）您单位有没有采购每年对 OLED 透明屏及各类大屏进行专业的维修（护）保养服务？

□ 是

□ 否

（10）您单位每年花费在 OLED 透明屏及各类大屏维修保养费用预算大概是多少？

□ 20000 元以下

□ 20000～30000 元

□ 30000～50000 元

□ 50000 元以上

调查完成后，创业者需要对收集的数据进行整理和分析。写出详细的调查报告。调查报告内容包括情况介绍、分析预测、结论等。

赵同学针对 OLED 透明屏安装和维修服务项目再应用 SWOT 法分析，结果如表 12-5 所示。

表 12-5　　　　　OLED 透明屏安装和维修、维护服务项目 SWOT 法分析

	潜在的内部优势（S）	潜在的内部劣势（W）
内部环境	专业优势	技术开发能力不足
	成本低	资本不足
	品牌优势	管理知识缺乏
	行业领先优势	经营经验不足
	潜在的外部威胁（T）	潜在的外部机会（O）
外部环境	新的竞争者加入	市场增长迅速
	竞争压力增大	政策扶持或奖励
	市场准入条件高	新市场不断形成
	安全问题	扩展产品能满足用户的需要

通过 SWOT 法分析可以看出：本项目市场机会较大，风险在自己能够承受的范围内，项目属于国家政策和法律鼓励的范畴，因此本项目可行。

通过上述调研和调查，赵同学对 OLED 透明屏安装和维修、维护服务创业项目的可行性有了初步的了解和规划。

12.2　拟定创业计划书

任务分析

任务描述

赵同学对 OLED 透明屏安装和维修、维护服务创业项目虽然有了初步的了解和规划，但仅还是在停留自己的头脑中，投资人没法了解，也不好具体地实施此项目。为此他还需要编制出一份切实可行的创业计划书。

任务要领

1. 了解创业计划书规范格式。
2. 学会编写创业计划书。

知识储备

12.2.1　创业计划书

创业计划书也称商业计划书，是创业者全面描述计划经营业务的书面材料，通过对创业项目的内部和外部因素的调研、分析，全面展示项目目前的状况、未来发展潜力以及具体实施计划、利润分析等。它是创业者对自己创业过程的一个完整构想。创业计划书可以起到帮助创业者梳理思路、规划发展方向、进行项目初步评价和指导今后运营的作用。此外，还可以用来吸引投资和其他合伙人。

12.2.2　创业计划书编写

微课 12-1
创业计划
书编写

创业计划书的编写是一个展望项目的未来前景、细致探索其中的合理思路、确认实施项目所需的各种必要资源、寻求所需支持的过程。不同项目的创业计划书基于各自项目基础，采用的框架、包含的内容甚至叙事方式都会有所不同。编制规范的创业计划书，需要循序渐进，遵循基本的步骤，包括资料收集–分析归纳–确定框架–起草全文–修改润色几个步骤，如图 12-2 所示。

图 12-2　创业计划书编写步骤

步骤 1：资料收集。在创业计划书编写开始之前，要进行广泛的资料收集，包括本项目相关资料、同类项目相关资料、市场调研资料以及创业计划书的读者资料。关于本项目相

关资料，应该是最容易收集的，包括项目创立背景、创始人与项目团队基本资料（这部分资料不要只是泛泛列举基本个人资料，如学历、专业、兴趣爱好等，而应该就收集到的资料进行个性化分析，找到团队中的所有个体与该项目有关联的最特别的地方，如是否拥有相关知识产权，是否有过相关实践、创业经历，是否有过相关参赛获奖情况，等等；找到整个团队曾经合作的亮点，如团队中部分成员是否有过合作经历或共同参赛经历等）。关于同类项目资料的收集，依赖于团队成员长期资料积累，关注行业内相关项目开展情况。关于市场调研资料，需要根据项目情形，制订调研方案，收集有效数据，分析本项目在目前的市场现状中面临怎样的挑战和机会。需要特别提醒的是，一定要在创业计划书编写前，对于读者的资料进行收集分析，以保证计划书的针对性，不能"一本计划书打天下"，针对不同读者，计划书应作相应的调整。

步骤 2：分析归纳。根据步骤 1 中收集到的所有资料，在做基本的"去伪存真"的筛选后，需要对数据进行统计分析，如竞争对手数据、运营数据、财务数据等。着重要分析总结的是关于本项目的"商业模式"，回答六个问题：① 明确自己做的是什么？一句话概括业务，清楚定位；② 要解决什么问题？帮客户解决的是什么问题，当前他们是如何应对这些问题的；③ 解决方案是什么？准备提供什么样的产品作为解决方案，证明它是当前最行之有效的方案；④ 目标市场和目标客户在哪里？明确目标市场和客户，计算市场容量和占有率；⑤ 竞争对手和竞争优势在哪里？这个赛道里有哪些竞争对手，和他们相比你的优势在哪里；⑥ 盈利模式和预计收入如何？准备如何盈利，预计收入是多少，如何实现。

步骤 3：确定框架。创业计划书的具体框架，是为计划书的内容服务的，一般的创业计划书采用简单叙事方法，将相关内容进行罗列。罗列的方式和内容，根据项目客观情况进行取舍。在确定框架的阶段，可以参考同类项目中的创业计划书，从正反两方面总结经验教训。对于完全没有创业计划书编写经验的创业团队来说，参考一些框架模板也是一个不错的选择。

步骤 4：起草全文。在确定框架的基础上，由创业计划书编写执笔人完成计划书的起草，应保证计划书的表述连贯性。编写表述要遵循基本的公文写作要求，文字应该做到简洁明了，书面语言规范，引用的图片恰当，数据分析结果准确。写好全文后，将计划书的要点抽出来写成摘要。

步骤 5：修改润色。好的计划书一定是要进行反复修改的，除了进行文字和形式的检查，保证不出现低级的错别字、标点符号使用等错误外，还要进行计划书内容的检查修改，如创业计划书是否显示出创业者具有管理公司的经验；创业计划书是否显示了创业者有能力偿还借款；创业计划书是否显示出创业者已进行过完整的市场分析；创业计划书是否容易被投资者所领会，创业计划书应该备有索引和目录，以便投资者可以较容易地查阅各个章节；创业计划书中是否有计划摘要并放在了最前面，计划摘要相当于公司创业计划书的封面，投资者首先会看它。为了保持投资者的兴趣，计划摘要应写得夺人眼球；创业计划书应能打消投资者对产品（服务）的疑虑。如果是产品类创业项目，还可以准备一件产品模型，随创业计划书一起提交。

完成以上步骤后，加上封面，提炼出目录，将计划书按顺序装订成册。

12.2.3　创业计划书规范文本

一份好的创业计划书通常由封面、目录、摘要、主体、结论、附录等部分组成。

1. 封面

包括标题、项目名称、创业团队名称等基本内容，标题一般为"……（项目名称）创业计划书"。封面要求文字格式规范、表面整洁，能够突出项目特色更好。

2. 目录

目录要求文字格式规范，页码正确，电子版目录要求做好超级链接，方便阅读。

3. 摘要部分

摘要部分是关于项目的简介，是对整个计划书的高度概括。要求语言精练，突出重点，解决阅读者最关心的问题。内容包括公司基本情况、所处产业、主要产品和服务、公司的竞争优势以及成立地点时间、所处阶段等基本情况。

4. 主体部分

主体部分是创业计划书核心所在，主要介绍企业的各方面情况。内容一般可分为以下十大章节。

第一章：公司介绍。主要介绍公司的一些基本情况，如公司的名称、地址、联系方式、宗旨等，以及公司的发展策略、财务情况、行业、产品或服务的基本情况、管理团队、各部门职能等。

第二章：产品（服务）介绍。主要介绍公司的产品或服务，描述产品和服务的用途和优点、有关的专利、著作权、政府批文等。产品介绍应包括以下内容：产品的概念、性能及特性，主要产品介绍，产品的市场竞争力，产品的研究和开发过程，发展新产品的计划和成本分析，产品的市场前景预测，产品的品牌和专利等。

在产品（服务）介绍部分，企业家要对产品（服务）做出详细的说明，说明要准确，通俗易懂，使不是专业人员的投资者也能明白。一般地，产品介绍都要附上产品原型、照片或其他相关介绍。

第三章：行业与市场分析。主要介绍产品或服务的行业与市场情况，包括在整个产业或行业中的地位、竞争对手的情况、目标市场、目标客户购买力、未来市场的发展趋势等。具体可以从市场结构与划分、目标市场的设定、产品消费群体、产品所处市场发展阶段、市场趋势预测和市场机会、行业政策、行业竞争状况等几个方面阐述。要重点关注以下几方面：

（1）行业分析需要解答下列典型问题：

1）该行业发展程度如何？目前的发展动态如何？

2）创新和技术进步在该行业扮演着一个怎样的角色？

3）该行业的总销售额有多少？总收入为多少？发展趋势怎样？

4）价格趋向如何？

5）经济发展对该行业的影响程度如何？政府是如何影响该行业的？

6）是什么因素决定着它的发展？

7）竞争的本质是什么？你将采取什么样的战略？

8）进入该行业的障碍是什么？你将如何克服？该行业典型的回报率有多少？

（2）市场预测应包括以下内容：

市场现状综述，竞争厂商概览，目标顾客和目标市场，本企业产品的市场地位，市场区隔和特征等。

（3）市场需求预测应解答下列典型问题：

1）市场是否存在对这种产品的需求？

2）需求程度是否可以给企业带来所期望的利益？新的市场规模有多大？

3）需求发展的未来趋向及其状态如何？

4）都有哪些因素影响需求？

（4）对企业所面对的竞争格局还要回答如下问题：

1）你的主要竞争对手？

2）你的竞争对手所占的市场份额和市场策略？

3）可能出现什么样的新发展？

4）你的核心技术（包括专利技术拥有情况，相关技术使用情况）、产品研发的进展情况和现实物质基础是什么？

5）你的策略是什么？

6）在竞争中你的发展、市场和地理位置的优势所在？

7）你能否承受竞争所带来的压力？

8）产品的价格、性能、质量在市场竞争中所具备的优势？

第四章：项目营销计划。主要介绍企业的营销策略、销售结构、整体营销战略的制订以及风险因素的分析等。具体可以从营销方式、销售政策的制订、销售渠道主要业务关系状况、销售队伍情况及销售福利分配政策、促销和市场渗透、产品价格、市场开发规划和销售目标等方面介绍。

营销策略应包括以下内容：市场机构和营销渠道的选择，营销队伍和管理，促销计划和广告策略，价格决策等。

第五章：企业的管理介绍。主要介绍公司的管理理念、管理结构、管理方式、主要管理人员的基本情况等。对主要管理人员加以阐明，介绍他们所具有的能力，他们在本企业中的职务和责任，他们过去的详细经历及背景等；公司的组织机构图；各部门的功能与责任；各部门的负责人及主要成员；公司的报酬体系；公司的股东名单，包括认股权、比例和特权；公司的董事会成员；各位董事的背景资料等。

第六章：项目投资说明。主要介绍企业在投资过程中相关说明，包括资金的需求、使用以及投资的形式、项目投资报酬与退出等。如资金需求说明，资金使用计划及进度，投资形成，资本结构、回报率、偿还计划，资本原负债结构说明，投资抵押，投资担保，吸纳投资后股权结构、股权成本、投资回报、投资者介入公司管理之程度说明等。

第七章：生产制造计划。

产品介绍要附上产品原型、照片或其他介绍。一般地，产品介绍必须要回答以下问题：

1）顾客希望企业的产品能解决什么问题，顾客能从企业的产品中获得什么好处？

2）企业的产品与竞争对手的产品相比有哪些优缺点，顾客为什么会选择本企业的产品？

3）企业为自己的产品采取了何种保护措施，企业拥有哪些专利、许可证，或与已申请专利的厂家达成了哪些协议？

4）为什么企业的产品定价可以使企业产生足够的利润，为什么用户会大批量地购买企业的产品？

5）企业采用何种方式去改进产品的质量、性能，企业对发展新产品有哪些计划？

6）需要描述你的产品和服务到底是什么，有什么特色，你的产品跟竞争者有什么差异，如何吸引顾客购买。

生产制造计划应包括以下内容：

1）产品制造和技术设备现状；

2）新产品投产计划；

3）技术提升和设备更新的要求；

4）质量控制和质量改进计划。

第八章：财务预测与规划。

（1）财务预测一般要包括以下内容：创业计划书的条件假设，预计的资产负债表，预计的损益表，现金收支分析，资金的来源和使用。

要完成财务预测，必须要明确下列问题：

1）产品在每一个期间的发出量有多大？

2）什么时候开始产品线扩张？

3）每件产品的生产费用是多少？

4）每件产品的定价是多少？

5）使用什么分销渠道，所预期的成本和利润是多少？

6）需要雇佣哪几种类型的人？

7）雇佣何时开始，工资预算是多少？

考虑融资款项的运用、营运资金周转等，并预测未来 3 年的损益表、资产负债表和现金流量表。

（2）财务规划一般要包括以下内容：其中重点是现金流量表、资产负债表以及损益表的制备。

流动资金是企业的生命线，因此企业在初创或扩张时，对流动资金需要预先有周详的计划，并在进行过程中严格控制；

资产负债表则反映在某一时刻的企业状况，投资者可以用资产负债表中的数据得到的比率指标来衡量企业的经营状况以及可能的投资回报率；损益表反映的是企业的盈利状况，它是企业在一段时间运作后的经营结果。

第九章：项目风险分析。主要介绍本项目将来会遇到的各种风险，提出有效的风险控制和防范手段。风险包括：资源风险、市场不确定性风险、生产不确定性风险、成本控制风险、研发风险、竞争风险、政策风险、财政风险、管理风险、破产风险等。

通常，风险与风险管理应该回答下列问题：

1）你的公司在市场、竞争和技术方面都有哪些基本的风险？

2）你准备怎样应对这些风险？

3）就你看来，你的公司还有一些什么样的附加机会？

4）在你的资本基础上如何进行扩展？

5）在最好和最坏情形下，你的五年计划如何？

第十章：成长与发展。对未来 5 年的营业收入和成本进行估算，制作销售估算表、成本估算表、损益表、现金流量表，计算盈亏平衡点、投资回收期、投资回报率，制订企业多元化和全球化目标和措施等。

5. 结论部分

此部分与摘要相对应，是对整个创业计划内容进行总结，并提出结论性意见。

6. 附录部分

附录是商业计划书的补充说明部分。由于篇幅的限制，有些内容不宜在主体部分更多地描述，附录的功能就是完成主体部分中言犹未尽的内容或需要提供参考资料的内容，如管理层简历、销售手册、产品图纸等。

需要说明的是以上内容条目，创业者应根据项目具体情况进行取舍或简化其中某些内容。

12.2.4　创业计划书评价

创业计划书可以从以下几个方面进行评价：

（1）你的创业计划书是否显示出你具有管理公司的经验。

（2）你的创业计划书是否显示了你有能力偿还借款。

（3）你的创业计划书是否显示出你已进行过完整的市场分析。

（4）你的创业计划书是否容易被投资者所领会。创业计划书应该备有索引和目录，以便投资者可以较容易地查阅各个章节；还应保证目录中的信息流是有逻辑和现实的。

（5）你的创业计划书中是否有摘要并放在了最前面，它将首先吸引投资者的注意，并引起投资者的兴趣。

（6）你的创业计划书是否在文法上正确无误。

（7）你的创业计划书能否打消投资者对产品（服务）的疑虑。

如果需要，你可以准备一件产品模型。

国际通用的创新创业课程（SYB）的创业计划书模板参考拓展资源 12。

拓展资源
12

任 务 实 施

赵同学通过对"OLED 透明屏及各类大屏安装和维修（护）及租赁服务"的市场调研，获取了相关的数据和信息，进行了相关的分析，得出了可行性报告，作出了未来市场扩张预测。现在他要把相关的想法用项目创业计划书的形式写下来，提供给项目的支持者和团队成员参考，为项目进一步实施提供依据。

12.2.5　编写创业计划书

创业计划书的主要内容包括：

计划摘要：项目业务描述、产品（服务）介绍等。

市场营销：目标顾客和目标市场的选择，行业分析，竞争对手情况，市场营销策略等。

管理团队：组织结构图，各部门的功能与责任，人员职责分工，薪酬体系等。

财务预测：创业计划书的条件假设，预计的资产负债表，预计的损益表，现金收支分析，资金的来源和使用，等等。

12.2.6　完善创业计划书

创业计划书编写完成后，可以恳请行业专家、业务领域顾问或权威人士进一步审核，听取他们的意见建议后，修改完善之后再给投资者、合伙人或贷款机构参考，获取他们对创业项目的支持。

最终，赵同学的"面向中小企业的电子大屏运维项目"创业计划书，得到了投资人认可，并开始运作。

🎓 练习与思考

1. 请结合你的专业特长，针对某产品（服务）开展系列创业设想，并筛选出感兴趣的创业项目进行 SWOT 法分析。

2. 如何正确选择运用定性分析、SWOT 法分析及定量分析法？

3. 根据本章学习的内容，组建 3～8 人的创业团队，参照拓展资源 12 编写一个创业计划书。要求项目具有一定的可行性、创新性，具有一定的市场竞争优势和盈利能力。

4. 优秀的创业计划书有哪些特点？

5. 如何撰写出一份好的创业计划书？

本章总结

本章主要介绍如何寻找创业机会，编写创业计划书。

📖 延伸阅读 12："爱彼迎"的商业计划书故事

延伸阅读 12

第13章 实施创业

🌱 **导　言**

　　作为新时代的大学生要把握好机遇，改变就业观念，树立"创业是最好的就业"观念，积极投身创业的大潮。自 2015 年以来，全国大众创业万众创新的良好局面已经形成，现阶段各级政府也在积极营造有利于小微企业成长的良好营商环境，大学生面临着史无前例的创新创业机遇。

📝 **学习目标**

　　知识目标：使学生掌握实施创业所需要的基本知识、了解企业的不同组织形式及其优缺点。

　　能力目标：能选择正确合理的企业组织形式等，掌握新企业的开办流程与相关的政策制度设计，选择好企业的组织形式，为企业今后发展打下良好的基础。

　　素质目标：树立科学的创业观，提高社会责任感，促进学生全面发展，做对国家有贡献的人。

📚 **专题故事**

蓝思科技创始人周群飞的创业故事

　　2015 年，蓝思科技在深交所上市，湖南湘乡籍公司创始人周群飞一跃成为"全球手机玻璃女王"。然而，周群飞创业之路并非人们想象的那么容易。

　　1993 年，周群飞带着家人开始了创业之路。最初的创业资本，是周群飞在打工时期开时装店时攒下的 2 万港元。她在深圳黄田租了一套三室一厅的农民房，吃住工作都在里面。一块铝板，加工切割之后，就可以组装成一个简单的工作台。

　　创业初期，周群飞认为自己并没有很大的抱负，只是觉得做一件事要做好，做得完美。创业初期，她主要帮助同行做印刷加工。第一批订单的获得就充满了艰辛，因当时没有互联网，她通过黄页寻找手表和表壳厂，然后一家家上门拜访。

　　自 5 岁时就失去母亲的周群飞，后来父亲又因意外事故造成双目失明，生活重担落在她的肩上。在父亲的耳濡目染之下，周群飞从小也养成了不停学习和钻研的习惯。初中还没读完就辍学的她，来深圳的第一个住址就选在了深圳大学旁边。她这样选择是为了方便学习各种课程。她白天打工、晚上上课，学习了会计、电脑、B牌驾照、报关证等课程。下班后别人去逛街、看电影或溜冰，只有她利用下班时间坚持去深圳大学学习培训。持之以恒、坚持学习，为她后来管理公司提供了很大的帮助。

周群飞从印刷厂的一个部门主管升级成为了统管全厂的负责人。在建厂和管理的过程中，周群飞亲自处理每一个细节，包括建厂、布线、报关和备案等。3年之后，工厂逐渐作出了规模。此时老板安于现状，周群飞则认为公司应该主动出击，增加投资扩大规模。由于经营理念出现了分歧，周群飞选择离职，走上了创业的道路。

在周群飞看来，好强的人，总是可以找到改变自己命运的机会。自主创业便是一个改变自己命运的选择。

13.1　了解企业类型

任务分析

任务描述

刚毕业的刘同学想创业，但由于在校学习专业知识中并没有教会自己如何创业，也不知道该从哪方面着手。为此，他需要了解市场上目前的企业情况，以便选择自己的企业组织形式。

任务要领

1. 企业的类型。

2. 企业的组织形式。

3. 分析不同企业组织形式的优缺点。

知识储备

13.1.1　企业

企业一般是指从事生产、流通、服务等经济活动，以生产或服务满足社会需要，实行自主经营、独立核算、依法设立、具有经济法人资格的一种营利性经济组织。

一个企业既要从市场上购买商品（产品或服务），又要在市场上向顾客出售其生产的商品（产品或服务）。商品和现金会不断地在企业和供应商、企业和顾客之间流动，从而形成两股活动流，如图13-1所示。

商品流——企业从市场上购买商品（设备、原材料等），并向市场销售其生产的商品（产品或服务）的商品活动流。

现金流——企业资金支出（购买原材料的费用、租金、员工工资等）和资金流入（销售商品或提供服务的收入等）的资金活动流。

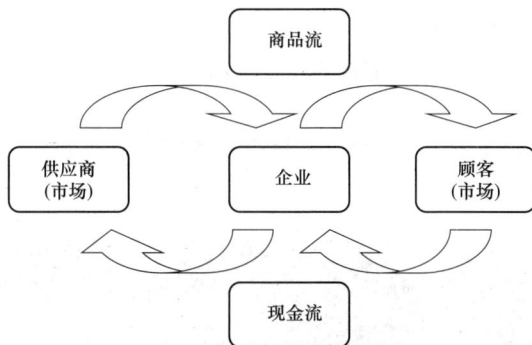

图 13-1　企业关系图

13.1.2　企业的分类

企业类型主要有以下四种：

贸易企业——专门从事商品的买卖活动，可分为零售业和批发业。批发商从制造企业购买商品卖给零售商，零售商从批发商或制造商处购买商品卖给顾客。

制造企业——从事实物产品的生产。制造企业根据生产需要从不同原材料商那里购入原材料，生产加工成产品。

服务企业——并不出售产品，也不制造产品，只提供服务或劳务。如家政服务、法律咨询、技术培训等企业。

农、林、牧、渔业类企业——利用土地或水域进行生产、种植或饲养各类产品，如种果树、养娃娃鱼等。

13.1.3　企业的法律形态

企业的法律形态是指国家法律规定企业在市场环境中存在的合法身份。我国民营企业的主要法律形态有股份有限责任公司、有限责任公司、外资企业、中外合资企业、中外合作企业、乡镇企业、股份合作制企业、合伙企业、个人独资企业、个体工商户、农村承包经营户等，其中有限责任公司、合伙企业、个人独资企业、个体工商户是常见的小微企业。

国家对不同的企业的法律形态有不同规定和要求，具体将在下一任务中详细阐述。

⚙ **任务实施**

13.1.4　了解企业的基本信息

通过企查查（https://www.qcc.com/）或类似的工具，如天眼查（https://www.tianyancha.com/）等，查找一家本省的贸易企业，了解和分析它的基本情况，填写企业基本信息表格 13-1。

微课 13-1
企业的
分类

这里以"特变电工"为例。

步骤 1：打开企查查网，主界面如图 13-2 所示。

图 13-2　企查查主界面

步骤 2：输入要查找的企业，如特变电工，系统提供查询结果如图 13-3 所示。

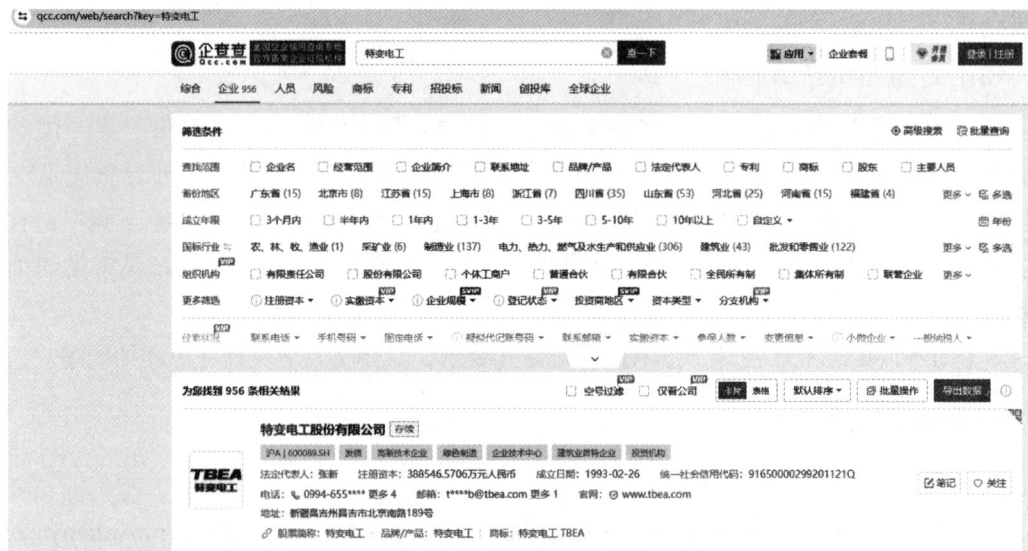

图 13-3　企查查查找界面

步骤 3：精确选择企业名，如特变电工股份有限公司。出现企业的基本信息，如图 13-4 所示。

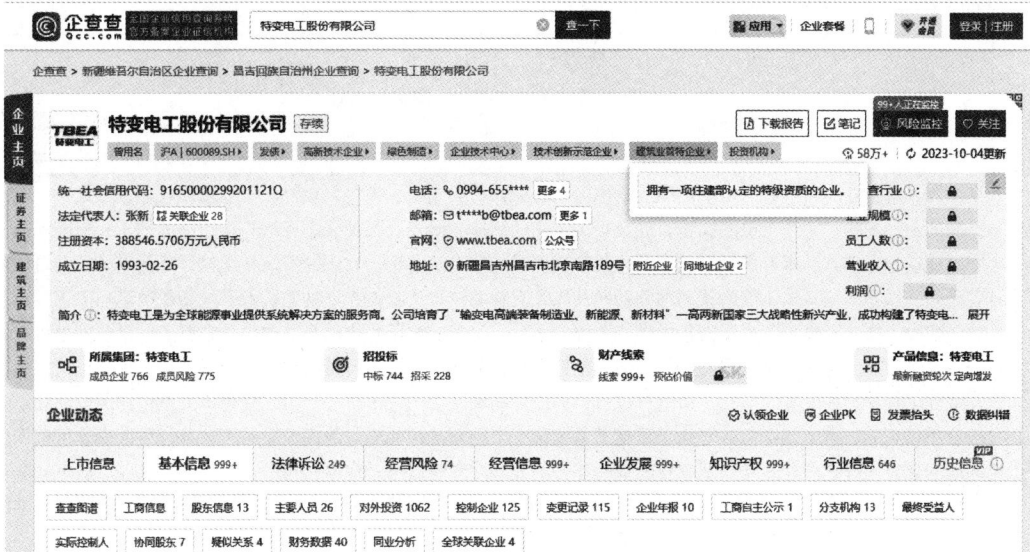

图 13-4 企查查结果界面

步骤 4：填写企业基本信息表。

表 13-1 企业基本信息表

统一社会信用代码	916500002 99201121Q	企业名称	特变电工股份有限公司		
			曾用名		
			新疆特变电工股份有限公司（1993-02 至 2003-10）		
法定代表人	张新	登记状态	存续（在营、开业、在册）	成立日期	1993-02-26
		注册资本	388546.5706 万元人民币	实缴资本	388546.5706 万元人民币
组织机构代码	29920112-1	工商注册号	65000004 0000290	纳税人识别号	916500002 99201121Q
企业类型	其他股份有限公司（上市）	营业期限	1993-02-26 至无固定期限	纳税人资质	增值税一般纳税人
人员规模	2000~2999 人	参保人数	2890（2022 年报）	核准日期	
		分支机构参保人数	2236（2022 年报）		
所属地区	新疆维吾尔自治区昌吉回族自治州昌吉市	登记机关	新疆维吾尔自治区市场监督管理局	进出口企业代码	6500299201121
国标行业	变压器、整流器和电感器制造	英文名	TBEA Co., Ltd.		

续表

注册地址	新疆昌吉州昌吉市北京南路 189 号
经营范围	变压器、电抗器、互感器、电线电缆及其他电气机械器材的制造、销售、检修、安装及回收；机械设备、电子产品的生产销售；五金交电的销售；硅及相关产品的制造、研发及相关技术咨询；矿产品的加工；新能源技术、建筑环保技术、水资源利用技术及相关工程项目的研发及咨询；太阳能系统组配件、环保设备的制造、安装及相关技术咨询；太阳能光伏离网和并网及风光互补系统、柴油机光互补系统及其他新能源系列工程的设计、建设、安装及维护；太阳能集中供热工程的设计、安装；太阳能光热产品的设计、制造；承包境外机电行业输变电、水电、火电站工程和国内、国际招标工程，上述境外工程所属的设备、材料出口，对外派遣实施上述境外工程所需的劳务人员；进口钢材经营；一般货物和技术的进出口；电力工程施工总承包特级资质、电力行业甲级资质，可承接电力各等级工程施工总承包、工程总承包和项目管理业务；可从事资质证书许可范围内相应的建设工程总承包业务以及项目管理和相关的技术与管理服务；房屋出租；水的生产和供应（限下属分支机构经营）；电力供应；热力生产和供应；货物运输代理服务及相关咨询；花草培育、销售。（依法须经批准的项目，经相关部门批准后方可开展经营活动）

13.1.5　分析企业基本信息

通过企查查这个工具，我们了解到"特变电工股份有限公司"是新疆的一家股份制上市公司，其经营范围主要是电力设备生产和销售等。

13.2　选择企业组织形式

任务分析

任务描述

学习音乐专业从海外留学毕业回来的刘同学，在校期间积极参加各类创新创业活动和社会服务活动，积累了一些创业方面的知识和经验，结合自己的留学经历，拟注册一个属于自己的服务国内学生申请留学的中介公司，请根据她的条件，选择适合的公司组织形式。

任务要领

1. 企业的组织形式。
2. 分析不同企业组织形式的优缺点。

知识储备

13.2.1　大学生创业的方式

大学生创业的方式多种多样，以下是几种常见的方式。

1. 网络创业

互联网改变了人们的生活，同时也提供了全新的创业方式。尤其是近年移动终端的普及，给网络创业带来了很大的便利。各类移动应用的出现也改变了人们的消费方式。利用网络创业成为大学生创业的首选。网络创业的主要方式有：网上开店，在网上注册成立网络商店，如淘宝店、微商店等；线上线下结合开店，在网上注册成立网络商店的同时开设实体体验店，或与实体店联合开设网上店；网络代购店，即替客户代购商品，可以将国外品牌代购入国内或将国内品牌销往国外。

2. 加盟或特许经营创业

通过设立区域加盟或特许经营方式创业也是一条创业捷径，可以充分享受品牌、经营模式、货源等方面的优势，从而为成功创业提供保障。有创业意愿的大学生们可以通过市场调查，发现本地区尚未入驻的名优品牌，并试图设立区域加盟或特许经营方式创业，例如可以加盟教育、餐饮、零售、服务业的龙头企业进行创业。

3. 概念创业

凭借独特的创意、想法进行创业。这种创业方式适合具有强烈创新意识但是没有很多资源的创业者，可以通过独特的创意获得各种资源，包括资金、人才等。这类创业类似点子公司，专门提供好的创意。

4. 合伙、合作、入股创业

通过技术、资金、人力资源等方式进行合伙、合作、入股创业。这种创业方式适合技术要求高、资金需求大、人力资源结构新的创业项目。

13.2.2　企业的组织形式

企业的组织形式有多种，目前在我国主要有以下形式。

1. 个人独资企业

个人独资企业是指由一个自然人投资，全部资产为投资人所有的营利性经济组织。个人独资企业不具有法人资格，也无独立承担民事责任的能力。但个人独资企业是独立的民事主体，可以以自己的名义从事民事活动。同时，个人独资企业的分支机构的民事责任由设立该分支机构的个人独资企业承担。个人独资企业的设立条件如下：

（1）投资人为一个自然人，且只能是中国公民。

1）投资人只能是自然人，不包括法人。

2）投资人只能是中国公民，不包括港、澳、台同胞。

3）国家公务员、党政机关领导干部、法官、检察官、警官、商业银行工作人员等，不得投资设立个人独资企业。

（2）有合法的企业名称。个人独资企业的名称中不能出现"有限""有限责任"或者"公司"字样。

（3）有固定的生产经营场所和必要的生产经营条件。

（4）有必要的从业人员。

（5）有投资人申报的出资。

2. 合伙企业

合伙企业是由两个或两个以上的自然人通过订立合伙协议，共同出资经营、共负盈亏、共担风险的企业组织形式。合伙企业分为普通合伙企业（其中包括特殊的普通合伙企业）和有限合伙企业。

3. 公司制企业

公司（或称公司制企业）是指由两个以上投资人（自然人或法人）依法出资组建、有独立法人财产、自主经营、自负盈亏的法人企业。出资者按出资额对公司承担有限责任。其主要形式分为有限责任公司和股份有限公司两种。

有限责任公司和股份有限公司的区别：

（1）公司设立时对股东人数要求不同。设立有限责任公司必须有 2 个以上股东，最多不得超过 50 个；设立股份有限公司应有 3 个或 3 个以上发起人，多者不限。

（2）股东的股权表现形式不同。有限责任公司的权益总额不作等额划分，股东的股权是通过投资人所拥有的比例来表示的；股份有限公司的权益总额平均划分为相等的股份，股东的股权是用持有多少股份来表示的。

（3）股份转让限制不同。有限责任公司不发行股票，对股东只发放一张出资证明书，股东转让出资需要由股东会或董事会讨论通过；股份有限公司可以发行股票，股票可以自由转让和交易。

公司制企业的优点：

（1）容易转让所有权。

（2）有限债务责任。

（3）公司制企业可以无限存续，一个公司在最初的所有者和经营者退出后仍然可以继续存在。

（4）公司制企业融资渠道较多，更容易筹集所需资金。

公司制企业的缺点：

（1）组建公司的成本高。

（2）存在代理问题。所有者称为委托人，经营者称为代理人，代理人可能为了自身利益而伤害委托人利益（矛盾需要协调）。

（3）双重课税。公司作为独立的法人，其利润需缴纳企业所得税，企业利润分配给股东后，股东还需缴纳个人所得税。

13.2.3 不同企业组织的优缺点

1. 个体工商户的优缺点

个体工商户是最小最基本的经济形态，其优点是登记简单，没有严格的管理制约，经营和决策灵活，管理成本低。但是缺点也很明显，如个体工商户难以在市场中得到认同，特别是大的商品交易和商业谈判场合，且以个人和家庭财产承担无限责任。

2. 个人独资企业的优缺点

个人独资企业的优缺点：一人说了算，企业资产的所有权和控制权、经营权、收益权高度统一，设立门槛低，财务核算简单，只需缴纳个人所得税即可。但是个人独资企业最大的风险就是个人承担无限责任。如果在企业设立登记时，明确以其家庭共有财产作为个人出资的，那么就应当以家庭共有财产承担无限责任。另外，独资企业难以筹集大量资金，不宜发展壮大。

3. 一人有限公司的优缺点

最大的优点是一人有限公司已经是最小的法人组织了，股东可以是一个自然人也可以是法人，可以实现公司财产与个人财产的分离，不用承担无限责任。同时，一人公司组织结构简单，既不存在股东大会和董事会（只有一个股东，所有者与经营者合一），又不存在代理成本，更不存在所有者与经营者目标函数的差异，决策迅速灵活，能够应对复杂多变的市场需求。其具有内部结构简单，经营机制灵活，运行效率高、具有可持续发展的能力等无法被取代的优点。

但是一人有限公司的缺点是：依据《公司法》第二十三条，只有一个股东的公司，股东不能证明公司财产独立于股东自己的财产的，应当对公司债务承担连带责任。这无疑加强了对一人股东的要求与限制，一旦一人股东无法证明公司财产独立于自己的财产，就会被要求对公司的债务承担连带责任，原本受到保护的股东有限责任被打破。另外依据法律规定，一个自然人只能设立一个一人有限公司，同时该公司不能再设立新的一人公司。

4. 合伙企业的优缺点

合伙企业的优点和个人独资企业一样，税务只需要承担一次。合伙企业的设立相对公司制企业设立较简单，且合伙人之间可用于合作出资的筹码更多，可以更好地吸收创业伙伴。比如管理经验、技术优势、人脉资源、客户订单等都可以作为软性资源投资，而这些软性投资在设立公司制企业时不好评估入股、难以在财务报表中反映，但是在合伙企业里，却很好解决，只要合伙人之间通过合伙协议约定，就没有法律上的障碍。

合伙企业的缺点：合伙企业的缺点就是合伙人承担无限责任，且对外互相承担连带责任。因此合伙企业极大可能会使创业者处于无限责任之中。

5. 股份公司和有限公司的优缺点

股份公司和有限公司作为独立的企业法人，其具备法人企业的一系列优点。首先，股份公司和有限公司具有民事权利能力和民事行为能力，依法独立享有民事权利和承担民事责任；其次，股份公司和有限公司对外承担民事责任的范围是其所有的全部财产，不会涉及牵连到股东的个人财产；再次，股份公司和有限公司的股东以其认缴的股份或出资额为限对公司承担责任。股份公司和有限公司便于吸收资金，利于公司的发展壮大。

股份公司和有限公司的缺点是：设立手续烦琐，成立之后公司事项的决议需要履行法定程序，所以在创业初期，没有足够的经济实力之前，不建议采用此种形式。

13.2.4　大学生创业实践

大学生在校期间可以充分利用学校和自身优势，参与各类创业实践活动，积累创业知识和经验。

1. 创业实践活动

大学生的创业实践是学习创业知识的最好途径。间接的创业实践主要可以借助参与学校举办的某些课程的角色性、情境性模拟来完成。直接的创业实践主要是通过课余、假期在外的兼职打工、试办公司、试申请专利、试办著作权登记、试办商标申请等事项来完成。例如某电子商务班学生在校期间通过学院的创业实践项目，成立电子商务公司网站，专门从事周边商店的广告宣传。

2. 各类创业大赛

学校和教育、科研机构每年举办的各类创业大赛为大学生创业者提供了展示和提升创业能力的舞台。通过参与创业大赛，大学生们可以熟悉创业程序，储备创业知识，积累创业经验，甚至孵化出创业项目，吸引创业风险投资。例如某医学院学生参加省创新创业大赛制作了一个"输液实时监测系统"，获得一等奖，当即有人表示愿意投资产品的研发与生产。

3. 大学社团活动

大学生应该积极参与学校的各类社团活动，锻炼各种综合能力，发现创业项目。尤其是通过组织社团活动可以提升团队组织、管理能力，为创业积累管理知识，培养团队合作精神。同时，通过参与社团活动也可以将一些社团成果转换成创业项目。例如某同学通过参与学院的 PLC 兴趣小组完成了一些机电控制电路的设计，可以将成果转换成创业项目；也有同学将 PLC 知识结合目前市场上人们关注的电梯问题，成立电梯检修公司。这些都是源于通过兴趣小组学习锻炼的结果。

4. 社会服务

如有机会，大学生应积极运用所学知识服务社会，通过服务社会，发现创业需求。例如有学习电子专业的大学生通过周末在校园开设免费家电维修服务，发现当前维修智能手机不失为一个好的创业项目。

⚙ 任务实施

13.2.5　了解创业者的基本信息

经进一步了解：刘同学，女，湖南长沙人，现年 22 岁，海外就读的学校为伯克利音乐学院，音乐制作专业本科毕业，家庭经济条件尚可。其优势和特长：具有留学申请经历、英语基础好、熟悉国外音乐类学校申请流程。

13.2.6　选择合适的企业形式

根据已掌握的信息，刚毕业的刘同学创建公司制企业、合伙企业条件尚不具备，一是出资或合伙人数不够，二是她尚没有独立的法人财产。刘同学可以申请成立个人独资企业，主营业务为留学中介，并根据个人独资企业的注册要求准备好公司名称、注册资金、工作人员、工作场所等基本事项。

13.3　注　册　企　业

任 务 分 析

■　任务描述

刘同学成立个人独资留学中介公司后不久，为了发展自己所学音乐专业优势，又拟与同学合伙注册一个音乐制作公司，她需要了解注册合伙企业的具体流程以及注意事项，并亲自办理相关注册手续。

■　任务要领

1. 不同类型企业的注册流程。
2. 大学生注册企业相关的制度规范。

知 识 储 备

13.3.1　企业注册流程

大学生自主创业可采用的市场主体类型主要有个体工商户、个人独资企业、合伙企业、农民专业合作社和有限责任公司等。创办不同类型的市场主体，需要准备的材料和办理流程不同。

1. 个体工商户

（1）需准备的材料。

经营者签署的个体工商户注册登记申请书；委托代理人办理的，还应当提交经营者签署的《委托代理人证明》及委托代理人身份证明；经营者身份证明；经营场所证明；《个体工商户名称预先核准通知书》（设立申请前已经办理名称预先核准的须提交）；申请登记的经营范围中有法律、行政法规和国务院决定规定必须在登记前报经批准的项目，应当提交有关许可证书或者批准文件；申请登记为家庭经营的，以主持经营者作为经营者登记，由全体参加经营家庭成员在《个体工商户开业登记申请书》经营者签名栏中签字予以确认，提交居民户口簿或者结婚证复印件作为家庭成员亲属关系证明，同时提交其他参加经营家庭成员的身份证复印件；国家市场监管管理总局规定提交的其他文件。

（2）办理流程。

申请：申请人或者委托的代理人可以直接到经营场所所在地登记机关登记；登记机关委托其下属工商所办理个体工商户登记的，到经营场所所在地工商所登记。申请人或者其委托的代理人可以通过邮寄、传真、电子数据交换、电子邮件等方式向经营场所所在地登记机关提交申请。通过传真、电子数据交换、电子邮件等方式提交申请的，应当提供申请人或者其代理人的联络方式及通讯地址。对登记机关予以受理的申请，申请人应当自收到受理通知书之日起 5 日内，提交与传真、电子数据交换、电子邮件内容一致的申请材料原件。

受理：对于申请材料齐全、符合法定形式的，登记机关应当受理。申请材料不齐全或者不符合法定形式，登记机关应当当场告知申请人需要补正的全部内容，申请人按照要求提交全部补正申请材料的，登记机关应当受理。申请材料存在可以当场更正错误的，登记机关应当允许申请人当场更正。登记机关受理登记申请，除当场予以登记的外，应当发给申请人受理通知书。对于不符合受理条件的登记申请，登记机关不予受理，并发给申请人不予受理通知书。申请事项依法不属于个体工商户登记范畴的，登记机关应当即时决定不予受理，并向申请人说明理由。

审查和决定：登记机关对决定予以受理的登记申请，根据下列情况分别做出是否准予登记的决定：申请人提交的申请材料齐全、符合法定形式的，登记机关应当当场予以登记，并发给申请人准予登记通知书。根据法定条件和程序，需要对申请材料的实质性内容进行核实的，登记机关应当指派两名以上工作人员进行核查，并填写申请材料核查情况报告书。登记机关应当自受理登记申请之日起 15 日内做出是否准予登记的决定。对于以邮寄、传真、电子数据交换、电子邮件等方式提出申请并经登记机关受理的，登记机关应当自受理登记申请之日起 15 日内做出是否准予登记的决定。登记机关做出准予登记决定的，应当发给申请人准予个体工商户登记通知书，并在 10 日内发给申请人营业执照；不予登记的，应当发给申请人个体工商户登记驳回通知书。

2. 个人独资企业

（1）需准备的材料。

投资人签署的《个人独资企业登记（备案）申请书》；投资人身份证明；投资人委托代理人的，应当提交投资人的委托书原件和代理人的身份证明或资格证明复印件（核对原件）；企业住所证明；《名称预先核准通知书》（设立申请前已经办理名称预先核准的须提交）；从事法律、行政法规规定须报经有关部门审批业务的，应当提交有关部门的批准文件；国家市场监管管理总局规定提交的其他文件。

（2）办理流程。

申请：由投资人或者其委托的代理人向个人独资企业所在地登记机关申请设立登记。

受理、审查和决定：登记机关应当在收到全部文件之日起 15 日内，做出核准登记或者不予登记的决定。予以核准的发给营业执照；不予核准的，发给企业登记驳回通知书。

3. 合伙企业

（1）需准备的材料。

全体合伙人签署的《合伙企业登记（备案）申请书》；全体合伙人的主体资格证明或者自然人的身份证明；全体合伙人指定代表或者共同委托代理人的委托书；全体合伙人签署的合伙协议；全体合伙人签署的对各合伙人缴付出资的确认书；主要经营场所证明；《名称预先核准通知书》（设立申请前已经办理名称预先核准的须提交）；全体合伙人签署的委托执行事务合伙人的委托书；执行事务合伙人是法人或其他组织的，还应当提交其委派代表的委托书和身份证明复印件（核对原件）；以非货币形式出资的，提交全体合伙人签署的协商作价确认书或者经全体合伙人委托的法定评估机构出具的评估作价证明；法律、行政法规或者国务院规定设立合伙企业须经批准的，或者从事法律、行政法规或者国务院决定规定在登记前须经批准的经营项目，须提交有关批准文件；法律、行政法规规定设立特殊的普通合伙企业需要提交合伙人的职业资格证明的，提交相应证明；国家市场监管管理总局规定提交的其他文件。

（2）办理流程。

申请：由全体合伙人指定的代表或者共同委托的代理人向企业登记机关申请设立登记。

受理、审查和决定：申请人提交的登记申请材料齐全、符合法定形式，企业登记机关能够当场登记的，应予当场登记，发给合伙企业营业执照。除前款规定情形外，企业登记机关应当自受理申请之日起 20 日内，做出是否登记的决定。予以登记的，发给合伙企业营业执照；不予登记的，应当给予书面答复，并说明理由。

4. 农民专业合作社

（1）需准备的材料。

《农民专业合作社登记（备案）申请书》；全体设立人签名、盖章的设立大会纪要；全体设立人签名、盖章的章程；法定代表人、理事的任职文件和身份证明；载明成员的姓名或者名称、出资方式、出资额以及成员出资总额，并经全体出资成员签名、盖章予以确认的出资清单；载明成员的姓名或者名称、公民身份号码或者登记证书号码和住所的成员名册，以及成员身份证明；能够证明农民专业合作社对其住所享有使用权的住所使用证明；全体设立人指定代表或者委托代理人的证明；《名称预先核准通知书》（设立申请前已经办理名称预先核准的须提交）；农民专业合作社的业务范围有属于法律、行政法规或者国务院规定在登记前须经批准的项目的，应当提交有关批准文件；法律、行政法规规定的其他文件。

（2）办理流程。

申请：由全体设立人指定的代表或者委托的代理人向登记机关申请设立登记。

受理、审查和决定：申请人提交的登记申请材料齐全、符合法定形式，登记机关能够当场登记的，应予当场登记，发给营业执照。

除前款规定情形外，登记机关应当自受理申请之日起 20 日内，做出是否登记的决定。予以登记的，发给营业执照；不予登记的，应当给予书面答复，并说明理由。

5. 有限责任公司

（1）需准备的材料。

公司法定代表人签署的设立登记申请书；全体股东指定代表或者共同委托代理人的证明；公司章程；股东的主体资格证明或者自然人身份证明；载明公司董事、监事、经理的姓名、住所的文件以及有关委派、选举或者聘用的证明；公司法定代表人任职文件和身份证明；企业名称预先核准通知书；公司住所证明；国家市场监管管理总局规定要求提交的其他文件；法律、行政法规或者国务院决定规定设立有限责任公司必须报经批准的，还应当提交批准文件。

（2）办理流程。

申请：由全体股东指定的代表或者共同委托的代理人向公司登记机关申请设立登记。

受理：公司登记机关根据下列情况分别做出是否受理的决定：申请文件、材料齐全，符合法定形式的，或者申请人按照公司登记机关的要求提交全部补正申请文件、材料的，决定予以受理。申请文件、材料齐全，符合法定形式，但公司登记机关认为申请文件、材料需要核实的，决定予以受理，同时书面告知申请人需要核实的事项、理由以及时间。申请文件、材料存在可以当场更正的错误的，允许申请人当场予以更正，由申请人在更正处签名或者盖章，注明更正日期；经确认申请文件、材料齐全，符合法定形式的，决定予以受理。申请文件、材料不齐全或者不符合法定形式的，当场或者在 5 日内一次告知申请人需要补正的全部内容；当场告知时，将申请文件、材料退回申请人；属于 5 日内告知的，收取申请文件、材料并出具收到申请文件、材料的凭据，逾期不告知的，自收到申请文件、材料之日起即为受理。不属于公司登记范畴或者不属于本机关登记管辖范围的事项，即时决定不予受理，并告知申请人向有关行政机关申请。公司登记机关对通过信函、电报、电传、传真、电子数据交换和电子邮件等方式提出申请的，自收到申请文件、材料之日起 5 日内做出是否受理的决定。

审查和决定：

公司登记机关对决定予以受理的登记申请，按以下不同情况在规定的期限内做出是否准予登记的决定。对申请人到公司登记机关提出的申请予以受理的，当场做出准予登记的决定。对申请人通过信函方式提交的申请予以受理的，自受理之日起 15 日内做出准予登记的决定。通过电报、电传、传真、电子数据交换和电子邮件等方式提交申请的，申请人应当自收到《受理通知书》之日起 15 日内，提交与电报、电传、传真、电子数据交换和电子邮件等内容一致并符合法定形式的申请文件、材料原件；申请人到公司登记机关提交申请文件、材料原件的，当场做出准予登记的决定；申请人通过信函方式提交申请文件、材料原件的，自受理之日起 15 日内做出准予登记的决定。公司登记机关自发出《受理通知书》之日起 60 日内，未收到申请文件、材料原件，或者申请文件、材料原件与公司登记机关所受理的申请文件、材料不一致的，做出不予登记的决定。公司登记机关需要对申请文件、材料核实的，自受理之日起 15 日内做出是否准予登记的决定。

发照：公司登记机关做出准予公司设立登记决定的，出具《准予设立登记通知书》，告知申请人自决定之日起 10 日内，领取营业执照。公司登记机关做出不予登记决定的，出具《登记驳回通知书》，说明不予登记的理由，并告知申请人享有依法申请行政复议或者提起行政诉讼的权利。

13.3.2　企业注册注意事项

公司注册应注意下列问题：

（1）股东人数是否符合法定要求；

（2）是否制订了公司章程；

（3）是否准备好了公司的名称、组织机构和住所；

（4）公司的注册资金的数额是否符合公司章程的规定。

13.3.3　企业注册法律依据

《中华人民共和国公司法》第三十二条公司登记事项包括：

（1）名称；

（2）住所；

（3）注册资本；

（4）经营范围；

（5）法定代表人的姓名；

（6）有限责任公司股东、股份有限公司发起人的姓名或者名称。

公司登记机关应当将前款规定的公司登记事项通过国家企业信用信息公示系统向社会公示。

第四十五条　设立有限责任公司，应当由股东共同制订公司章程。

第四十六条　有限责任公司章程应当载明下列事项：

（1）公司名称和住所；

（2）公司经营范围；

（3）公司注册资本；

（4）股东的姓名或者名称；

（5）股东的出资额、出资方式和出资日期；

（6）公司的机构及其产生办法、职权、议事规则；

（7）公司法定代表人的产生、变更办法；

（8）股东会认为需要规定的其他事项。

股东应当在公司章程上签名或者盖章。

任 务 实 施

13.3.4　准备资料

注册公司需要准备和提供下述资料：

（1）法定代表人签署的《企业设立登记申请书》（原件 1 份）；

（2）经办人身份证明（复印件 1 份，验原件）；

（3）指定联系人身份证明（复印件 1 份，验原件）；

（4）《企业名称预先核准通知书》编号（在申请书中填写）；

（5）全体股东（发起人）签署的章程（原件 1 份）；

（6）股东（发起人）的主体资格证明（复印件 1 份，自然人身份证明验原件，单位资格证明加盖公章，注明"与原件一致"，股东为商事主体可以免提交主体资格证明）；

（7）法定代表人、执行董事 / 董事长、董事、监事、经理的任职文件（原件 1 份）及其身份证明（复印件 1 份，法定代表人身份证明验原件；执行董事 / 董事长、董事、监事、经

理身份证明的复印件上需注明"与原件一致"并由法定代表人签字);

（8）住所（经营场所）信息申报材料（在申请书中填写）;

（9）同时申请实收资本备案的，提交会计师事务所出具的验资报告或银行询证函（原件1份）（注：可通过监察局共享系统查验的，无须提交；否则需提交纸质文件）;

（10）法律、行政法规和国务院决定规定设立公司必须报经批准的，提交有关的批准文件或者许可证书（复印件1份，核对原件）（注：可通过监察局共享系统查验的，可无须提交；否则需提交纸质文件）;

（11）一人（自然人）独资有限公司应提交一人有限公司承诺书。

13.3.5　网上自主注册公司

在湖南省内注册公司现在可以通过网上全程办理，相关网站为：湖南省企业登记全程电子化业务系统（https://hnscjgj.amr.hunan.gov.cn/）。其他省份，请根据电子政务系统建设情况查询相关网址或查询相关省局、各市州、县市区企业登记机构联系地址信息。

这里以湖南省长沙市注册公司为例。

步骤1：打开湖南省企业登记全程电子化业务系统，主界面如图13-5所示。

图13-5　登记主界面

步骤2：实名注册网站用户并通过手机验证，注册主界面如图13-6所示。

步骤3：登录系统，查找需要登记的企业名称是否已经被登记。例如"长沙银狐文化传播有限公司"已被登记注册，需要换名才行。查询界面如图13-7所示。

对于使用名称自主申报的用户、申报名称的投资人需要承诺：

图 13-6　注册主界面

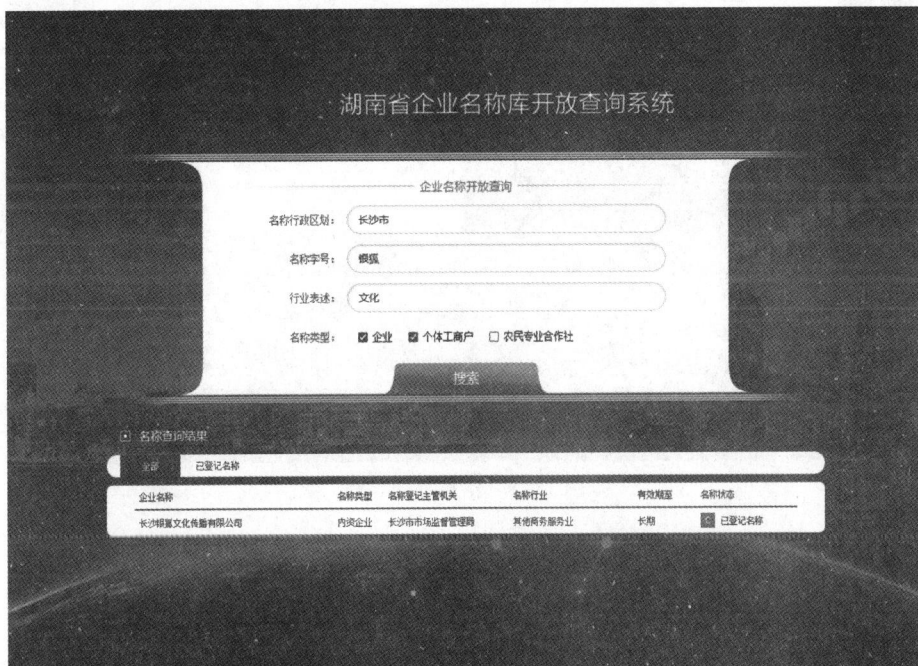

图 13-7　查询界面

（1）严格遵守国家法律、法规和规章，全面履行应尽的责任和义务；

（2）承诺不侵犯他人企业名称权、商标权或其他知识产权等合法权益；

（3）承诺出现名称争议纠纷的，愿意通过调解或仲裁等方式解决；

（4）承诺按照上述处理结果，在规定期限内办理企业名称变更登记，并承担相应法律责任。

申请人可通过该系统自助预查、自主申报企业名称，无须预先登记，名称自主申报通过后可直接在系统中办理设立登记，但涉及《工商登记前置审批事项目录》的企业名称，需要办理名称预先核准。

名称登记相关法规包括：《企业名称禁限用规则》《企业名称相同相近比对规则》《企业名称登记管理规定》《名称登记管理实施办法》和（湘商改〔2017〕10号）《湖南省工商行政管理局关于推行企业名称自主申报登记管理改革的实施意见》。

步骤4：名称自主申报，在系统中自主申报要注册的合规的企业名称，选择正确的组织形式并填写相关信息后提交（注意：在系统完成名称审批后，才能进入下一步）。信息提交界面如图13-8所示。

图13-8　信息提交界面

步骤5：进行企业登记。这里可根据类别选择"合伙"。企业登记界面如图13-9所示。

步骤6：创建申请，完成基本情况录入，确认无误后点击提交签名。申请材料确认：在核对电子申请表的信息内容无误后，可点击"提交签名"按钮，股东、法定代表人等相关签字人需下载App进行在线确认签名。所有材料签名完毕后，可提交申请。信息提交界面如图13-10所示。

步骤7：登记申请审批：由登记机关通过审核系统对经办人提交的电子申请表内容进行审查，并在限定时间内作出是否准予登记的决定。

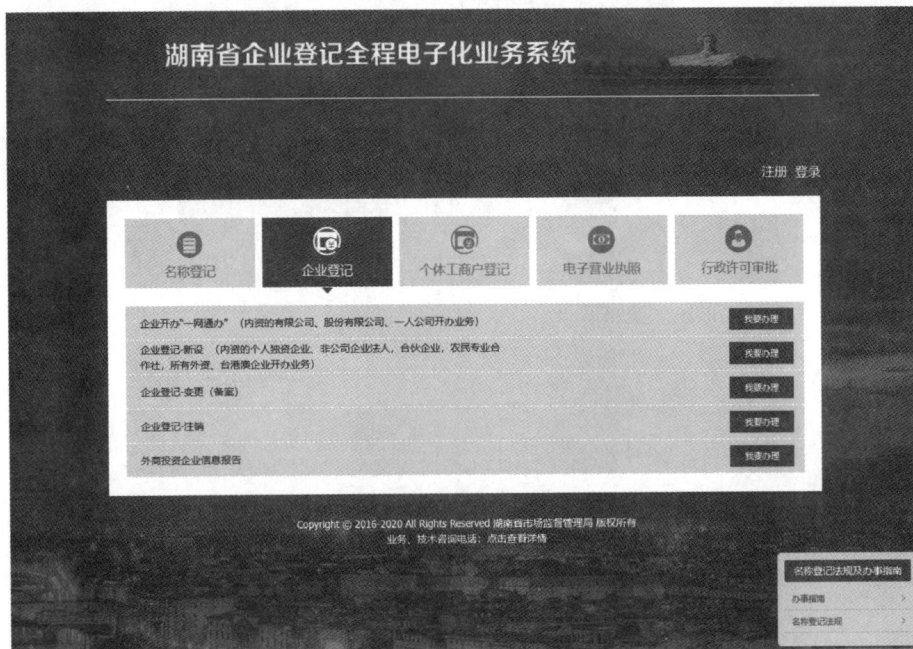

图 13-9　登记界面

图 13-10　信息提交界面

　　步骤 8：窗口收件受理：经办人可以登录全程电子化网上登记平台查看办理结果，登记机关预审通过的，经办人可收到通知短信。根据短信提示内容，可领取纸质营业执照或下载电子营业执照。

　　上述步骤 6～步骤 8 流程说明如图 13-11 所示。

图 13-11　流程说明

公司注册后，如果要开始营业，还需要以下几步。

步骤 9：带着工商营业执照及法人身份证去公安刻章部刻制印章。一套印章有五枚，分别为公章、法人章、财务章、合同章及发票章。

步骤 10：开立基本户：去银行开立对公账户，一般情况下开立基本户要先去银行预约，可以和税务备案同时进行。基本户开立后需签订三方协议。

步骤 11：税务备案：印章刻制完成后，带着公司的资料去国地税进行财务制度备案，法人和财务要去税局进行实名认证；同时可以在税局办理发票领购本及核验发票章。

步骤 12：购买电子钥匙及税盘：税务备案后需购买报税用的电子钥匙，开立一般户后要去相应的部门购买开票用的税盘。

步骤 13：申请发票及报税：到这一步公司的相应步骤已基本完成，可以做账，报税期可以正常申报；也可以去税局申请领用发票，公司可以进入正常经营状态。

以上网上注册流程，只是一个参考，具体也可以通过线下进行，还可以委托中介公司代为办理。

通过上述步骤，刘同学最终注册了一家名为"长沙元狐文化传媒有限公司"的企业，经营范围主要为音像制品制作、网络文化经营（限音乐）等业务。

13.4　运 营 企 业

任 务 分 析

任务描述

刘同学注册合伙企业后，需要完成公司的实际运作，并保持公司的发展和壮大。这需要刘同学掌握公司运营相关的知识和技能，建立公司的内部制度规范，以保持公司的持续发展。

■ 任务要领

1. 公司的实际运作。
2. 建立公司的内部制度规范。
3. 保持公司的持续发展。

知 识 储 备

13.4.1　企业发展阶段

对于企业来说，其发展阶段可以大致分为新生期、成长期、稳定期和衰退期。当企业处在不同的发展阶段时，往往有不同的定位，来契合企业发展。

1. 新生期

对于新生企业来说，最重要的任务不是发展和管理，而是活下来，尽快进入成长期，只有在企业存活下来后才能开创未来。

对于这一阶段的企业来说，因为有了产品和收益才能让企业的生存周期延长，所以在这一阶段中产品经理和开发人员是团队的核心，同时因为没有自身的品牌产品和模式，在这一阶段中，用快速迭代的方式确定一种产品或商业模式，能够快速吸引用户。

2. 成长期

对比新生期，进入成长期就表明企业已经有了一定的实力与资本，此时最重要就是趁机扩大自己的客户群，快速抢占市场占有率，保持高速增长模式。

在这一阶段中，有了自己的客户群体，市场营销与运营将是企业发展的核心，企业最大的变化就是出现了新的市场和运营团队（部门）。一般而言，在成长期，企业结合新颖或独有的产品功能，通过运营手段和市场营销手段，能够快速达到吸引新用户和保留用户的效果。

3. 稳定期

相对于前面两个发展时期，进入稳定期的企业一般都需要从细分领域继续争夺自己的客户，以及从管理方面通过降低各项经营成本来提高企业利润率。

稳定期最需要的就是在保住现有流量的基础上继续挖掘用户需求，调整产品功能，将发展重点投入到细分领域进行精细化运营，提高经营效率。因为需要从细分领域进行发展，处在这一时期的企业往往也会从内部进行细分划分，例如针对某一产品线出现相应的事业部和配套的运营团队、营销小队，同时为了提高经营效率，会将一切详细化、步骤化，即企业内部发展更加立体化和结构化，出现具体的 IT 运维、财务部、人力资源部、行政部等。

4. 衰退期

当一个企业步入衰退期，一般会尽可能地保证在退出原有的领域前，培育出新的产品和品牌方向，以此来避免倒闭。

因为属于产品周期的自然变化，一般只能从新的领域寻求突破，这时一些原有的事业部和产品线会被划掉，而小型新创事业团队会被提出，小型创新团队结构会得到重点关注。

总结来说，企业根据发展期的不同，对企业的发展布局会有区别，新生期考验领导者个人能力，需要领导者带领团队生存；成长期需要考虑推广运营，确保能快速占领市场；稳定期需要做好客户维护和细分领域突破，将企业组织架构完善细分；衰落期需要剔除无意义团队，从新的领域和产品寻求突破。

13.4.2　企业内部管理制度

1. 企业的组织架构

通常企业的组织架构有两大类型：一是金字塔形；二是扁平形。金字塔形又分为六种模式：①直线制；②职能制；③直线—职能制；④事业部制；⑤模拟分权制；⑥矩阵制。

（1）金字塔形。

1）直线制。直线制是一种最早也是最简单的组织形式。它的特点是企业各级行政单位从上到下实行垂直领导，下属部门只接受一个上级的指令，各级主管负责人对所属单位的一切问题负责。企业不另设职能机构（可设职能人员协助主管负责人工作），一切管理职能基本上都由行政主管自己执行。

优点：结构比较简单，责任分明，命令统一。

缺点：要求行政负责人通晓多种知识和技能，亲自处理各种业务。只适用于规模较小、生产技术比较简单的企业，对生产技术和经营管理比较复杂的企业并不适宜。

2）职能制。职能制组织结构，是各级行政单位除主管负责人外，还相应地设立一些职能机构。如在厂长下面设立职能机构和人员，协助厂长从事职能管理工作。这种结构要求行政主管把相应的管理职责和权力交给相关的职能机构，各职能机构就有权在自己业务范围内向下级行政单位发号施令。因此，下级行政负责人除了接受上级行政主管人指挥外，还必须接受上级各职能机构的领导。

优点：能适应现代化工业企业生产技术比较复杂，管理工作比较精细的特点；能充分发挥职能机构的专业管理作用，减轻直线领导人员的工作负担。

缺点：它妨碍了必要的集中领导和统一指挥，形成了多头领导；不利于建立和健全各级行政负责人和职能科室的责任制，在中间管理层往往会出现有功大家抢，有过大家推的现象；另外，在上级行政领导和职能机构的指导和命令发生矛盾时，下级就无所适从，影响工作的正常进行，容易造成纪律松弛，生产管理秩序混乱。

由于这种组织结构形式存在明显的缺陷，现代企业一般都不采用职能制。

3）直线—职能制。直线—职能制，也叫生产区域制，或直线参谋制。它是在直线制和职能制的基础上，取长补短，吸取这两种形式的优点而建立起来的。目前，我们绝大多数企业都采用这种组织结构形式。这种组织结构形式是把企业管理机构和人员分为两类，一类是直线领导机构和人员，按命令统一原则对各级组织行使指挥权；另一类是职能机构和人员，按专业化原则，从事组织的各项职能管理工作。直线领导机构和人员在自己的职责范围内有一定的决定权和对所属下级的指挥权，并对自己部门的工作负全部责任；而职能机构和人员，则是直线指挥人员的参谋，不能对直接部门发号施令，只能进行业务指导。

优点：既保证了企业管理体系的集中统一，又可以在各级行政负责人的领导下，充分发挥各专业管理机构的作用。

缺点：职能部门之间的协作和配合性较差，职能部门的许多工作要直接向上层领导报告请示才能处理，这一方面加重了上层领导的工作负担，另一方面也导致办事效率低。

为了克服这些缺点，可以设立各种综合委员会，或建立各种会议制度，以沟通和协调各方面的工作，帮助高层领导出谋划策。

4）事业部制。事业部制最早是由美国通用汽车公司总裁斯隆于 1924 年提出的，故有"斯隆模型"之称，也叫"联邦分权化"，是一种高度（层）集权下的分权管理体制。它适用于规模庞大、品种繁多、技术复杂的大型企业，是国外较大的联合公司所采用的一种组织形式。近几年我国一些大型企业集团或公司也引进了这种组织结构形式。

事业部制是分级管理、分级核算、自负盈亏的一种形式，即一个公司按地区或按产品类别分成若干个事业部，从产品的设计、原料采购、成本核算、产品制造一直到产品销售，均由事业部及所属工厂负责，实行单独核算，独立经营，公司总部只保留人事决策、预算控制和监督大权，并通过利润等指标对事业部进行控制。也有的事业部只负责指挥和组织生产，不负责采购和销售，实行生产和供销分立，但这种事业部正在被产品事业部所取代。还有的事业部则按区域来划分。

5）模拟分权制。模拟分权制是一种介于直线职能制和事业部制之间的结构形式。许多大型企业，如连续生产的钢铁、化工企业由于产品品种或生产工艺过程所限，难以分解成几个独立的事业部。又由于企业的规模庞大，以致高层管理者感到采用其他组织形态都不容易管理，这时就出现了模拟分权组织结构形式。所谓模拟，就是要模拟事业部制的独立经营，单独核算，但却不是真正的事业部，实际上是一个个"生产单位"。这些生产单位有自己的职能机构，享有尽可能大的自主权，负有"模拟性"的盈亏责任，目的是要调动他们的生产经营积极性，达到改善企业生产经营管理的目的。需要指出的是，各生产单位由于生产上的连续性，很难将它们截然分开，就以连续生产的石油化工为例，甲单位生产出来的产品直接就成为乙生产单位的原料，这当中无须停顿和中转。因此，它们之间的经济核算，只能依据企业内部的价格，而不是市场价格，也就是说这些生产单位没有自己独立的外部市场，这也是与事业部的差别所在。

优点：除了调动各生产单位的积极性外，解决了企业规模过大不易管理的问题。高层管理人员将部分权力分给生产单位，减少了自己的行政事务，从而把精力集中到战略问题上来。

缺点：不易为模拟的生产单位明确任务，造成考核上的困难；各生产单位领导人不易了解企业的全貌，在信息沟通和决策权力方面也存在着明显的缺陷。

6）矩阵制。在组织结构上，把既有按职能划分的垂直领导系统，又按产品（项目）划分的横向领导关系的结构，称为矩阵组织结构。矩阵组织是为了改进直线职能制横向联系差、缺乏弹性的缺点而形成的一种组织形式。它的特点表现在围绕某项专门任务成立跨职能部门的专门机构上，例如组成一个专门的产品（项目）小组去从事新产品开发工作，在研究、设计、试验、制造各个不同阶段，由有关部门派人参加，力图做到条块结合，以协调有关部门的活动，保证任务的完成。这种组织结构形式是固定的，人员却是变动的，需要谁，谁就来，任务完成后就可以离开。项目小组和负责人也是临时组织和委任的，任务完成后就解散，有关人员回原单位工作。因此，这种组织结构非常适用于横向协作和攻关项目。

优点：机动、灵活，可随项目的开发与结束进行组织或解散；由于这种结构是根据项目组织的，任务清楚，目的明确，各方面有专长的人都是有备而来。因此新的工作小组里易于沟通、融合，能把自己的工作同整体工作联系在一起，为攻克难关、解决问题而献计献策，由于从各方面抽调来的人员有信任感、荣誉感，增强了他们的责任感，激发了工作热情，促进了项目的实现；这种结构还加强了不同部门之间的配合和信息交流，克服了直线职能结构中各部门互相脱节的现象。

缺点：项目负责人的责任大于权力，因为参加项目的人员都来自不同部门，隶属关系仍在原单位，只是为"会战"而来，因此项目负责人存在管理困难的问题，没有足够的奖惩手段，这种人员上的双重管理是矩阵结构的先天缺陷；由于项目组成人员来自不同职能部门，当任务完成以后，仍要回原单位，因而容易产生临时观念，对工作有一定影响。

矩阵结构适用于一些重大攻关项目，适用于完成涉及面广的、临时性的、复杂的重大工程项目或管理改革任务，特别适用于以开发与实验为主的单位，例如科学研究，尤其是应用性研究单位等。

（2）扁平形。

在彼得圣吉五项修炼的基础上，通过大量的个人学习特别是团队学习，形成的一种能够认识环境、适应环境、进而能够能动地作用于环境的有效组织。也可以说是通过培养弥漫于整个组织的学习气氛，充分发挥员工的创造性思维能力而建立起来的一种有机的、高度柔性的、扁平的、符合人性的、能持续发展的组织。

学习型组织为扁平化的圆锥型组织结构，金字塔式的棱角和等级没有了，管理者与被管理者的界限变得不再清晰，权力分层和等级差别的弱化，使个人或部门在一定程度上有了相对自由的空间，能有效地解决企业内部沟通的问题，因而学习型组织使企业面对市场的变化，不再是机械的和僵化的，而是"动"了起来。

2. 企业内部管理制度

企业要正常运营，建立必要的管理制度是首要任务之一。公司法中指出公司内部管理主要包括公司章程、人力资源管理制度、财务管理制度、资产管理制度、行政管理制度、销售管理制度、质量管理制度、生产管理制度等。公司的相关主管人员可根据实际情况制订公司内部管理制度并实行。其中最主要的有：

（1）公司章程：是指公司依法制定的、规定公司名称、住所、经营范围、经营管理制度等重大事项的基本文件，也是公司必备的规定公司组织及活动基本规则的书面文件。

公司章程的内容即公司章程记载的事项。依据我国《公司法》第95条的规定，股份有

限公司的章程包括应当记载的事项多达 13 项，这体现了对股份有限公司的严格控制。这 13
项规定的内容包括：公司名称和住所；公司经营范围；公司设立方式；公司注册资本、已
发行的股份数和设立时发行的股份数，面额股的每股金额；发行类别股的，每一类别股的
股份数及其权利和义务；发起人的姓名或者名称、认购的股份数、出资方式；董事会的组
成、职权和议事规则；公司法定代表人的产生、变更办法；监事会的组成、职权和议事规
则；公司利润分配办法；公司的解散事由与清算办法；公司的通知和公告办法；股东会认
为需要规定的其他事项。

（2）人力资源管理制度，包括员工守则及行为规范、岗位职责（或岗位说明书）、考勤
制度、招聘制度、人事档案管理制度、离职制度、企业管理培训制度、人员调动管理制度、
奖惩制度、福利管理制度、工资管理制度、绩效考核制度等。

（3）财务管理制度，包括资金预结算制度、资金管理制度、现金管理制度、财务审批
制度、财务盘点制度、审计制度、固定资产管理制度、出纳管理规范、会计档案管理、统
计管理制度等。

（4）行政管理制度，包括会议管理制度、文件管理制度、报刊 / 邮件 / 函电收发制度、
档案管理制度、出差管理制度、车辆管理制度、食堂管理制度、保密制度、环境卫生管理
制度、值班制度、办公用品管理制度等。

（5）资产管理制度，包括仓库管理制度、招标采购管理制度、物料消耗定额管理制度、
物资库存量管理制度、采购物资价格管理办法。

（6）销售管理制度，包括合同签订制度、产品发运计划、组织回笼资金制度、产品销
售信息反馈制度。

（7）质量管理制度，包括质量信息管理、质量审核制度、产品质量档案及原始记录
管理。

（8）生产管理制度，包括车间管理制度、设备管理制度、生产调度制度等。

3. 企业风险管控

按照企业目标的不同对风险进行分类，可分为战略风险、经营风险、财务风险和法律
风险。

（1）战略风险：没有制订或制订的战略决策不正确，影响战略目标实现的负面因素；

（2）经营风险：经营决策的不当，妨碍或影响经营目标实现的因素；

（3）财务风险：包括财务报告失真风险、资产安全受到威胁风险和舞弊风险；

（4）法律风险：没有全面、认真执行国家法律、法规和政策规定，影响合规性目标实
现的因素。

企业应针对上述风险，制订风险管控制度，及时将风险化解，避免产生危机。

任 务 实 施

13.4.3　搭建组织构架

组织架构的建立可以让企业在发展的道路上走得更远，合理的组织架构有助于减少公

司运作过程中处理各项事务流程的不确定性。刘同学决定根据合伙公司需要，建立一个初期的组织架构以满足未来 3～5 年的发展规模和需要。

步骤 1：选择组织架构类型

根据需要，刘同学决定采用职能制组织结构进行组织架构搭建。

步骤 2：设计部门

根据需要，刘同学决定目前设立四个部门，即经理办公室、人事部、财务部、业务部。

步骤 3：划分职能

根据需要，刘同学将三个部门的职能分工如下，经理办公室负责公司日常事务、会议的管理，公司文件的起草和发布，对外接待等。人事部负责公司人员招聘和业绩考核、工资核算、员工保险等业务处理。财务部负责公司财务资产的管理，公司财务报表的统计和输出、报缴税金等。业务部负责技术服务，主要是音乐节目的制作、加工、处理、发布等。

步骤 4：确定层级

根据需要，刘将同学四个部门的职能定位为同一级别，分别设部门经理 1 人，负责向总经理报告部门工作。部门员工根据业务能力、工作年限、贡献大小，设置 1～3 级员工等级，人员数量根据业务发展需要确定，最初限定为 3～5 人。

13.4.4 建立管理制度

为了规范内部管理，刘同学决定制订公司内部管理制度，分别为行政管理制度、人事管理制度、资产管理制度和公司技术服务标准和规范，并由公司四个职能部门贯彻落实。

13.4.5 防范经营风险

为了防范市场风险，刘同学决定聘请一名专业律师作为常务顾问，开展相关事务的法律咨询。

🎓 练习与思考

1. 企业信息中哪些是关键信息？

2. 如果要创立一个百年企业，需要创业者在创业之初做哪些长远计划？

3. 创业成功的关键因素是什么？

4. 收集一个中小微企业的内部管理制度，分析这些制度的关联性，并在班上分享自己的调研成果。

5. 根据 2023 届湖南省就业统计报告，大学生自主创业比例为 0.46%，比上一年度高 0.03%，其中高职生的自主创业比例为 0.53%，比上一年度高 0.04%。试结合本章学习内容，分析一下其中的原因，并提出提升大学生自主创业比例的建议。

6. 查找一家本省的制造企业或高科技企业，了解和分析它的基本情况，并填写好企业基本信息表格。

本章总结

本章从刘同学的创业经历出发，介绍了如何创办一个小微企业。从公司注册到公司创建、管理运营的详细步骤及注意事项，都有较为详细的介绍，学习者完全可以模仿。

📖 **延伸阅读 13："茶颜悦色"的品牌成长故事**

延伸阅读 13

参 考 文 献

［1］ 桂俊骁. 试析大学生的职业生涯规划. 素质教育, 2022, 431（10）: 35-36.

［2］ 郭贵春. 大学生职业生涯规划教育研究. 教学与研究, 2021, 18: 42-43.

［3］ 何奇凌. 职业生涯规划与大学生创新创业相关性. 时代教育, 2021, 7: 26-27.

［4］ 傅家豪. 略论大学生职业生涯规划能力提升策略. 素质教育, 2016, 202（4）: 48-49.

［5］ 张凤云. 浅谈大学生职业生涯规划教育. 教育学文摘, 2020, 22: 33-34.

［6］ 赵素素, 林青. 大学生职业生涯规划团辅方案设计. 知识－力量, 2019, 44（10）: 24-25.

［7］ 张硕秋. 大学生职业生涯指导. 北京: 北京大学出版社, 2013.

［8］ 马腾文, 孙沛. 职业发展与就业指导. 北京: 化学工业出版社, 2014.

［9］ 梁达友, 韦仕珍. 大学生职业发展与就业指导. 2版. 北京: 电子工业出版社, 2017.

［10］ 柳晓夫, 汤守宏. 高职大学生就业指导. 北京: 中华书局, 2008.

［11］ 吴国新, 刘极霞. 大学生就业与创业指导. 四川: 成都电子科技大学出版社, 2013.

［12］ 刘志慧. 大学生就业权益的法律保护研究. 法制博览, 2022, 1: 146-148.

［13］ 马煜婵. 职业院校毕业生就业权益法律保护研究. 教育界, 2014, 004: 40-41.

［14］ 姜吾梅, 余友飞. 高职毕业生就业权益法律保护研究. 教育与职业, 2011, 029: 55-56.

［15］ 陈宝文, 王锦华, 蔡梦浴. 创新创业基础. 成都: 电子科技大学出版社, 2020.

［16］ 王秀玲. 创青春, 赢未来——大学生创新创业实务. 上海: 同济大学出版社, 2020.

［17］ 王廷, 李家发, 杜佳炎. 大学生创新创业基础（微课版）. 长春: 吉林大学出版社, 2022.

［18］ 刘胜辉. 大学生创新创业基础. 北京: 北京理工大学出版社, 2016.

［19］ 李永山, 陆克斌, 卞振平. 大学生创新创业教育发展与保障研究. 北京: 中国建材工业出版社, 2016.

［20］ 蔡松伯, 王东晖, 吴非. 大学生创新创业与管理攻略. 成都: 西南财经大学出版社, 2015.

［21］ 蒋晓明, 巢昕. 高职生创新创业基础. 2版. 北京: 高等教育出版社, 2021.

［22］ 皮洪琴, 谢继强, 陈建平. 高职生职业发展与就业指导. 长沙: 中南大学出版社, 2009.

［23］ 皮洪琴. 高职生就业创业实务. 长沙: 湖南人民出版社, 2016.